公務員試験

出るとこ過去問

1 憲法

国家一般職・地方上級レベル対応

新装第2版

セレクト SELECT

100

TAC出版

TAC PUBLISHING Group

# ● はじめに ●

### 目指す場所に必ずたどり着きたい方のために——
### 『出るとこ過去問』は、超実践的 〝要点整理集＋過去問集″ です。

**「公務員試験に合格したい」**
**この本を手にされた方は、きっと心からそう願っていると思います。**

　公務員試験に合格することは、けっして容易なものではありません。勉強すべき科目は多く、参考書は分厚い。合格に必要な勉強時間はおおよそ1500〜2000時間といわれており、準備に半年〜1年かける方が大半でしょう。覚悟を決め、必死で取り組まなければなりません。

　たとえ予備校に通っていても、カリキュラムをひたすらこなすだけでせいいっぱいという方もいるでしょう。独学の場合はなおさら、スケジュールどおりに勉強を進めていくには、相当な自制心が必要です。試験の日程が近づいているにもかかわらず、「まだ手をつけていない科目がこんなにある」と落ち込んでしまう方もいるかもしれません。

　**そんな時こそ、本書の出番です。この『出るとこ過去問』は、公務員試験合格のための超実践的 〝要点整理集＋過去問集″ です。絶対に合格を勝ち取りたい方が最後に頼る存在になるべく作られました。**

　おさえるべき要点はきちんと整理して理解する。解けるべき過去問はきちんと解けるようにしておく。それが公務員試験で合格するためには必須です。**本書は、合格のために 〝絶対理解しておかなければならない要点″ の簡潔なまとめと、これまで公務員試験の中で 〝何度も出題されてきた過去問″ だけを掲載しています。**だからこそ、超実践的なのです。

　たくさんの時間を使い、たくさん勉強してきたけれど、まだ完全に消化しきれていない科目がある。そんな方にとって、本書は道を照らす最後の明かりです。**本書のPOINT 整理やPointCheckを頼りに重要事項を整理して理解し、過去問が解けるところまでいけば、合格はもうすぐです。**

　いろいろと参考書を手にしてみたものの、どれもしっくりとせず、試験の日程ばかりが迫ってきている。そんな方にとって、本書は頼もしい最後の武器です。**本書をぎりぎりまで何度も繰り返し勉強することで、合格レベルまで底上げが可能となります。**

　道がどんなに険しくても、そこに行き先を照らす明かりがあれば、効果的な武器があれば、目指す場所に必ずたどり着くことができます。

　みなさんが輝かしい未来を勝ち取るために、本書がお役に立てれば幸いです。

2020年3月　ＴＡＣ出版編集部

## 本書のコンセプト

# 1. 過去問の洗い直しをし、得点力になる問題だけを厳選

その年度だけ出題された難問・奇問は省く一方、近年の傾向に合わせた過去問の類題・改題はしっかり掲載しています。本書で得点力になる問題を把握しましょう。

<出題形式について>
旧国家Ⅱ種・裁判所事務官の出題内容も、国家一般・裁判所職員に含め表記しています。また、地方上級レベルの問題は地方上級と表示しています。

# 2. 基本問題の Level 1 、発展問題の Level 2 のレベルアップ構成

Level 1 の基本問題は、これまでの公務員試験でたびたび出題されてきた問題です。何回か繰り返して解くことをおすすめします。科目学習の優先順位が低い人でも、最低限ここまではきちんとマスターしておくことが重要です。さらに得点力をアップしたい方は Level 2 の発展問題へ進みましょう。

# 3. POINT整理と見開き2ページ完結の問題演習

各章の冒頭の**POINT整理**では、その章の全体像がつかめるように内容をまとめています。全体の把握、知識の確認・整理に活用しましょう。この内容は、Level 1 、Level 2 の両方に対応しています。また、**Q&A**形式の問題演習では、問題、解答解説および、その問題に対応する**PointCheck**を見開きで掲載しています。重要ポイントの理解を深めましょう。

## ● 基本的な学習の進め方

　どんな勉強にもいえる、学習に必要な4つのポイントは次のとおりです。本書は、この①〜④のポイントに沿って学習を進めていきます。

## ①理解する

　問題を解くためには、必要な知識を得て、理解することが大切です。

## ②整理する

　ただ知っているだけでは、必要なときに取り出して使うことができません。理解したあとは、整理して自分のものにする必要があります。

## ③暗記する　④演習する

　問題に行き詰まったときは、その原因がどこにあるのか、上記①〜④をふりかえって考え、対処しましょう。

## 本書の活用法

# 1. POINT整理で全体像をつかむ

**POINT整理**を読み、わからないところがあれば、各問題の**PointCheck**および解説を参照して疑問点をつぶしておきましょう。関連する**Q&A**のリンクも掲載しています。

# 2. Level 1・Level 2のQ&Aに取り組む

ここからは自分にあった学習スタイルを選びましょう。苦手な論点は、繰り返し問題を解いて何度も確認をすることで自然と力がついてきます。

Level 2の **Level up Point!** は得点力をつけるアドバイスです。当該テーマの出題傾向や、問題文の目のつけどころ、今後の学習の指針などを簡潔にまとめています。

●本書を繰り返し解き、力をつけたら、本試験形式の問題集にも取り組んでみましょう。公務員試験では、問題の時間配分も重要なポイントです。

➡ **本試験形式問題集**

『**本試験過去問題集**』（国家一般職・国税専門官・裁判所職員ほか）

# ●全体像をつかむ **POINT整理**

① **学習内容の概要**
全体像。概略をつかむ

② **関連問題リンク**
各項目に関連する問題を表示

③ **詳細解説リンク**
**PointCheck** の対応する解説を表示

# ●Q&A （Level 1 ・ Level 2 ）

④ **問題**
過去問題あるいは過去問題の類題・改題で構成

⑤ **PointCheck**
問題のポイントに対応した、論点の体系、参考資料、発展テーマなど

⑥ **判例・条文暗記ポイント**
法律学習の中心は判例。暗記事項はここでチェック

⑦ **重要度**
学習項目の重要度を★マークの3段階で表示

⑧ **解答解説**
正誤のポイントをわかりやすく解説

# ● 効率的『出るとこ過去問』学習法 ●

## 1周目

最初は科目の骨組みをつかんで、計画どおりスムーズに学習を進めることが大切です。1周目は学習ポイントの①概要・体系の理解と、②整理の仕方を把握することが目標になります。

最初は、誰でも、「わからなくて当然」「難しくて当たり前」です。初めての内容を無理やり覚えようとしても混乱するだけで終わってしまうことがあります。頭に残るのは全体像やイメージといった形で大丈夫です。また、自力で問題を解いたり、暗記に時間をかけたりするのは効率的ではありません。問題・解説を使って整理・理解していきましょう。

## 1. POINT整理をチェック

やみくもに問題を解いても、学習範囲の概要がわからなければ知識として定着させることはできません。知識の中身を学習する前に、その章の流れ・体系をつかんでおきます。

**POINT整理**は見開き構成で、章の全体像がつかめるようになっています。一目で学習範囲がわかるので、演習の問題・解説がスムーズに進むだけでなく、しっかりした知識の定着が可能になります。ここは重要な準備作業なので詳しく説明します。

(1)**各項目を概観**（5分程度）

次の3点をテンポよく行ってください。

①章の内容がどんな構成になっているか確認

②何が中心的なテーマか、どのあたりが難しそうかを把握

③まとめの文章を読んで、理解できる部分を探す

最初はわからなくても大丈夫です。大切なのは問題・解説を学習するときに、その項目・位置づけがわかることです。ここでは知識の中身よりも、組立て・骨組み・章の全体像をイメージします。

(2)**気になる項目を確認**（30分程度）

問題・解説の内容を、先取りして予習する感覚で確認します。

①リファレンスを頼りに各問題や、問題の**PointCheck**を確認

②まったく知らない用語・理論などは「眺めるだけ」

③知っている、聞いたことがある用語・理論などは自分の理解との違いをチェック

全体像を確認したら、次にやることは「道しるべ」を作っておくことです。内容を軽く確認する作業ですが、知らないことや細かい内容はとばして、自分が知っている用語や理解できる内容を確認し、学習を進める時の印をつけておきます。

## 2. Level 1 の問題にトライ （問題・解説で1問あたり15分以内が目標）

　まずは読む訓練と割り切りましょう。正解をみてもかまいません。むしろ○×を確認してから、どこが間違っているのか、理解が難しいのかを判断する程度で十分です。問題を読んで理解できない場合は、すぐに解説を読んで正誤のポイントを理解するようにしてください。

> はじめは、問題を自力で解くことや、答えの正解不正解は全く考慮しません。また、ここで深く考える必要もありません。大切だとされる知識を「初めて学ぶ」感覚で十分です。問題で学ぶメリットを最大限に生かしましょう。

## 3. Level 1 の PointCheck を確認 （15分程度）

　学習内容の理解の仕方や程度を **PointCheck** で把握します。問題を解くための、理解のコツ、整理の仕方、解法テクニックなどを確認する作業です。暗記が必要な部分は、**PointCheck** の文中に印をしておき、次の学習ですぐ目につくようにします。

## 4. Level 2 の問題の正誤ポイントを確認

　Level 1 の問題と同様に読む訓練だと考えて、正誤のポイントを確認するようにしましょう。ただ、長い文章や、**POINT整理** にない知識、未履修の範囲などが混在している場合があるので、学習効果を考えると1回目は軽く流す程度でいいでしょう。また、Level 1 の **PointCheck** と同様、覚えておくべき部分には印をしておきます。

> Level 2 は2周目で重点的に確認するようにします。1周目はとばしてもかまいません。ただ、これからやる学習範囲でも、眺めておくだけで後の理解の役に立ちます。「なんとなくわかった」レベルの理解で先に進んでも大丈夫です。

## 2周目以降

　ここからは、問題を解きながら覚える作業です。大切なのは、「理解できたか・できないか」「整理されているか・されていないか」「暗記したか・していないか」を、自分なりにチェックしていくこと。できたところと、難しいところを分けていきましょう。

> 2周目でも、100パーセントの体系的理解は必要ありません。どうすれば正解に至ることができるかを自分なりに把握できればいいのです。最終的には自分の頭で処理できることが目標なのです。

　2周目以降は、もうやらなくていい問題を見つける作業だと考えてください。「ここだけ覚えればいい」「もう忘れない」と感じた問題は切り捨てて、「反復が必要」「他の問題もあたっておく」と感じる問題にチェックをしていきます。

> ここからが一般的な問題集の学習です。3周目は1日で全体の確認・復習ができるようになります。ここまで本書で学習を進めれば、あとは問題を解いていくことで、より得点力を上げていくこともできます。一覧性を高め、内容を絞り込んだ本書の利点を生かして、短期間のスピード完成を目指してください。

# 出るとこ過去問　憲法セレクト 100

**公務員試験**

国家一般職
地方上級レベル対応

出るとこ過去問

**①**

# 憲法

セレクト100

# 第1章

# 人権総論
## （享有主体、特別の法律関係、私人間効力）

Level 1  p4～p17　　Level 2  p18～p23

## **1** 外国人の人権

Level 1 ▷ **Q01,Q02**　Level 2 ▷ **Q09**

### ⑴在日外国人の人権享有主体性　▶p4

**肯定**（判例・通説）

理由　・人権の前国家的性質　・国際協調主義（前文、98条2項）

### ⑵外国人に保障される人権と保障されない人権の区別に関する基準　▶p5

**文言説**（少数説）

「何人も」で始まる条文（人権）は外国人にも適用できるが、「国民は」で始まる条文は外国人に適用できない。（批判：外国人に国籍離脱が保障される矛盾を生じる）

**性質説**（判例・通説）

人権の性質を考えて、外国人に保障される人権と、保障されない人権を区別する。

| 具体例 | 理由 | |
|---|---|---|
| 自由権 | ○ | 国家からの自由であり、前国家的性質を持つ |
| 請願権 | ○ | 受理機関を拘束しないし、参政権の代わりとして重要 |
| 社会権 | × | 社会権の保障は所属国家の責務。ただし法律で付与は可能 |
| 参政権 | × | 国民主権。ただし地方参政権なら法律で付与は可能 |
| 入国の自由 | × | 自由権ではない。入国の許否は国家の自由裁量 |
| 再入国の自由 | × | 入国の自由が認められないことの帰結 |

### ⑶外国人の政治的活動の自由　▶p6

原則―○（政治活動の自由は自由権であり外国人も享有する）

例外― ×（参政権的機能を持つ政治活動は否定）

「わが国の政治的意思決定、またはその実施に影響を及ぼすような活動等」：マクリーン事件

### ⑷定住外国人の地方参政権　▶p7

| | 憲法での保障 | 法律で付与 |
|---|---|---|
| 国政への参政権 | × | × |
| 地方への参政権 | × | ○ |

## **2** 法人の人権

Level 1 ▷ **Q07**

### ⑴法人の人権享有主体性　▶p16

**肯定**（判例・通説）

理由　・法人の活動の効果が究極的には自然人に帰属する。

　　　・法人が現代社会で独立した社会的実体として活動している。

⑵法人に保障される人権と保障されない人権の区別

**性質説**（判例・通説）

| 具体例 | | | | |
|---|---|---|---|---|
| | 選挙権 | × | 経済的自由 | ○ |
| | 生存権 | × | 裁判を受ける権利 | ○ |
| | 生命・身体に関する自由 | × | 宗教団体の信教の自由 | ○ |
| | | | 報道機関の報道の自由 | ○ |

⑶法人の政治献金の自由について

①法人の政治的行為の自由→政治献金の自由あり（八幡製鉄政治献金事件）

②税理士会（強制加入団体）の政治献金→税理士会の目的を逸脱

　　→献金のための特別徴収決議は無効（南九州税理士会政治献金徴収拒否訴訟）

# 3 在監者の人権　　　Level 1 ▷ **Q05**

在監目的達成のため必要最小限の規制は受ける。　▶p12

〔在監目的〕未決勾留…罪証隠滅・逃亡の防止　受刑者…矯正教化・監獄内の秩序維持

❖判例

●**新聞・図書の閲読の制限：よど号ハイジャック事件**（最大判昭 58.6.22）

●**信書の発受の制限**（最判平 6.10.27）　●**喫煙の制限**（最大判昭 45.9.16）

# 4 公務員の人権　　Level 1 ▷ **Q03,Q04**　Level 2 ▷ **Q10**

憲法が公務員の存在と自律性を予定することから必要最小限の制約を受ける。　▶p8

❖判例

●**政治行為の制限：猿払事件**（最大判昭 49.11.6）

●**労働基本権への制限：全農林警職法事件**（最大判昭 48.4.25）

# 5 私人間効力　　Level 1 ▷ **Q06,Q07**　Level 2 ▷ **Q08**

①間接適用説（判例・通説）▶p14

　私法の一般条項（特に公序良俗違反の法律行為は無効であると定める民法 90 条など）の解釈に際して人権規定の趣旨を意味充填し、それによって私人間にも人権保障を押し及ぼす。私的自治の尊重と人権保障とのバランスを考慮する立場。

❖判例

●**三菱樹脂事件**（最大判昭 48.12.12）→思想・信条を理由とする本採用拒否は適法

●**昭和女子大事件**（最判昭 49.7.19）→退学処分は懲戒権者の裁量の範囲内で適法

●**日産自動車事件**（最判昭 56.3.24）→男女別定年制は不合理な差別で無効

②憲法自体が直接適用を予定している人権規定

　15 条 4 項（投票の秘密）、18 条（奴隷的拘束・苦役からの自由）

　27 条 3 項（児童酷使の禁止）、28 条（労働基本権）

# Q01 外国人の人権享有主体性

**問** 憲法の人権規定の外国人に対する適用についての最高裁判所の判決に関する記述として、妥当なのはどれか。 （地方上級）

1 外国人の入国の自由について、今日の国際慣習法上、外国人に入国の自由を保障することが当然であり、憲法が規定する国際協調主義にかなうとした。

2 外国人の政治活動の自由について、外国人の地位にかんがみ認めることが相当でないと解されるものを除き、保障されるとした。

3 外国人の生存権の保障について、自国民を在留外国人より優先させ、在留外国人を福祉的給付の支給対象者から除くことは許されないとした。

4 外国人の選挙権について、定住外国人へ地方公共団体における選挙の権利を付与しないことは合憲であり、法律で定住外国人に地方公共団体における選挙の権利を付与することはできないとした。

5 外国人登録法で義務付けられていた指紋押捺制度について、何人もみだりに指紋の押捺を強制されない自由を有するとして、指紋押捺制度は違憲であるとした。

---

# PointCheck

## ●外国人の人権享有主体性（思考の流れ）‥‥‥‥‥‥‥‥‥‥‥‥‥‥【★★☆】

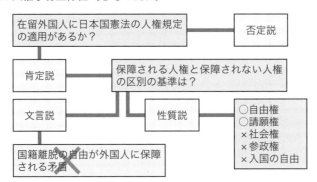

## ●外国人に日本国憲法の人権享有主体性が認められる理由‥‥‥‥‥‥‥‥‥【★☆☆】

　日本国憲法第3章には「国民の権利及び義務」とあるものの、人権の普遍性・前国家的性質（人が人であるがゆえに認められるのが人権であり、この点で日本国民と外国人を区別するいわれはない）を理由に在留外国人にも人権規定の適用が認められる（判例・通説）。憲法の国際協調主義（前文、98条2項）が条文上の根拠となる。

　※この「外国人」には不法入国者も含まれるとするのが判例である。

● **保障される人権の区別の基準**………………………………………………………【★★★】

　すべての人権が外国人にも保障されるのか。保障されない人権があるとすれば、それは何を基準として保障される人権と区別されるのか。この点について、条文の文言が「国民は」となっている人権は外国人には保障されないとの立場（文言説）もあったが、人権の性質を基準として区別するのが判例・通説である（性質説）。性質説からは、自由権は権利の性質上外国人にも保障されるが、社会権や参政権は保障されない。

　ただし、参政権の代替手段として、外国人による請願権行使は認められる。また、地方自治における選挙権は憲法上保障されないが、法律で認めることは第8章の趣旨から許される（判例）。さらに、社会権について、原則、外国人子弟の公立小学校への入学を認めなくても違憲ではないが、もっぱら財政上の問題であるから、法律で認めることは許される。

● **外国人に保障される人権の限界**………………………………………………………【★★☆】

⑴ **経済的自由**…合理的理由があれば一定の制約が可能

　海外資本の支配を受け、わが国の経済的自立が妨げられるおそれがあることから、外国人の株式所有の自由には一定の制約が認められる。

⑵ **政治的自由**…国民主権の原則から大きな制約

　「わが国の政治的意思決定、またはその実施に影響を及ぼすなど、外国人の地位にかんがみ相当でないと解される政治活動」は権利として保障されない（マクリーン事件）。したがって、政府転覆活動はもちろん、政党の結成も制約される。（**Q02** 参照）

⑶ **公務就任権**…やはり国民主権から一定の制約（最大判平17.1.26、**Q09** 参照）

　ただし、非権力的公務への就任は一般的に認められている。国公立大学の外国人教員の任用や地方自治体での職員採用について、非管理職なら受験や昇進を認める場合がある。

# **A01** 正解―2

1―誤　入国の許否は、国際慣習法上、各国の自由裁量に委ねられている（最大判昭32.6.19）。

2―正　性質説（通説）からはこのように解される。マクリーン事件で判例は、入国や在留の自由は認めないが、政治活動の自由は原則として保障されるとしている。

3―誤　生存権を中心とした社会権については、その保障は各人の属する各々の国の責務であるとして、外国人の人権享有主体性を否定するのが判例・通説である。在留外国人を障害福祉年金の支給対象者から除外することも、立法裁量の範囲内とされた（最判平1.3.2）。

4―誤　判例は、国民主権原理を理由に、参政権（選挙権・被選挙権）は外国人には保障されないとした（最判平5.2.26）。しかし、地方自治における選挙権については、永住者等であってその居住する地方公共団体と密接な関係をもつ者に、法律で地方参政権を付与することは憲法上禁止されてはいないとした（最判平7.2.28）。

5―誤　指紋押捺制度は、立法目的に合理性があり、また必要性もあり、一般に許容される限度を越えない相当なものとして合憲とした（最判平7.12.15）。

# Q02 マクリーン事件

**問** 憲法 22 条に関する次のア～エの記述の正誤の組合せとして、最も適当なのはどれか。

(裁判所職員)

**ア** 判例は、憲法 22 条 1 項は、日本国内における居住・移転の自由を保障する旨を規定するにとどまり、外国人がわが国に入国することについてはなんら規定していないものというべきであるから、憲法上、外国人は、わが国に入国する自由を保障されているものでないことはもちろん、在留の権利ないし引き続き在留することを要求しうる権利を保障されているものでもないとした。

**イ** 外国へ一時旅行する自由の憲法上の根拠規定については、憲法 22 条 1 項の移転の自由に含まれるとする見解と憲法 22 条 2 項の移住の自由に含まれるとする見解があるが、判例は、「旅行」を「移住」に含めるより「移転」に含める方が文言上自然であること、「移住」は国籍離脱とともに日本国の支配を脱する意味を有することから、憲法 22 条 1 項の移転の自由に含まれるとした。

**ウ** 我が国に在留する外国人の外国へ一時旅行する自由については、日本国民と同様に憲法 22 条により保障されているとする見解があるが、判例は、我が国に在留する外国人は、憲法上、外国へ一時旅行する自由を保障されているものでないことは明らかであるとした。

**エ** 判例は、憲法第三章の諸規定による基本的人権の保障は、権利の性質上日本国民のみをその対象としていると解されるものを除き、わが国に在留する外国人に対しても等しく及ぶものと解すべきであるが、憲法 22 条 2 項にいう外国移住の自由は、その権利の性質上日本国民のみをその対象としていると解されるから、外国人には保障されていないとした。

|   | ア | イ | ウ | エ |
|---|---|---|---|---|
| 1 | 正 | 誤 | 正 | 正 |
| 2 | 正 | 誤 | 正 | 誤 |
| 3 | 誤 | 正 | 正 | 正 |
| 4 | 正 | 正 | 誤 | 正 |
| 5 | 誤 | 正 | 誤 | 誤 |

# PointCheck

## ◉外国人の人権に関する性質説 ························································【★★★】

憲法第 3 章の表題が「国民の権利及び義務」となっていることから、日本国籍を持たない外国人にも憲法の人権規定の適用はあるのかが問題となる。判例は、外国人にも性質上可能な限り人権保障規定は及ぶとする（マクリーン事件・最大判昭 53.10.4）。そこで人権規定のうち、性質上保障が及ぶものと及ばないものを具体的にみる必要がある。

**❖判例**

### ◉マクリーン事件 (最大判昭 53.10.4)

▶**事案**

在留期間の更新を申請したアメリカ国籍の原告（ロナルド・アラン・マクリーン氏）

に対し、法務大臣は、在日中の反戦運動参加などを理由として更新を不許可とした。

▶**判旨**

　基本的人権の保障は、権利の性質上日本国民のみを対象とするものを除き、在留外国人にも等しく及ぶので、政治活動の自由もわが国の政治的意思決定またはその実施に影響を及ぼす活動などでない限り保障される。しかし、外国人はわが国に入国する自由や在留する権利はないから、在留の許否を決する国の裁量を拘束するまでの保障、すなわち、在留期間中の人権の保障を受ける行為が在留期間更新の際に消極的事情として斟酌されないことまでの保障は、与えられていない。

　マクリーン事件で問題になったのは、外国人の政治活動の自由である。政治活動については、自由権であることを考えると保障される人権ということになるが、参政権的機能を有する権利でもある。性質説からは例外的に保障されない場面がありうる。

**❖判例**

**◉森川キャサリーン事件**（最判平 4.11.16）

　わが国に在留する外国人は、憲法上、外国へ一時旅行する自由および再入国の自由を保障されていない。

**◉定住外国人の地方参政権**（最判平 7.2.28）

▶**判旨**

　憲法 15 条 1 項は、権利の性質上日本国民のみを対象とする。憲法 93 条 2 項にいう「住民」とは、地方公共団体の区域内に住所がある日本国民を意味し、この規定はわが国に在留する外国人に対し、地方公共団体の長・議会議員等の選挙の権利を保障したものではない。憲法 8 章は、民主主義社会における地方自治の重要性にかんがみ、住民の日常生活に密接な関連がある公共的事務は、住民の意思に基づき、区域の地方公共団体が処理するという政治形態を憲法上の制度として保障する趣旨と解される。したがって、在留外国人のうち永住者等であって居住する区域の地方公共団体と特段に密接な関係をもつに至ったと認められるものについて、法律で地方公共団体の長、地方議会の議員等に対する選挙権を付与する措置を講ずることは憲法上禁止されていない。しかし、右措置を講じなくても違憲ではない。

# A02 正解ー2

**アー正** 判例は、特別の条約がない限り、入国の許否は当該国家が自由に決定できるとしている（マクリーン事件・最大判昭 53.10.4）。

**イー誤** 海外渡航の自由については、22 条 1 項説もあるが（5 章 **POINT 整理**参照）、判例は 22 条 2 項の海外移住に含めて考える（最大判昭 33.9.10）。

**ウー正** 判例は、在留外国人の外国へ一時旅行する自由および再入国の自由は、憲法上保障されていないとする（森川キャサリーン事件・最判平 4.11.16）。

**エー誤** 外国移住の自由が、権利の性質上外国人に限って保障されない理由はない（最大判昭 32.12.25）。ちなみに、同じ 22 条 2 項の「国籍離脱の自由」は、外国籍の者に日本国憲法が認める意味はなく、日本国民のみを対象としている。

# Q03 公務員の人権制約根拠

**問** 公務員の人権に関する次の記述のうち、正しいものはどれか。 （国家一般）

**1** 公務員関係は特別の公法関係であるから、憲法で特別に認められている場合を除き、原則として基本的人権の保障は及ばず、基本的人権の制限には法律の根拠を要しない。

**2** 公務員の労働基本権は、公務員に対し生存権を保障するための最も重要な手段であると考えられるので、その労働基本権に対する制限はいかなる場合にも認められない。

**3** 公務員について争議行為を禁止することは、公共の福祉によって正当付けられるから、人事院規則によって争議行為を全面一律に禁止したとしても憲法に違反しない。

**4** 公務員の政治的行為の禁止は、禁止の目的、その目的と禁止される政治的行為との関連性、禁止することによって得られる利益と失われる利益との均衡の3点を判断基準として、それが合理的で必要やむをえない限度にとどまるものである限り、憲法の許容するところである。

**5** 公務員は憲法を尊重し擁護する義務を負うこととされているから、職務を遂行するにつき、準拠する法律が憲法に違反すると判断した場合には、常に該職務の執行を拒むことができる。

# PointCheck

●公務員の人権の制約根拠‥‥‥‥‥‥‥‥‥‥‥‥‥‥‥‥‥‥‥‥‥‥‥‥‥‥【★★★】

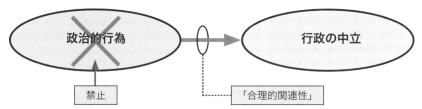

　かつての判例では、公務員は「公共の福祉」および「全体の奉仕者」という理由から、それだけで人権制約が認められていたが、やはり個別の問題ごとに人権制約の根拠・程度を検討する必要がある。

　具体的には、現行法（国家公務員法102条、人事院規則14-7）による国家公務員の政治活動の制限が許されるか、という形で問題になった。猿払事件の最高裁判例は、「行政の中立的運営」とこれに対する「国民の信頼の確保」という規制目的を正当とし、政治的行為の禁止と立法目的の間に合理的関連性を認め、利益衡量の観点（禁止によって得られる利益と失われる利益との均衡）から、合憲とした。

問題でPointを理解する
Level 1 **Q03**

第1章
第2章
第3章
第4章
第5章
第6章
第7章
第8章
第9章
第10章

❖判例

●**猿払事件**（最大判昭49.11.6）
▶**事案**

郵便局員が、衆議院議員候補の選挙用ポスターを掲示、配付した行為が人事院規則14-7「政治的行為」にあたり、国家公務員法102条1項違反として起訴された。

▶**判旨**

行政の中立的運営とこれに対する国民の信頼を確保するということは国民全体の共同利益である。公務員の政治的行為を禁止する国公法および人事院規則は、職種・職務権限・勤務時間の内外、国の施設の利用の有無等にかかわりなく、一律に規制する。しかし、①禁止目的が正当で、②この目的と禁止される行為との間に合理的関連性があり、③禁止により得られる国民全体の共同利益に対し、失われる利益が行動の禁止に伴う限度での間接的・付随的な意見表明の自由の制約で、利益の均衡を失していない限り、憲法21条に違反しない。

●**「国家公務員法違反事件（堀越事件）」**（最判平24.12.7）
▶**判旨**

社会保険庁事務官が政党機関紙を配布し国家公務員法違反で起訴された事案で、処罰対象となる「政治的行為とは、公務員の職務の遂行の政治的中立性を損なうおそれが、観念的なものにとどまらず、現実に起こり得るものとして実質的に認められるもの」とした上で、「管理職的地位になく裁量の余地のない」等を理由に「本件配布行為が本件罰則規定の構成要件に該当しない」と判断した。
※猿払事件は構成要件に該当する行為なので事案が異なると判示し、判例変更（違憲判断）ではないとしている。

# **A03** 正解―4

1―誤　公務員が特殊な地位にあるといっても、現在このような人権制限を当然に認める考え（特別権力関係論、**Q05**参照）は、判例・通説は採用していない。

2―誤　判例は、公務員の労働基本権に対し必要やむをえない限度の制限を加えることは十分合理的な理由があるとして、公務員の争議行為を全面一律に禁止した法律の規定を合憲とした（全農林警職法事件・最大判昭48.4.25、**Q59**参照）。

3―誤　肢2の解説で述べたように、公務員の争議権は制限を受けているが、それは法律に根拠を置くのであり、規則のみで制限を設けることは許されない。現在の人事院規則は、その元となる国家公務員法を受けた形で制限を設けている。

4―正　判例は、本肢のように3つの判断基準によって判断し、公務員の政治活動の自由を制限する国家公務員法などの規定を合憲とする（猿払事件・最大判昭49.11.6）。ただし、上記の最新判例があることにも注意。

5―誤　公務員は憲法尊重擁護義務を負うこととされているが（99条）、法律が違憲か否かの判断権者ではないので、裁判所による判断が出ないのに、職務の執行を拒むことはできない。

# Q04 公務員の地位と人権制約

**問** 公務員の人権に関するア〜オの記述のうち、妥当なもののみをすべて挙げているのはどれか。

(国家一般)

**ア** 国家公務員が選挙権の行使以外の政治的行為を行うことはすべて禁止されており、単に政党の党員になることも禁止されている。

**イ** 行政の中立的運営が確保され、これに対する国民の信頼が維持されることは、憲法の要請にかなうものであり、公務員の政治的中立性が維持されることは、国民全体の重要な利益にほかならないというべきであるから、政治的中立性を損なうおそれのある公務員の政治的行為を禁止することは、合理的で必要やむを得ない限度にとどまるものである限り、憲法の許容するところであるとするのが判例である。

**ウ** 憲法第21条第1項の表現の自由の保障は裁判官にも及ぶが、憲法上の特別な地位にある裁判官の表現の自由に対する制約は、合理的で必要やむを得ない限度にとどまるものである限り憲法の許容するところであり、裁判官に対して積極的な政治運動を禁止することは、禁止の目的が正当であって、目的と禁止との間に合理的関連性があり、禁止によって得られる利益と失われる利益との均衡を失するものでないなら、憲法第21条第1項に違反しないとするのが判例である。

**エ** 勤労者に保障されている労働基本権のうち、団結権はすべての公務員に認められているが、団体交渉権は現業の国家公務員にのみ認められている。

**オ** 公務員の争議行為を一律かつ全面的に制限することは許されないとしつつ、法律の規定は、可能なかぎり、憲法の精神に即し、これと調和しうるように合理的に解釈されるべきものであるという観点から、公務員の争議権を制限する法律の規定を合憲的に限定解釈して、憲法に違反しないとするのが判例である。

**1** ア、ウ、オ　　**2** ア、エ　　**3** イ、ウ　　**4** イ、エ、オ　　**5** エ、オ

---

# PointCheck

## ◉公務員の憲法尊重擁護義務 ・・・・・・・・・・・・・・・・・・・・・・・・・・・・・・・・・・・・・・・・・・・・・・・・・・【★☆☆】

憲法99条：「天皇又は摂政及び国務大臣、国会議員、裁判官その他の公務員は、この憲法を尊重し擁護する義務を負ふ。」

公務員の服務宣誓の例：「私は、ここに主権が国民に存することを認める日本国憲法を尊重し、かつ、これを擁護することを固く誓います。」

## ◉公務員の人権制約 ・・・・・・・・・・・・・・・・・・・・・・・・・・・・・・・・・・・・・・・・・・・・・・・・・・・・・・・・・・【★★☆】

憲法が公務員関係の存在と自律性を憲法秩序の構成要素（15条、73条4号）として認めていることから、これを確保するために、必要最小限の人権制約が許されると考えられる。

**(1)政治活動の自由の制限（Q03 参照）**

　判例は、①禁止の目的の正当性、②その目的と禁止される行為との合理的関連性、③禁止することで得られる利益と失われる利益との均衡、という合理的関連性の基準を採用し、郵便局員の選挙ポスター掲示を、国家公務員法 102 条、人事院規則違反とした（猿払事件）。

**(2)労働基本権の制限（Q59 参照）**

　公務員も労働力を提供して対価を得るので、憲法 28 条の「勤労者」にあたるが、公務員に労働基本権がどの程度まで保障されるのかが、判例の立場の変遷に伴い争われた。

**●全逓東京中郵事件・都教組事件**…公務員の労働基本権を尊重し旧来の厳格な態度を変更。
**●全農林警職法事件**…公務員の地位と職務を特殊・限定的にとらえ、再び厳格な態度に。

**❖判例**

**●全農林警職法事件**（最大判昭 48.4.25）
　　国家公務員法 110 条 1 項（公務員の争議行為の一律禁止）を合憲とした。

**❖判例チェックポイント**

　①公務員の地位の特殊性と職務の公共性。
　②公務員の勤務条件は法律・予算によって定められる。
　③公務員の争議行為には、市場抑制力がない。
　④公務員の労働基本権制約の代償措置として、人事院の勧告制度などがある。

| | 団結権 | 団体交渉権 | 争議権 |
|---|---|---|---|
| 警察・消防など | × | × | × |
| 非現業の公務員 | ○ | × | × |
| 現業の公務員 | ○ | ○ | × |

# A04 　正解－3

**ア―誤**　判例は、公務員の地位や職務内容を問わず、公務員の政治的中立性を失うおそれのある行為を一律に禁止することも許されるとした（猿払事件・最大判昭 49.11.6）。ただ、「一律禁止」は、「一切」「全て」の禁止ではない。政党の役員等になることは禁じられているが（国家公務員法 102 条 3 項）、単なる党員になることまで禁じてはいない。

**イ―正**　猿払事件の判旨であり、この点で判例は維持されていることに異論はない。

**ウ―正**　裁判官についても表現の自由の保障が及び、そして政治活動禁止の、①目的が正当、②目的と禁止の合理的関連性、③利益均衡が認められれば合憲とした（最大判平 10.12.1、**Q88** 参照）。

**エ―誤**　**PointCheck** の表を参照。警察・消防等の公安関係では団結権も認められない。また、地方公営企業の現業公務員にも団体交渉権は認められている。

**オ―誤**　公務員の争議行為禁止の合憲限定解釈は、都教組事件の判例の立場であるが（**Q10** 参照）、後に全農林警職法事件、岩手教組学テ事件の判決によって判例変更され、「一律禁止」も合憲としている（**Q59** 参照）。

# Q05 在監者の人権制約

**問** 在監者の人権に関する次の記述のうち、妥当なのはどれか。 （国家一般類題）

1 在監者の外部交通権のうち、外部者との接見については、在監関係を維持するために必要かつ合理的な制限を加えることができるが、信書の発受については、通信の秘密は無条件に保障されるべきものであり、信書を検閲するなどの制限を加えることは許されない。

2 在監者の人権の制限を正当化する根拠については、命令・支配の要素を強く有する在監関係の特殊性から、公務員の勤務関係や国公立大学学生の在学関係とは異なり、在監者が一般の権力関係とは区別された特別の権力関係に服するという点に求められるとするのが通説である。

3 在監者の人権の制限の程度は、在監者が置かれている在監関係の性質に応じて個別的・具体的な検討を必要とするが、在監者の権利・自由のうち、例えば、集会・結社の自由は当然に認められないのに対し、思想・良心の自由は一般国民と同様に保障されなければならない。

4 在監者にも意見、知識、情報の伝達の媒体である新聞、図書等の閲読の自由が憲法上認められるが、閲読を許すことにより監獄内の規律および秩序が害される一般的、抽象的なおそれがある場合には、当該閲読の自由を制限することができるとするのが判例である。

5 喫煙の自由は憲法第13条の保障する基本的人権の一つに含むことができるので、在監者に対して監獄内での喫煙を禁止することは、喫煙を許すことにより証拠隠滅のおそれや火災発生による在監者の逃亡が予想されるなど在監目的の達成が著しく損なわれる事情が存在しない限り、同条に違反するとするのが判例である。

# PointCheck

### ◉在監者の人権の制約根拠······························································【★★☆】

　在監者（刑事施設被収容者）の人権制約は、かつてあった特別権力関係論を背景として、どのような制約であっても正当化された。特別権力関係論とは、特別権力関係という領域（公務員関係、在監関係、国公立学校学生の在学関係など）を設定し、一般国民ならば受けることのない特別の制約（法治主義の排除、人権の制限、司法審査の排除）に服するというものであった。

　しかし、このような特別権力関係論は日本国憲法の規定に明らかに反すると解されているので、今日ではもはや通用しない。そこで、改めて在監者の人権の制約根拠ないし程度が問題となるのである（特別権力関係論を否定したとしても、特別な法律関係が存在することや、そこでは何らかの程度において一般国民とは異なった規律が及ぼされることは承認せざるをえないので、個々の関係ごとに制約の根拠・程度が問題とされる）。

●**在監者の人権**…………………………………………………………………………………………………【★★☆】

　よど号ハイジャック新聞記事抹消事件では、在監者の閲読の自由の制限が問題とされた。判例は、閲読の自由と障害の発生との間の関連性につき「相当の蓋然性」という基準を要求した。

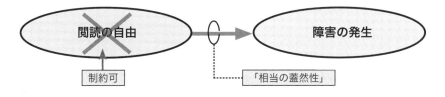

閲読の自由 ← 制約可

「相当の蓋然性」

障害の発生

❖**判例**

●**よど号ハイジャック新聞記事抹消事件**（最大判昭58.6.22）

　▶**事案**

　　未決拘禁者が私費で閲読していた新聞の記事の一部（日航機よど号乗っ取り事件に関する記事）を拘置所長によって全面的に抹消された。未決拘禁者は「知る権利」の侵害を主張して争った。

　▶**判旨**

　　未決拘禁者の新聞紙等の閲読の禁止は、被拘禁者の性向・行状、監獄内の管理・保安の状況、新聞紙等の内容その他の具体的事情の下で、監獄内の規律および秩序の維持上放置できない程度の障害が生ずる相当の蓋然性があることが必要である。こう解する限り、旧監獄法31条2項、同法施行規則86条1項は憲法に違反しない。

# A**05** 正解―3

1―誤　本肢のような主張をする学説もあるが、通信の秘密もまったく制限されないわけではない。旧監獄法に規定されていた「信書の検閲」につき判例は、当該制限は21条の「検閲」にはあたらないとした（最判平6.10.27、最判平15.9.5）。

2―誤　特別権力関係では人権制約の範囲が不明確である。基本的人権の尊重や法の支配を基本原則とする日本国憲法の下で、特別権力関係論を維持することはできない。

3―正　集会・結社の自由を認めたのでは在監目的を達成できない。思想・良心の自由は内心の自由であるからいかなる制限にも服しない。

4―誤　一般的・抽象的なおそれでは足りず、相当の蓋然性が必要である（最大判昭58.6.22）。

5―誤　喫煙禁止は合理的な制限であるとして、本肢のような限定を付けずに合憲とするのが判例である（最大判昭45.9.16）。

# Q06 人権規定の私人間効力

**問** 憲法に定める人権規定の私人間効力に関する記述として、妥当なのはどれか。（地方上級）

1　直接適用説は、私人が国家の行為に準ずるような高度に公的な機能を行使している場合に限り、当該私的行為を国家の行為と同視し憲法の規定を直接適用するべきであるという説である。

2　間接適用説は、憲法の人権規定は民法の公序良俗規定のような私法の一般条項を介して私人間に間接的に適用されるものであり、私人間に直接適用される憲法の人権規定は存しないとする説である。

3　最高裁判所は、学生運動歴の秘匿等を理由に本採用を拒否された事件において、憲法第14条及び第19条の規定は、国又は公共団体と個人との関係を専ら規律し、私人相互の関係を直接規律することを予定するものではないと判示した。

4　最高裁判所は、私立大学の生活要録違反により退学処分を受けた学生が身分の確認を求めた事件において、私立大学は公共的施設であるため、憲法の自由権的基本権の規定は、当該私人相互の関係について当然適用されると判示した。

5　最高裁判所は、航空自衛隊の基地の建設に関する用地の売買契約をめぐる国と私人との争いにおいて、当該契約は、公権力の発動たる行為となんら変わりがないため、私法ではなく憲法第9条及び第98条の適用を受けると判示した。

# PointCheck

●私人間適用の可否・・・・・・・・・・・・・・・・・・・・・・・・・・・・・・・・・・・・・・・・・・・・・・・・・・・・・・・・・【★★★】

　憲法が保障する人権は、本質的には対国家防御権（自由権）ないし対国家請求権（社会権）としての性格を持つことを考えると、私人間でたとえ人権侵害的状況があったとしても、人権規定を適用して私人の一方を救済することはできないようにも思える。しかし、企業などの社会的権力は個人からみれば国家と同様の権力主体として振る舞うこともあり、最高法規たる憲法の人権保障の理念は法秩序全体に妥当すべき価値を有していることを考えると、私人間にも憲法の人権規定を適用して私人の一方を救済すべきとも思える。

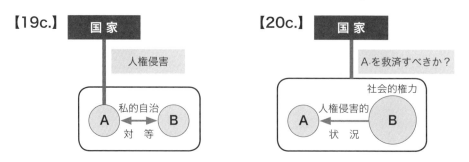

　この点に関して学説上は、①私人間では憲法の人権規定の適用がまったくないとする無効力説、②私人間においても憲法の人権規定の適用があるとする直接適用説、③私人間では憲法の人権規定を適用（ないし類推適用）することはできないが、私法の一般条項の解釈を通して憲法の人権保障の理念を及ぼしうるとする間接適用説（判例・通説）がある。

●各説への批判と間接適用説……………………………………………………【★★☆】

　無効力説は、「人権尊重は全法秩序の基本原則であるから非適用というのは問題だ」と批判される。直接適用説は、「国家の介入を強く求める結果かえって私的自治の原則が害される」「人権はやはり対国家防御権であるところに本質がある」などの批判がある。現在、無効力説・直接適用説は人権規定の適用に偏りがあるという批判が多く、私的自治の尊重とAの救済のバランスを図ることのできる間接適用説が通説となっている。

●直接適用される条文………………………………………………………………【★☆☆】

　投票の秘密（15条4項）、奴隷的拘束および苦役からの自由（18条）、児童酷使の禁止（27条3項）、勤労者の労働基本法（28条）などの条項は、その条項自体の趣旨・目的・文言から直接適用を憲法自体が予定しているものである。

# A06 正解—3

1—誤　「国家同視説」はアメリカ判例法理によるもので、直接適用説とは異なる。原則は、私人間への適用を否定もしくは間接適用し、国家の行為と同視できるときに例外的に直接適用する考え方である。

2—誤　日産自動車事件（最判昭56.3.24）では、人権保障規定の私人間への直接適用を否定したうえで、私人間の問題は私法の一般規定を通じて解決されるとする立場を前提に、男女の定年年齢に差を設ける就業規則は、もっぱら女子であることのみを理由とする不合理な差別として、民法90条により無効としている。しかし、間接適用説も、憲法に「直接適用される条文」があることを否定するものではない（**PointCheck** 参照）。

3—正　三菱樹脂事件判決（最大判昭48.12.12）は、14条、19条が私人間に直接適用されること、さらには国家同視説も否定している。企業は契約締結の自由を有し、特定の思想・信条を理由に採用を拒んでも違憲ではないとした。

4—誤　昭和女子大事件（最判昭49.7.19）では、三菱樹脂事件の判例をひいて、憲法は私人間に直接適用されるものではないとし、退学処分は懲戒権者の裁量権の範囲内にあるとした。

5—誤　百里基地訴訟（最判平1.6.20）では、国が私人と対等の立場で締結する私法上の契約は、「公権力の発動たる行為となんら変わりがないといえるような特段の事情」がない限り、憲法の直接適用はないとした。

第1章
第2章
第3章
第4章
第5章
第6章
第7章
第8章
第9章
第10章

# Q07 法人の人権・私人間効力

**問** 基本的人権の保障の範囲に関する次の記述のうち、判例に照らし、正しいものはどれか。

(国家一般)

1　外国人の政治活動の自由については、その政治活動がわが国の政治的意思決定またはその実施に影響を及ぼすものであるか否かにかかわらず、憲法上の保障を受けない。
2　会社のような法人の実質上の主体はその構成員であるから、構成員たる自然人が基本的人権を享有することを認めれば足り、会社自身を基本的人権の享有主体とする必要はない。
3　大学は、教育上学則を定めて学生を規律する包括的機能を有するから、政治運動など実社会の活動にあたる行為を理由として退学処分を行っても、公序良俗に違反することにはならない。
4　未決拘禁者に対して新聞、図書等の閲読の自由のような精神的自由権の性質を有する権利を制限することは、合理的で必要やむをえない制限を超えるものであるから許されない。
5　基本的人権の保障規定は私人間の関係について当然に適用されるものではないから、企業において、その就業規則により男女差別が生じていたとしても、公序良俗に反し無効となることはない。

# PointCheck

## ●法人の人権享有主体性 ………………………………………………………………【★☆☆】

　法人は、①社会的に有用な存在であり、②認めることが自然人の人権保障に資することから、「性質上可能な限り」内国法人にも認められる。報道機関の「報道の自由」、宗教団体の「信教の自由」などは当然認められる。

## ●法人に保障される人権と限界 ………………………………………………………【★★★】

　政治活動の自由を認めるのは、判例も学説も一致しているが、政治献金の自由については争いがある。八幡製鉄政治献金事件では、政治活動の一環として自然人同様の保障を認めているが、税理士会事件では、それが強制加入団体であるため、会員の思想・信条との関係から政治献金の自由を否定した。

### ❖判例

#### ●八幡製鉄政治献金事件（最大判昭45.6.24）

▶事案

　八幡製鉄の代表取締役が自由民主党に政治資金として350万円を寄付した責任を追及して、同社の株主が代表訴訟を提起した。

▶判旨

　基本的人権の保障は、性質上可能な限り内国法人にも及ぶので、会社は国民と同様、公共の福祉に反しない限り政治資金の寄付を含めて政治的行為をなす自由を有する。

それが政治の動向に影響を与えても、国民による寄付と別異に扱う憲法上の要請はなく、また国民の参政権を侵害するものではない。

◉**税理士会事件**（最判平 8.3.19）

　▶**判旨**

　　強制加入団体である税理士会には、会員各人が市民としての個人的な政治的思想・見解・判断等に基づいて自主的に決定すべき事柄につき、多数決原理によって団体の意思を決定し、会員に協力を義務付けることはできない。税理士会が政党など政治資金規正法上の政治団体に金員の寄付をすることは、たとえ税理士会にかかわる法令の制定改廃に関する政治的要求を実現するためのものであっても、同会の目的の範囲外の行為であり、右寄付のために会員から特別会費を徴収する旨の決議は無効である。

◉**私人間効力についての間接適用説**……………………………………………【★★☆】

　判例・通説は、私的自治と人権保障の調和を図るという見地から、間接的に憲法を適用する考え方による。これは、私法の一般条項（民法 1 条、90 条等）・信義則・公序良俗を解釈するにあたり憲法の人権保障の趣旨を読み込むことで、私人間に人権保障を及ぼすものである。日産自動車事件では、就業規則が民法 90 条に反するとして無効とされたが、「民法 90 条により無効」とされたのであって、「憲法 14 条に反して」無効とされたのではない。

❖**判例**

◉**日産自動車事件**（最判昭 56.3.24）

　▶**事案**

　　日産自動車の女子従業員が、会社の就業規則の定年制規定（男子 60 歳、女子 55 歳）により退職を命じられた。

　▶**判旨**

　　会社の企業経営上の観点からみて定年年齢につき女子を差別する合理的理由が存在しないときは、会社の就業規則中、定年年齢を一律に男子 60 歳、女子 55 歳に定める部分は、性別のみによる不合理な差別として、民法 90 条により無効である。

# A07 正解ー3

1―誤　判例は外国人の政治活動の自由について、わが国の政治的意思決定またはその実施に影響を及ぼすものを除き保障される（マクリーン事件）。

2―誤　判例では、憲法の人権保障規定は性質上可能な限り内国の法人にも適用される（八幡製鉄政治献金事件）。

3―正　判例は本肢のように述べて学生への処分を有効とした（昭和女子大事件・最判昭 49.7.19）。

4―誤　判例は、未決拘禁者の閲読の自由の制限も、それが必要かつ合理的な範囲内であれば認められるとする（よど号ハイジャック記事抹消事件・最大判昭 58.6.22）。

5―誤　日産自動車事件最高裁判決によれば、不合理な差別規定を持つ就業規則の規定は民法 90 条に違反し無効となることになる。

# Q08 私人間効力に関する重要判例

**問** 憲法の私人間効力に関する次の記述のうち、妥当なものはどれか。 （地方上級）

1 十勝女子商業学校事件において、判例は、憲法が保障する基本的人権は絶対的なものであり、私立学校が教師の雇用に際して条件とした校内で政治活動をしないとする契約は無効であるとした。

2 三井美唄労組事件において判例は、労働組合の団結維持の必要性と憲法に定める基本的人権の一つである立候補の自由の重要性とを比較衡量し、組合がその方針に反して立候補した組合員に対して行った処分は違法でないとした。

3 三菱樹脂事件において判例は、企業者が特定の思想をもっていることを理由に労働者の雇入れを拒否するのは、社会的に許容される限度を越え、直接憲法19条の思想・良心の自由に違反するとした。

4 昭和女子大学事件において判例は、退学処分は、私立大学の内部規定である生活要録に基づくものなので、直接憲法上の問題になる余地はないとした。

5 日産自動車事件において判例は、女子の若年定年制は性別による不合理な差別であり、直接憲法14条の平等権に反するとした。

# PointCheck

### ❖判例

### ●三菱樹脂事件（最大判昭 48.12.12）
#### ▶事案
　　大学卒業後私企業に管理職要員として入社した原告は、身上書や面接試験において在学中の学生運動の経歴を隠していたことを理由として、本採用を拒否された。
#### ▶判旨
　　法の下の平等および自由権は、人権観念の成立と発展の沿革や基本権規定の形式と内容に照らして考えると、私人相互間の関係を直接規律しない。個人の自由・平等に対する具体的な侵害またはそのおそれがあり、その態様と程度が社会的許容限度を超えるときは、民法1条、90条や不法行為に関する諸規定の適切な運用によって、私的自治の原則と自由・平等の利益の保護との適切な調和を図ることができる。企業者が特定の思想・信条を有する者の雇入れを拒んでも、ただちに違法とはいえない。

### ●昭和女子大事件（最判昭 49.7.19）
#### ▶事案
　　無許可の学外政治団体加入が「生活要録」違反として自宅謹慎とされた学生が、マスコミに対し大学の取調べの実情を公表したりしたので退学処分を受けた。
#### ▶判旨
　　私立学校の学則には憲法の基本権の保障は直接及ばない。学生の思想の穏健中正を

標榜する保守的傾向の私立学校が、学則に学生の学外における政治的活動等につき届出制ないし許可制を定め、それに違反した学生を退学処分に付しても、社会通念上合理的である限り、懲戒権者の裁量権の範囲内にある。

◉**十勝女子商業学校事件**（最判昭27.2.22）

▶**事案**

学校内では政治活動をしない約束で雇用された者が、共産党宣伝の書籍購入を生徒に勧め、契約違反として解雇された。

▶**判旨**

基本的人権も絶対のものではなく、自己の自由意思に基づく特別な公法関係上または私法関係上の義務によって制限を受ける。校内で政治活動をしないことを条件として学校に雇用された以上、特約は有効であって公序良俗に違反するとはいえない。

◉**三井美唄労組事件**（最大判昭43.12.4）

▶**事案**

独自に立候補する旨の意思を表示した組合員に対して、組合幹部が行った統制処分が、公職選挙法第225条にあたるとして起訴された。

▶**判旨**

労働組合は28条団結権保障の効果として、目的達成のため必要かつ合理的な範囲内で組合員に対する統制権を有する。組合員が組合の方針に反して立候補しようとするときに、これを断念するよう勧告または説得することは許されるが、立候補を取りやめることを要求し、従わないことを理由に統制違反として処分することは、統制権の限界を超えるものとして許されない。

---

**Level up Point!**　裁判で最高裁に上訴するために上告理由で違憲性を争うことが多く、判例集に掲載されていない事案が出題されることもある。違憲判決や、判例の流れを決定したような代表的な憲法判例は判旨を暗記することが望ましいが、さらに覚えた判例を使いこなす応用力も身につけておきたい。代表判例である三菱樹脂事件・昭和女子大事件の論理を理解していれば、十勝女子商業事件は事案等を知らなくても、十分に結論を導くことは可能である。

# A08 正解—4

1—誤　このような条件をつけた契約も有効であるとしている（最判昭27.2.22）。

2—誤　立候補を取りやめるように説得することはよいが、統制違反として処分するのは違法とした（最大判昭43.12.4）。

3—誤　判例は、特定の思想を理由に雇入れを拒むことは違法ではないとしている（最大判昭48.12.12）。

4—正　妥当である（最判昭49.7.19）。

5—誤　間接適用説から民法90条に反し無効であるとした（最判昭56.3.24）。

# Q09 人権の享有主体性・人権制約

**問** 基本的人権の享有主体性に関する次の記述のうち、判例に照らし、妥当なものはどれか。

(地方上級)

**1** 在留外国人のうちでも永住者等であって、居住する区域の地方公共団体と特段に緊密な関係を持つに至ったと認められる者について、法律をもって、地方公共団体の長、地方議会の議員等に対する選挙権を付与する措置を講ずることは、憲法上禁止されていないと解される。

**2** 基本的人権の保障は性質上可能な限り内国法人にも及ぶが、会社は、国民の参政権保障の観点から、原則として政治資金の寄付の自由を有しない。

**3** 私立学校の学則には、直接憲法の基本権の保障が及ぶので、私立学校が学則に学生の学外における政治活動につき届出制ないし許可制を定め、それに反した学生を退学処分に付する旨の内部規定は、憲法に反し無効である。

**4** 未決拘禁者の人権については、在監目的を達成するため必要かつ合理的な範囲内でのみ制限が許されるので、喫煙を禁止する監獄法の規定は憲法13条に違反する。

**5** 公務員の政治的行為を禁止する国家公務員法および人事院規則の規定は、職種・職務権限・勤務時間の内外、国の施設の利用の有無にかかわりなく一律に禁止していることから、憲法に違反する。

---

# PointCheck

### ❖判例

### ●八幡製鉄政治献金事件（最大判昭45.6.24）
→株式会社である八幡製鉄が政治献金をするのは、政治的行為をなす自由の1つとして、法人の「目的の範囲内」の行為であり有効。

会社の構成員である株主は株式を売却して会社から離れるのも自由。ゆえに、株主の思想・信条を侵害するおそれはない。

### ●税理士会事件（最判平8.3.19）
→税理士会が政治団体に政治献金をするのは、その「目的の範囲外」の行為であり無効。

税理士会は強制加入団体なので、税理士会のなす政治献金は会員の思想・信条の自由と衝突する。したがって、税理士会が特定の政治団体に献金をすることは認められないとした。

※強制加入団体：税理士は税理士会に所属しないと業務を行うことができない。

### ●外国人都職員昇任試験拒否訴訟（最大判平17.1.26）
→公権力行使にあたる行為等を行う地方公務員の職務遂行は、住民生活に重大なかかわりを有する。国民主権の原理に基づき、原則として日本国籍を有する者の就任が想定され、外国人の就任は我が国の法体系が想定していない。

●外国人の選挙権……………………………………………………………………【★★★】

## ⑴国政レベルの選挙権

　国民にしか認められない（国民主権）。法律で外国人に付与すれば憲法違反となる。

## ⑵地方レベルの選挙権

　国民には保障されている（93条2項）。外国人には保障されていないが、法律で付与することはかまわない。なぜならば、地方の政治は国政とは異なり、そこに生活している者に選挙権を認めることが住民自治に適うからである。

---

**Level up Point!**　憲法判例を学習するとき、条文の解釈・適用の問題が真正面から取り上げられることは少ない。しかし、肢1では、憲法93条の「住民」が「国民」を意味しないと解釈すると、地方参政権が外国人に保障されないという結論になる。八幡製鉄所・税理士会の判例でも「目的の範囲内」か否かが問題となり、たとえば株式会社では目的の範囲を広く解釈できるという法文の解釈・適用が背後にあることになる。この点を理解していないと、裁判所の判断の真意がみえてこない場合がある。

---

# A09 正解—1

1—正　地方の政治については、住民自治の観点から判例は本肢のように解している（最判平7.2.28）。なお判例は、憲法93条2項の「住民」については、「国民」を指すと解していることに注意。

2—誤　本肢前半は正しい（八幡製鉄政治献金事件・最大判昭45.6.24）。しかし、後半については、会社も自然人たる国民と同様に政治献金の自由がある（同判例）。

3—誤　憲法の人権保障規定は、直接私人間には適用されず、私法の一般条項（民法90条など）を介して間接的に適用されるというのが判例の立場である（間接適用説）。したがって、本肢が「私立学校の学則には、直接憲法の基本権の保障が及ぶ」とか「憲法に反し無効」としている部分が誤りである。なお、間接適用説の立場に立って本肢を検討した場合、このような私立学校の行動が公序良俗に反するものではないとするのが判例である（昭和女子大事件・最判昭49.7.19）。

4—誤　判例では、未決拘禁者の喫煙が罪証隠滅のおそれや火災の発生による逃亡のおそれがあるということを理由に、監獄内での喫煙を禁止することは、仮に喫煙の自由が憲法13条の保障する基本的人権の1つに含まれるとしても、憲法13条に反しないとしている（最大判昭45.9.16）。

5—誤　判例は、行政の中立的運営の確保とこれに対する国民の信頼の維持のために、公務員の政治的行為を一律に禁止することも合憲であるとしている（猿払事件・最大判昭49.11.6）。堀越事件（**Q03**参照）の判例も、国家公務員法および人事院規則の罰則規定は、憲法21条1項、31条に違反するものではなく、猿払事件などの最高裁判例は維持されると指摘している。

# Q10 公務員の政治活動の自由

**問** 公務員の政治活動の自由の制限に関して、次の3説がある。これらに関する以下の記述のうち、妥当なものはどれか。 (国家一般)

**（Ⅰ説）** 公務員の政治活動に対する制約が認められるか否かは、専らその担任する職務の性質によって決まることであり、公務員が憲法上の「全体の奉仕者」であるという位置付けとは直接の関連はない。

**（Ⅱ説）** 公務員の政治活動の自由の制限の根拠は、憲法15条第2項の規定に求めなければならないが、「全体の奉仕者」という一般的根拠を挙げるだけでは正当化することはできず、公務員の職務上の地位やその職務内容、行為の具体的態様を個別的に検討し、その行為によってもたらされる弊害を除去するために必要最小限度の制限は許される。

**（Ⅲ説）** 人権の制限は、憲法で積極的に規定されているか、少なくとも前提とされている場合に限り可能であるということが原則であり、およそ公務員の人権制限の根拠については、憲法において公務員関係という特別の法関係の存在とその自律性が憲法的秩序の構成要素として認められていることが必要である。

1 Ⅰ説は、公務員の政治活動の自由の制限には、憲法上の明文の根拠が必要であることを前提としている点においては、他の2説と同様である。
2 Ⅱ説を採る場合のみならず、Ⅰ説を採っても、合憲限定解釈によれば公務員の政治活動の自由の制限規定を合憲とすることができる。
3 Ⅱ説は、基本的には、公務員の政治活動の自由を制限する一般的根拠を憲法第15条第2項に求めるものであり、結果的に、公務員の政治活動の自由を無条件に制限しうることとなる。
4 Ⅲ説においても、現行憲法上では、公務員の政治活動の自由の制限の根拠は憲法第15条第2項のみに求めることとなる。
5 Ⅲ説は、公務員の人権の尊重について考慮しているものであって、行政の中立性の確保や行政の継続性・安定性の維持について考慮しているものではない。

# PointCheck

## ●合憲限定解釈について·····················································【★☆☆】

　合憲限定解釈とは、ある法令の適用範囲の中に違憲となる部分が含まれている場合に、その法令を合憲の部分だけの規定として限定解釈し、それによってその法令が違憲となるのを回避する手法である。たとえば、公務員の政治的行為をすべて一律に禁止するように読める規定であっても、すべての政治的行為が禁止されているのではなく、政治的行為の中で公務

員の職務の中立性とそれに対する国民の信頼を害するような行為のみが禁止されていると解釈して適用する場合である（都教組事件、**Q59** 参照）。

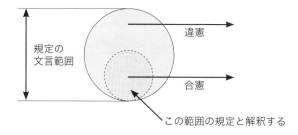

規定の
文言範囲

違憲

合憲

この範囲の規定と解釈する

　学説の問題では、①1つの論点について複数の学説を比較説明する問題が一般的であるが、②1つの学説について複数の論点での論理的帰結を答えさせる問題や、③複数の論点について学説の組合せ・整合性を考えさせる問題などもある。生存権や違憲審査権など、学説の比較が学習のメインとなる範囲についての出題が多いが、本問のような判例理論のエッセンスを比較させることも今後多くなると予想される。本問では、合憲限定解釈の知識があれば合格レベルかといえば、そうではない。1回読んだら、問題文の学説をまとめ、選択肢を読みながらその場で考える訓練を十分にしておくこと。

# A **10** 正解－2

1―誤　Ⅰ説は、制約の可否はもっぱら担任する職務の性質によるとし、かつ「全体の奉仕者」（15条）との関連を否定しており、憲法上の明文の根拠を必要とする立場とはいえない。

2―正　合憲限定解釈をすれば、公務員の政治活動の制限規定の適用範囲は狭まるので、法律を合憲と扱うことができる。

3―誤　Ⅱ説は、職務上の地位や職務内容の個別的検討のうえで、必要最小限度の制約を認めるとしており、無条件の制約を認めるものではない。

4―誤　15条のほか、73条4号にも公務員関係を認める規定がある。

5―誤　公務員関係という特別の法関係の中に、行政の中立性の確保や行政の継続性・安定性の維持の要請が組み込まれている。

第1章
第2章
第3章
第4章
第5章
第6章
第7章
第8章
第9章
第10章

# 第2章 包括的人権
## （幸福追求権、法の下の平等）

Level 1  p26 ～ p39　Level 2  p40 ～ p45

## 1 幸福追求権

Level 1 ▷ **Q11,Q12**　Level 2 ▷ **Q18**

　憲法13条「すべて国民は、個人として尊重される。生命、自由及び幸福追求に対する国民の権利については、公共の福祉に反しない限り、立法その他の国政の上で、最大の尊重を必要とする」

❖**幸福追求権**

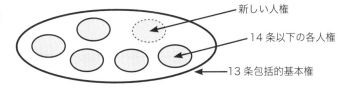

- 新しい人権
- 14条以下の各人権
- 13条包括的基本権

**(1)幸福追求権の法的性格** ▶p28
　13条は、具体的な権利として新しい人権をも保障する（具体的権利の保障）。

**(2)幸福追求権によって認められる人権の範囲**
- 一般的自由説（私生活上の自由一般が保障される。例：ペットを飼う自由）
- 人格的利益説（人格的生存に必要不可欠なものだけ。人権のインフレ化防止のため）
　　　※人格的利益説のほうが通説的見解。

**(3)14条以下の人権規定との関係** ▶p26
　一般法（13条）と特別法の関係に立つ（規定がない場合の補充的保障）。

## 2 13条の具体的内容

Level 1 ▷ **Q12**　Level 2 ▷ **Q18**

**(1)プライバシー権** ▶p28
　①私生活をみだりに公開されない権利→●**「宴のあと」事件**（東京地判昭39.9.28）
　②自己情報をコントロールする権利（情報プライバシー）
- 前科を公表されない権利→●**前科照会事件**（最判昭56.4.14）
　　　　　　　　　　　　　　　●**ノンフィクション「逆転」事件**（最判平6.2.8）
- 指紋の押捺を強制されない権利→●**指紋押捺拒否事件**（最判平7.12.15）
- 容貌を撮影されない自由（肖像権）→●**京都府学連事件**（最大判昭44.12.24）

**(2)自己決定権**（学説上の分類、判例が自己決定権として認めたものではない）
　●**ポルノ個人輸入事件**（最判平7.4.13）…単なる所持目的の処罰も13条に反しない
　●**パーマ校則事件**（最判平8.7.18）…パーマ禁止の校則も認められる
　●**輸血拒否事件**（最判平12.2.29）…輸血の意思決定は「人格権」の一内容

**(3)名誉権**
　●**北方ジャーナル事件**（最大判昭61.6.11）…「人格権」としての個人の名誉の保護

# **3** 法の下の平等

Level 1 ▷ **Q13～Q17**　Level 2 ▷ **Q19,Q20**

## ⑴法適用と法定立の平等 ▶ p32　▶ p38

　内容の不平等な法律を平等に適用しても不平等が起こるだけである。法の下の平等とは、法適用の平等だけでなく、法の内容の平等も含む（通説）。すなわち、行政権・司法権（法適用）だけでなく立法権（法定立）をも拘束する。

## ⑵相対的平等（判例・通説）

　相対的平等は、絶対的平等とは異なり、各人の事実上の差異に応じた合理的区別は許される。14条の「人種・信条・性別・社会的身分・門地」は例示的列挙であり、これらに該当しない事由に基づく差別であっても不合理な差別は許されない。

### ❖判例

● **条例による地域的取扱い不平等の合憲性**（最大判昭 33.10.15、合憲判決）
　→条例制定権を認める以上、地域的差異が生じるのは憲法が容認している。

● **尊属殺重罰規定違憲判決**（最大判昭 48.4.4、違憲判決）
　→立法目的を達成するための刑の加重の程度が著しく不合理な差別的取扱いである。

● **尊属傷害致死事件**（最判昭 49.9.26、合憲判決）
　→普通傷害致死罪との法定刑の差異は著しく不合理とはいえない。

● **衆議院議員定数不均衡違憲判決**（最大判昭 51.4.14、違憲判決）
　→投票価値の不平等が不合理な程度に達し、合理的期間内に是正されず違憲。

● **サラリーマン税金訴訟**（最大判昭 60.3.27、合憲判決）
　→税法は立法府の裁量判断により、著しく不合理とはいえない。

● **非嫡出子の法定相続分違憲決定**（最大決平 25.9.4、違憲決定）
　→立法府の裁量権を考慮しても、嫡出子と嫡出でない子の法定相続分を区別する合理的な根拠はなく憲法 14 条 1 項に違反。

● **参議院議員定数不均衡判決**（最大判平 26.11.26、違憲状態だが合憲）
　→ 1：4.77 の格差は著しい不平等で違憲状態だが、国会の裁量権の限界は超えない。

● **女性のみの再婚禁止期間違憲判決**（最大判平 27.12.16、違憲判決）
　→ 100 日を超える期間は不合理な差別で、婚姻における両性の平等に反する。

● **夫婦同姓制度合憲判決**（最大判平 27.12.16、合憲判決）
　→夫婦同氏制それ自体に男女間の形式的な不平等が存在するわけではない。

## ⑶差別か否かの憲法判断の手法 ▶ p33

　目的審査と手段審査→尊属殺重罰規定違憲判決で採用
　　目的審査……当該差別的扱いによって達成しようとした目的をチェック
　　手段審査……目的達成のために課している差別的扱いが行き過ぎていないかをチェック
　　※すべての事件がこの目的審査・手段審査で判断できるわけではないことに注意。

# Q11 幸福追求権とプライバシー

**問** プライバシーの権利に関する記述として、妥当なのは次のうちどれか。(地方上級類題)

1 プライバシーの権利を認める意義は、現代生活において一人で放っておいてもらう権利を保障することにより、私人による個人生活への侵害を守るものであるが、この権利は公権力による侵害には対抗できない。

2 プライバシーの権利が一種の社会権として独自の保護法益を認められるようになったのは、今世紀に入ってからのことであり、明白かつ現在の危険の理論に裏付けられた新しい権利である。

3 プライバシーの権利は、人間の人権や幸福追求の権利が憲法上認められていることから当然生じる保護法益であり、この権利の内容および範囲は一義的に確定できるとするのが判例の見解である。

4 プライバシーの権利の根拠としては、憲法の人身の自由に関する規定に明確に体系付けられているため、民法の不法行為に関する規定に法的根拠を求めることは妥当ではない。

5 プライバシーの権利が憲法上表現の自由との調整を必要とする場合、一般的にはいずれが優先するという性質のものではなく、個人のプライバシーを侵害しない限り表現の自由が保障される、というのが判例の見解である。

---

# PointCheck

### ◉13条の幸福追求権と新しい人権 ……………………………………………【★☆☆】

14条以下の人権規定は例示列挙であり、すべての人権を網羅的に掲げたものではない。したがって、明文根拠を欠く人権であっても憲法的な保護が与えられる場合がある（新しい人権）。

憲法制定当時において重要だと考えられた利益ならば憲法に人権として書き込むことができるが、時代の変化により人権が不備となることもある。企業間の契約ならば、再交渉して必要な条項を書き加えればよいのと同様に、憲法の場合も人民が政府と再交渉して憲法改正を行い、人権を追加することができる。

しかし、憲法の改正が新しい人権の必要性に追いつけるとは考えにくい。そもそも憲法の人権規定は、人民と政府との契約文書（社会契約説）であり、明文化されていなくても必要になった段階で理由を明示して、相手に対して「そんなことはできません」といえるようなものと考えられる。

裁判官の側からみると、この人がいっている人権は憲法に書いてないけれど保護してあげる必要があると考えた場合には、既存の条文の意味を拡張する（知る権利など）か、または新しい人権として保護されると判断することになる。

第1章

第2章

第3章

第4章

第5章

第6章

第7章

第8章

第9章

第10章

❖判例

◉「宴のあと」事件（東京地判昭39.9.28）

▶事案

　昭和34年の東京都知事選挙に立候補して惜敗した元外務大臣をモデルとした小説『宴のあと』（三島由紀夫著）が、同氏のプライバシーを侵害するとして争われた。

▶判旨

　個人尊厳の思想は正当な理由を欠く他人の私事の公開を禁ずるので、私生活をみだりに公開されないという意味でのプライバシーは一つの権利と呼ぶことができる。しかし、その侵害に対して法的救済が与えられるのは、公開された内容が私生活上の事実または事実らしく受けとられるおそれがあり、一般人の感受性を基準にして当該私人の立場に立った場合公開を望まないだろうと認められ、かつ、一般的に未だ知られていない事柄であるということを必要とする。

# A11 正解―5

1―誤　もともと人権は公権力に対抗するものであり、プライバシー権を具体的な人権として認める以上、公権力による侵害に対しこれを主張することができる。私人による個人生活への侵害については、不法行為等の規定を通じ憲法を間接適用して保護を実現することになる（肢4の解説参照）。

2―誤　そもそもプライバシー権は、私生活に関する事柄をみだりに公開されない権利としてとらえられてきたものであり、これは自由権である。なお、プライバシー権を認めることと「明白かつ現在の危険の理論」とは関係がない。

3―誤　プライバシー権の内容としては、私生活をみだりに公開されない権利というだけにとどまらず、さらに学説上自己に関する情報をコントロールする権利としてもとらえられるようになっており、その判例の示す具体的内容としても、前科を公表されない権利、指紋の押捺を強制されない権利、みだりに容貌等を撮影されない自由などと多様である。一義的に確定できるものではない。

4―誤　住居の不可侵などにもプライバシーの保護の趣旨が含まれるが、プライバシーの権利が人身の自由の中に明確に体系づけられているとはいえない。私人間のプライバシー侵害の問題では、民法の不法行為の規定を介してプライバシーの権利の保障を考えていくことになる（間接適用説）。判例は、学籍番号、氏名等の無断開示はプライバシーを侵害するものとして不法行為となるとした（早稲田大学江沢民講演会名簿提出事件・最判平15.9.12、**Q18**参照）。

5―正　プライバシーの権利は、表現行為によって侵害されることが多い。その場合に関して判例は、いずれかが優先するというものではなく、プライバシーを侵害しない限りにおいて表現の自由が保障されるとしている（「宴のあと」事件）。

# Q12 幸福追求権の法的性格

**問** 憲法に定める幸福追求権に関する次の記述のうち、妥当なものはどれか。 （地方上級）

1 幸福追求権は個別的基本権を包括する基本権であり、個人の人格的生存に不可欠な利益を内容とする権利に限らず、服装の自由、趣味の自由を含む広く一般的行為の自由を保障する権利であると解するのが通説である。

2 自己決定権とは、自己の個人的な事柄について公権力から干渉されることなく自ら決定することができる権利のことをいうが、この権利が憲法上の権利であることを学説のみならず最高裁判所も明確に認めている。

3 最高裁判所は京都府学連事件において、何人もその承諾なしにみだりに容貌・姿態を撮影されないという自由は、これを肖像権と称するかどうかは別として憲法上の権利ではないと判示した。

4 最高裁判所は前科照会事件において、前科および犯罪経歴は人の名誉・信用に直接かかわる事項とはいえず、前科及び犯罪経歴のある者は、これをみだりに公開されないという法律上の保護に値する利益を有さないと判示した

5 最高裁判所は北方ジャーナル事件において、名誉を人格的価値について社会から受ける客観的評価であるとし、名誉を違法に侵害された者は、人格権としての名誉権に基づいて侵害行為の差止めを求めることができると判示した。

## PointCheck

**●憲法13条の法的性格**･････････････････････････････････････････････････【★★☆】

　13条の「幸福追求権」が新しい人権の根拠規定とされるが、幸福追求権によって基礎付けられる個々の権利は、裁判上の救済を受けることができる具体的な権利であると解されている（判例・通説）。単なる自由一般ではなく、人格的自律に必要不可欠な利益が保障されるものなのである（人格的利益説）。

**●判例が認めた新しい人権**････････････････････････････････････････････【★★★】

(1)**プライバシー権**（前科照会事件・最判昭56.4.14）

　　→プライバシー権という言葉は使わず、人の名誉・信用等に直接かかわる前科は、みだりに公開されない法的利益があるとした。

(2)**肖像権**（京都府学連事件・最大判昭44.12.24）

→警察官による写真撮影に対して、「みだりに容貌等を撮影されない自由」を認めたが、正当な理由がある場合はこのような撮影も許されるとした。

**⑶指紋押捺を拒否する自由**（最判平7.12.15）

→押捺拒否の自由を認めつつも、制度自体は必要最小限度の制約として合憲とした。

※ただし、法改正により指紋押捺は強制されず、写真のみでよいとされた。

**⑷喫煙の自由**（最大判昭45.9.16）

→判例は、仮定的な「13条の保障の1つに含まれるとしても」という表現で、認められる可能性を示したが、在監者についての喫煙禁止は必要な処分とした。

---

**❖判例**

**◉京都市前科照会事件**（最判昭56.4.14）

**▶事案**

解雇を巡って原告と紛争中の会社側の弁護士が、原告の前科および犯罪経歴について京都市に照会したところ、市が安易に応じてしまった。

**▶判旨**

前科・犯罪経歴は人の名誉・信用にかかわり、これをみだりに公開されないのは法律上の保護に値する利益である。前科等の有無が訴訟の主要な争点となっていて他に立証方法がない場合は、弁護士法23条の2に基づく照会に応じて市区村長は回答することができる。しかし、「中労委・京都地裁に提出するため」などという照会の文書に漫然と応ずるのは、公権力の違法な行使にあたる。

# A12 正解−5

1—誤　幸福追求権の内容について、通説的見解は人格的利益説である。

2—誤　パーマ校則事件（最判平8.7.18）やエホバの証人輸血拒否事件（最判平12.2.29）などは、私人間での問題として争われたものであり、公権力から干渉されることのない自己決定権というものを明確に認めた判例はない。

3—誤　判例は、本肢のような権利を私生活上の自由の1つとして、憲法13条によって保障されることを認めている（京都府学連事件・最大判昭44.12.24、**Q13**参照）。

4—誤　判例は京都市前科照会事件において、前科および犯罪経歴は人の名誉・信用に直接かかわる事項であり、前科および犯罪経歴のある者は、これをみだりに公開されないという法律上の保護に値する利益を有するとした（最判昭56.4.14）。

5—正　判例は、名誉を侵害された者は、一定の要件の下に、人格権としての名誉権に基づいて出版の差止めを請求することができるとした（最大判昭61.6.11）。

# Q13 包括的人権としての13条・14条

**問** 憲法 13 条と 14 条に関する次の記述のうち、判例に照らし、正しいものはどれか。

(国家一般)

1　製造目的のいかんを問わず、一律に酒類製造を免許の対象として自己消費目的の酒類製造の自由を制約することは憲法 13 条の権利を侵害するので違憲である。

2　憲法 14 条の法の下の平等とは、法を適用するにあたって、その法の対象となる者の性別、年齢、能力などにより差別的な取扱いをしてはならないという趣旨にとどまるとするのが判例である。

3　地下鉄の車内では車内放送は必然的に乗客の耳に入り、乗客はいわゆるとらわれの聞き手となるので、地下鉄の車内においてはおよそ商業宣伝放送を行うことは憲法 13 条の権利を侵害し違憲である。

4　憲法 13 条が保障する自由の一つとして、何人もみだりに容貌等を撮影されない自由が認められるが、その自由も公共の福祉のため必要がある場合には相当の制限を受ける。

5　尊属殺人罪なる特別の罪を認め、その刑を加重する規定を設けることは、被害者が尊属であるということを理由に差別するものであり、このような差別規定を設けること自体、個人の尊厳と人格の平等を規定する憲法の理念に抵触すると認められ、憲法 14 条の規定に違反する。

## PointCheck

◉**包括的人権についての重要判例**……………………………………………【★★★】

事案も併せて確認し、判例の具体的なイメージをつかんでおこう。

❖判例

◉**どぶろく訴訟**（最判平 1.12.14）

　▶**事案**

　　酒税法では自分で飲むために酒を造ることは認められていないが、これが憲法 13 条に違反するとして争われた。

　▶**判旨**

　　酒税徴収を確保するため、酒税法が酒類製造を一律に免許の対象とし、無免許で製造した者を処罰することで自己消費目的の酒類製造を制約したとしても、酒税法が立法府の裁量を逸脱し著しく不合理であることが明白であるとはいえず、憲法 13 条および 31 条に違反しない。

◉**京都府学連事件**（最大判昭 44.12.24）

　▶**事案**

　　警察官が犯罪捜査のため学生のデモ行進を無断で写真撮影し、これらに抗議した学生らが公務執行妨害罪・傷害罪で起訴された。

▶**判旨**

　憲法13条によって保護される国民の私生活上の自由は、承諾なしにみだりに容貌等を撮影されない自由も含まれる。しかし、現に犯罪が行われもしくは行われたのち間がないと認められる場合で、証拠保全の必要性・緊急性があり、撮影が一般的に許容される相当な方法をもって行われるときには、警察官による個人の容貌等の撮影は、本人の同意あるいは裁判官の令状がなく第三者の容貌等が含まれていたとしても、憲法13条・35条に違反しない。

●**尊属殺重罰規定違憲判決**（最大判昭48.4.4）

▶**事案**

　実父に夫婦同様の関係を強要されてきた被告人が、虐待にたまりかねて実父を絞殺、尊属殺人罪（刑法200条）で起訴された。

▶**判旨**

　憲法14条1項は法の下の平等を保障し、同項後段列挙の事項は例示的なものであるが、平等の要請は合理的な根拠に基づくものでない限り、差別的取扱いを禁止する。尊属に対する尊重報恩は、社会生活上の基本的道義で刑法上の保護に値するから、法律上、被害者が尊属であることを刑の加重要件としてもただちに合理的根拠を欠くものではない。しかし、刑法200条は、右立法目的を達成するために必要な限度をはるかに超えており、同法199条の法定刑に比し著しく不合理な差別的取扱いで、憲法14条1項に違反し無効である。

✥**判例チェックポイント**

①尊属殺だから違憲なのではなく、加重の程度が重すぎるので違憲。
②尊属傷害致死罪（刑法205条）は合憲（最判昭49.9.26）。
　※平成7年施行の改正刑法では、刑法200条・205条2項は削除されている。

# A13 正解—4

1—誤　判例は、自己消費目的の酒類製造の自由が制約されても、著しく不合理であることが明白であるとはいえず13条に違反しないとした（最判平1.12.14）。

2—誤　判例も法内容の平等を当然の前提として、法令の合憲性判断をしている。

3—誤　判例は、地下鉄の車内における商業宣伝放送を違法ということはできないとして、鉄道会社の不法行為責任・債務不履行責任のいずれをも否定した（「とらわれの聴衆」事件・最判昭63.12.20）。

4—正　容貌・姿態等を撮影されない自由も公共の福祉のために必要なときは相当の制限を受ける（京都府学連事件・最大判昭44.12.24）。

5—誤　改正前刑法（200条）の尊属殺人罪の加重規定について、判例では立法目的は合理的であり、加重規定を設けることは合理的な根拠を欠くとはいえないが、加重の程度が極端であるため立法目的達成手段としては正当ではなく、憲法14条1項に違反するとした（尊属殺重罰規定判決・最大判昭48.4.4）。

第1章

第2章

第3章

第4章

第5章

第6章

第7章

第8章

第9章

第10章

# Q14 法の下の平等の意味

**問** 日本国憲法に規定する法の下の平等に関する記述として、判例、通説に照らして、妥当なのはどれか。
(地方上級改題)

1 法の下の平等は、等しいものは等しく、等しくないものは等しくなく取り扱うという絶対的平等を意味するものであり、いかなる理由であっても各人に対して異なる取扱いをすることは許されない。

2 日本国憲法は、人種、信条、性別、社会的身分又は門地による差別を禁止しているが、これらは限定的に列挙された事由であり、その他の事由に基づく差別は法の下の平等に反しない。

3 法の下の平等は、法の適用においての平等を意味するだけでなく、法の定立における平等も意味するものであり、行政と司法を拘束するのみならず、立法者をも拘束するものである。

4 最高裁判所の判例では、非嫡出子の法定相続分を嫡出子の2分の1とした民法の規定は、法律婚主義という立法理由との関係で著しく不合理で、立法府に与えられた合理的裁量判断の限界を超えたものということはできず、合憲であるとした。

5 最高裁判所の判例では、所得の性質の違い等を理由として、旧所得税法の規定が給与所得者に対し給与所得の金額の計算につき必要経費の実額控除を認めないのは、その区別の態様が立法目的との関連で著しく不合理であることが明らかであるため、法の下の平等に反するとした。

# PointCheck

**◉法の下の平等の意味**········································································【★★☆】

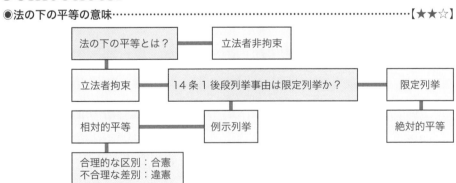

　平等権が保障されているというのは、「人種、信条、性別、社会的身分又は門地により〜差別されない」こと（14条1項後段）であるが、これらの列挙事由は例示列挙と解されて

いる。したがって、14条1項後段列挙事由に該当しない事由に基づく差別であっても、それが不合理な差別であれば許されない。ただ最近では、14条1項後段列挙事由に特別の意味を持たせ、これらの列挙事由を原因とする法律の審査については「厳格な審査基準」が妥当すると考える立場（不平等推定事由列挙説）も有力である。

また「平等」とは、どんな場合であっても画一的な取り扱いを要求する絶対的平等を意味するのではなく、等しいものを等しく扱う（異なるものは程度に応じて異なって扱う）相対的平等を意味する（通説）。人間が実際に持つ事実的差異を前提とすれば、比例的な平等取扱いが公平といえるだろう。

ただ相対的平等を前提とすると、合理的な別異の取扱いは許される場合があり、何が許される区別で何が許されない差別なのかを判断する基準が問題となる。

●尊属殺重罰規定（旧刑法200条）の合憲性（最大判昭48.4.4）……………【★★★】
判例は、当該規定の立法目的、すなわち親に対する尊重報恩の精神は正当なものであるとした。つまり、加重規定を設けること自体は合理的としたのである。違憲としたのは、被害者が尊属だからといって刑の加重の程度が厳しすぎる、という理由である。

❖判例

| | 尊属殺重罰規定事件判決 | 尊属傷害致死事件判決 |
|---|---|---|
| 立法目的 | 正当 | 正当 |
| 目的達成手段 | 不当 | 正当 |
| 結論 | 違憲 | 合憲 |

# A14 正解―3

1―誤 絶対的平等では、現実に存在する差異を考慮せず画一的に取り扱うので、等しくないものも等しく取り扱うことになる。法の下の平等とは、等しくない程度に応じて異なった取扱いを認める、相対的平等と理解されている。

2―誤 憲法14条1項後段に列挙された「人種、信条、性別、社会的身分又は門地」が、例示的なものか限定的なものかについては争いがある。判例は、この規定を例示的なものであって、法の下の平等は必ずしもこれらの事由による差別のみに限られるものではないとする。

3―正 法律の適用だけ平等であればいいとすると、法律の内容が不平等であれば、いくら平等に適用しても差別が生じる。法内容が平等であるために、平等原則は立法者（法定立機関）をも拘束すると考えられている（**Q17**参照）。

4―誤 従来の判例を変更し、嫡出子と非嫡出子の法定相続分を区別する合理的根拠はなく、憲法14条1項に違反するとした（最大決平25.9.4、**Q16**参照）。

5―誤 判例は、租税法の定立は立法の政策的・技術的判断に委ねられるとして合憲とした（最大判昭60.3.27、**Q17**参照）。

# Q15 議員定数不均衡と平等

**問** 衆議院議員定数不均衡に関する最高裁判所判例の立場として、次のうち妥当なものはどれか。 （地方上級）

1 一人一票という数的平等は憲法上保障されているが、投票価値の平等は憲法上保障されていない。

2 議員定数の配分問題に関しては、裁判所は判断をなしえない。

3 投票価値の平等は憲法上保障されており、各投票が選挙の結果に及ぼす影響力が数字的に完全に同一であることが必要である。

4 甲選挙区と乙選挙区における議員定数と選挙人口との比率が約5対1という割合である場合は、議員定数配分規定は違憲であるが、甲選挙区の選挙のみが違憲の瑕疵を帯びる。

5 議員定数配分規定が違憲の場合、選挙区制および議員定数の配分は全体として違憲の瑕疵を帯びるが、行政事件訴訟法第31条の事情判決の法理によって、選挙自体は有効である。

# PointCheck

◉議員定数不均衡違憲判決のポイント･･････････････････････････････････【★★★】

### ⑴14条は1票の価値的な平等

→投票価値の平等も憲法上の要請である。

### ⑵投票価値の平等に反する基準（判例）

衆議院の場合は2倍、参議院の場合は5倍を超えて違憲状態の判断となってきている。

| 衆議院 | 格差 | 判決 | 参議院 | 格差 | 判決 |
|--------|------|------|--------|------|------|
| 最大判昭 51.4.14 | 1：4.99 | 違憲 | 最大判昭 58.4.27 | 1：5.26 | 合憲 |
| 最大判昭 58.11.7 | 1：3.94 | 違憲状態 | 最大判平 8.9.11 | 1：6.59 | 違憲状態 |
| 最大判昭 60.7.17 | 1：4.40 | 違憲 | 最大判平 18.10.4 | 1：5.13 | 合憲 |
| 最大判平 5.1.20 | 1：3.18 | 違憲状態 | 最大判平 21.9.30 | 1：4.86 | 合憲 |
| 最大判平 19.6.13 | 1：2.171 | 合憲 | 最大判平 24.10.17 | **1：5.00** | 違憲状態 |
| 最大判平 23.3.23 | **1：2.304** | 違憲状態 | 最大判平 26.11.26 | **1：4.77** | 違憲状態 |
| 最大判平 27.11.25 | **1：2.129** | 違憲状態 | 最大判平 29.9.27 | 1：3.08 | 合憲 |
| 最大判平 30.12.19 | 1：1.98 | 合憲 | | | |

※ただし、最大格差が投票価値の平等に反する程度になっていたとしても、違憲というためには、法改正に必要な合理的期間が経過していることが必要。

### ⑶議員定数不均衡違憲判決の効力

→違憲となるのは定数配分規定全体。

判決では、事情判決の法理により選挙は違法である旨を宣言するにとどめ、無効とはしなかった。

問題でPointを理解する
Level 1 **Q15**

第1章
第2章
第3章
第4章
第5章
第6章
第7章
第8章
第9章
第10章

❖判例
◉**議員定数の不均衡**（最大判昭 51.4.14）
▶判旨

投票価値の平等は、憲法 14 条および 15 条に由来する憲法上の要請であるが、国会が正当に考慮することができる他の政策目的等との関連において調和的に実現されるべきである。昭和 47 年 12 月施行の総選挙当時の投票価値の較差の最大値（1 対 4.99）のように、その不平等が一般的に合理性があるとは到底考えられない程度に達し、それを正当化する特段の理由が示されず、かつ、憲法上要求される合理的期間内に是正が行われていない場合には、定数配分規定全体が違憲となる。しかし、選挙を無効にすれば憲法の所期しない結果が生ずるので、一般的な法の基本原則ともいえる事情判決の法理により違法宣言にとどめるのが相当である。

◉**衆議院小選挙区違憲状態判決**（最大判平 23.3.23）
▶判旨

区割基準のうち 1 人別枠方式に係る部分は、投票価値の平等の要求に反するに至っており、同基準に従って改定された選挙区割りも、投票価値の平等の要求に反するに至っていたものではあるが、いずれも憲法上要求される合理的期間内における是正がされなかったとはいえず、憲法 14 条 1 項等の規定に違反するということはできない。
※最大 2.304 倍の投票価値の較差や、2 倍以上の選挙区増加は、1 人別枠方式（各都道府県に 1 議席ずつ配分したうえで、残り議席を人口比例で配分）が主要因だと指摘。

# A15 正解—5

1—誤 憲法 14 条の法の下の平等とは、選挙において一人一票ということだけでなく、各選挙人の投票価値の平等（一票の重さの平等）も要請すると解するのが通説・判例である（衆議院議員定数不均衡違憲判決・最大判昭 51.4.14）。

2—誤 選挙権は民主主義を支える最も重要な権利であり、投票価値の平等に影響を与える議員定数の配分問題に関して裁判所は、憲法判断を回避すべきではないと解されている。

3—誤 憲法上の保障とは、投票価値の完全な平等まで要求されているのではなく、その不平等が一般的にみて合理性を有するものとは考えられない程度に達している場合に違憲となる（上記判例）。

4—誤 判例は、選挙区および議員定数の配分は、相互に有機的に関連して不可分一体をなすので、定数配分規定は全体として違憲の瑕疵を帯びるとしている。

5—正 議員定数配分規定が違憲な場合、それに基づいて行われた選挙は無効なはずである。しかし、衆議院議員がいなくなってしまうと議員定数配分規定の改正もできなくなる。そこで判例は、行政事件訴訟法 31 条の「事情判決の法理」を援用し、選挙は憲法に違反する議員定数配分規定に基づいて行われた点で違法である旨を判示するにとどめ選挙自体は無効とはしないとした。

# Q16 法の下の平等

問 法の下の平等に関する次の記述のうち、判例に照らし、正しいものはどれか。

（地方上級改題）

1 尊属殺重罰規定は、尊属に対する尊重報恩の確保という立法目的自体が封建的身分制度に基づくものであり、違憲である。

2 職種、労働能力等の面から合理的理由が認められないにもかかわらず、会社の就業規則で、定年年齢を一律に男子60歳、女子55歳に定めることは、性別のみによる不合理な差別となる。

3 衆議院議員選挙における約5対1の投票価値の格差は、選挙権平等の要求に反する程度に達していると認められ、訴訟が提起された選挙区の選挙は無効である。

4 社会的保障分野の2つの法律において、それぞれ受給資格を満たしている者について、併給調整をすることを定めた法律の規定は、法の下の平等の原則に反する。

5 嫡出子と非嫡出子の法定相続分の区別は、立法理由に合理的根拠があり立法府に与えられた合理的裁量判断の限界を超えてないと認められ、合憲である。

# PointCheck

●14条と法定相続分の区別 ……………………………………………………【★★☆】

　嫡出子とは、婚姻関係にある男女間（夫婦）の子をいい、非嫡出子とは、婚姻関係にはない男女間の子をいう。例えばA男とB女が夫婦である場合、AB間の子が嫡出子で、A男と愛人C女との間の子が非嫡出子である。民法旧900条4号ただし書は、Aが死亡した場合に、非嫡出子は嫡出子の2分の1しか財産を相続できないとしていた。このことが法の下の平等に反するかどうかが争われたのが次の判例である。

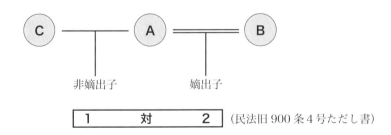

第1章

第2章

第3章

第4章

第5章

第6章

第7章

第8章

第9章

第10章

❖判例

◉**非嫡出子の法定相続分違憲決定**（最大決平25.9.4）

▶**判旨**

　昭和22年民法改正時から現在に至るまでの間の社会の動向、我が国における家族形態の多様化やこれに伴う国民の意識の変化、諸外国の立法のすう勢及び我が国が批准した条約の内容とこれに基づき設置された委員会からの指摘、嫡出子と嫡出でない子の区別に関わる法制等の変化、更にはこれまでの当審判例における度重なる問題の指摘等を総合的に考察すれば、家族という共同体の中における個人の尊重がより明確に認識されてきたことは明らかであるといえる。そして、法律婚という制度自体は我が国に定着しているとしても、上記のような認識の変化に伴い、上記制度の下で父母が婚姻関係になかったという、子にとっては自ら選択ないし修正する余地のない事柄を理由としてその子に不利益を及ぼすことは許されず、子を個人として尊重し、その権利を保障すべきであるという考えが確立されてきているものということができる。以上を総合すれば、立法府の裁量権を考慮しても、嫡出子と嫡出でない子の法定相続分を区別する規定の合理的な根拠は失われていたというべきである。したがって、本件規定は、憲法14条1項に違反していたものというべきである。

※この決定により民法900条4号ただし書前半部分は削除され、嫡出子と非嫡出子の相続分は同等となった。

# A16 正解─2

1─誤　判例が改正前刑法（200条）の尊属殺人罪の加重規定を違憲としたのは、その立法目的達成の手段が不合理であるという理由からである（**Q13**肢5の解説参照）。

2─正　判例は、会社の就業規則で男女で5歳の差を設けることはもっぱら女子であることのみを理由として差別するものであり、性別のみにより不合理な差別を規定したものとして、民法90条の規定により無効であるとした（日産自動車事件・最判昭56.3.24、**Q07**参照）。

3─誤　衆議院議員選挙における約5対1の投票価値の格差について、判例は憲法の平等権の要求に違反し、配分規定の全体が違憲であるとしたが、事情判決の法理により選挙は違法であると宣言するにとどめ、選挙自体は無効とはしないとした（最大判昭51.4.14）。

4─誤　障害福祉年金と児童扶養手当との併給を禁止する立法の合憲性について、判例は、併給調整を行うかどうかは立法府の裁量の範囲に属する事柄であり、このような措置も不合理ではないとした（堀木訴訟・最大判昭57.7.7）。

5─誤　父母が婚姻関係になかったという、子にとっては自ら選択ないし修正する余地のない事柄を理由としてその子に不利益を及ぼすことは許されず、立法府の裁量権を考慮しても、嫡出子と嫡出でない子の法定相続分を区別する合理的な根拠はないとして、非嫡出子の法定相続分の区別は憲法14条1項に違反するとした（最大決平25.9.4）。

# Q17 法適用の平等・法内容の平等

**問** 日本国憲法における法の下の平等に関する記述として、通説、判例に照らして、妥当なのはどれか。 （地方上級類題）

1 衆議院議員の定数配分規定は、投票価値の不平等が一般に合理性を有するとは考えられない程度に達しているときは、これを是正するための合理的期間が経過しているか否かにかかわらず、法の下の平等に反する。
2 法の下の平等は、法を執行し適用する行政権および司法権が国民を差別してはならないという法適用の平等のことであり、国会が立法する法の内容には及ばない。
3 法の下の平等は、各人の性別や年齢などの事実的・実質的差異を前提として、法の与える特権の面でも法の課する義務の面でも、同一の事情と条件の下では均等に取り扱うことを意味する。
4 事業所得と給与所得との間の所得捕捉率の較差は、それが正義公平の観念に著しく反し長年恒常的に存在していない場合であっても、法の下の平等に反する。
5 刑法の尊属殺人重罰規定は、普通殺人罪の規定に比して刑の加重の程度が大きいが、親子関係を支配する道徳は保護に値する法益であるので、法の下の平等に反しない。

## PointCheck

### ●法適用の平等と法内容の平等 ･････････････････････････････････････････【★★☆】

法の下の平等とは、国が国民を差別してはならないという平等原則を意味する。しかし問題は、平等原則の適用を受ける国家機関の範囲で、条文に即していうと「法の下」の平等の意義ということである。

かつては、法を執行・適用する場面でのみ平等にすればよいという考え方（法適用平等説）もあった。しかし、現在では、不平等な内容の法律を平等に適用すれば結局は差別となるので、法の内容自体も平等でなければならないと考えられている（法内容平等説）。なお、立法者拘束説とは、行政権・司法権に加えて立法権も拘束するという意味である。

### ●投票価値の平等と定数不均衡 ･･････････････････････････････････････････【★☆☆】

判例・通説ともに、14条が「投票価値の平等」を含むとしている。問題はどの程度の格差（一票の重みの違い）が生じると違憲となるかである。判例は明確ではないが、衆議院で1：2程度、参議院では1：5程度の格差が目安になる。参議院については半数改選や地域

代表的性格など人口比以外の要素を考慮しなければならない。また地方議会においては、公職選挙法が「人口に比例」すべきことと規定している。学説では、1：2以上は実質的な複数投票制になるとして違憲と考えるものもある。

### ●合理的期間説と事情判決の法理……………………………………………【★★☆】

判例は、「人口変動も考慮して、合理的期間内における是正が憲法上要求されると考えられるのに是正されないときに違憲となる」（最大判昭51.4.14）としている。すなわち、投票価値の不平等が違憲状態にあったとしても、ただちに違憲となるのではなく、合理的期間内に是正がされないときにはじめて当該定数配分規定が違憲となると考える。

さらに、合理的期間が経過したとしても、選挙がただちに無効とはならない。なぜならば、定数配分規定を是正すべき議員がいなくなってしまうからである。そこで、選挙の違法を宣言するにとどめ選挙自体は無効としないという事情判決（行政事件訴訟法31条）の手法をとる。

#### ❖判例

### ●サラリーマン税金訴訟（最大判昭60.3.27）

#### ▶事案

旧所得税法（昭和40年改正前）の給与所得課税では、必要経費の実額控除が認められず、源泉徴収制度により捕捉率が高いことなどを理由として、14条1項違反が争われた。

#### ▶判旨

給与所得にかかわる必要経費について実額控除を認めず、概算控除を設けるにとどまる旧所得税法は、給与所得者を事業所得者等と区別するが、租税法の定立は立法府の政策的・技術的判断に委ねるほかはない。したがって、立法目的が正当で具体的に採用された区別の態様が著しく不合理であることが明らかでない限り、憲法14条1項に違反しない。事業所得等と給与所得との間の所得捕捉率の較差も、正義衡平の観念に著しく反し永年恒常的に存在するものでない限り、本件課税規定は違憲であるとはいえない。

# A17 正解ー3

1—誤　改正に必要な合理的期間を経過していなければ合憲と判断される。
2—誤　法内容の平等も含まれる（判例・通説）。
3—正　相対的平等を前提として、許されない差別にあたるかを判断することになる。
4—誤　サラリーマン税金訴訟の判旨に反する。
5—誤　立法目的は正当でも、加重の程度が著しく不合理で手段違憲である。

# Q18 幸福追求権

**問** 幸福追求権に関するア〜オの記述のうち、判例に照らし、妥当なもののみをすべて挙げているのはどれか。 (国家一般)

**ア** 個人の私生活の自由の一つとして、何人も、承諾なしに、みだりに容ぼう・姿態を撮影されない自由を有し、警察官が一正当な理由なく個人の容ぼう等を撮影することは、憲法第13条の趣旨に反し許されず、速度違反車両の自動撮影を行う自動速度監視装置による運転者の容ぼうの写真撮影は、現に犯罪が行われている場合になされ、犯罪の性質、態様からいって緊急に証拠保全をする必要があるものの、同乗者の容ぼうを撮影することとなり、その方法が一般的に許容される限度を超えるものであるから、憲法第13条に違反する。

**イ** ある者の前科等にかかわる事実が著作物で実名を使用して公表された場合に、その者のその後の生活状況、当該刑事事件それ自体の歴史的又は社会的な意義、その者の当事者としての重要性、その者の社会的活動及びその影響力について、その著作物の目的、性格等に照らした実名使用の意義及び必要性を併せて判断し、当該前科等にかかわる事実を公表されない法的利益がこれを公表する理由に優越するときは、その者はその公表によって被った精神的苦痛の賠償を求めることができる。

**ウ** 前科及び犯罪経歴は、人の名誉、信用に直接かかわる事項であり、前科等のある者もこれをみだりに公開されないという法律上の保護に値する利益を有するのであって、市区町村長が、本来選挙資格の調査のために作成、保管する犯罪人名簿に記載されている前科等をみだりに漏えいしてはならない。

**エ** 憲法第13条は、国民の私生活上の自由が公権力の行使に対しても保護されるべきことを規定しており、個人の私生活上の自由の一つとして、何人も、個人に関する情報をみだりに第三者に開示又は公表されない自由を有することから、行政機関が住民基本台帳ネットワークシステムにより住民の本人確認情報を収集、管理又は利用する行為は、当該住民がこれに同意していない場合には、憲法第13条に違反する。

**オ** 外国国賓による講演会の主催者として、大学が学生から参加者を募る際に収集した、参加申込者の学籍番号、氏名、住所及び電話番号に係る情報は、他者に対して完全に秘匿されるべき性質のものではなく、単純な個人識別情報であって、その性質上他者に知られたくないと感じる程度が低く、その一方、当該講演会の警備の必要性は高いことから、大学が当該情報を本人に無断で警察に開示した行為は、社会通念上許容される限度を逸脱した違法な行為とまではいえず、不法行為を構成しない。

**1** ア、エ **2** イ、ウ **3** イ、オ **4** ウ、エ **5** ウ、オ

# PointCheck
**◆判例**

**●京都府学連事件**（最大判昭44.12.24）
・何人もその承諾なしにみだりに容貌等を撮影されない自由は13条で保障される。
・現行犯的状況、必要性、緊急性、相当性の要件を満たせば無令状の写真撮影も合憲。

・第三者の容貌等が含まれていても可。

◉**ノンフィクション「逆転」事件**（最判平6.2.8）

▶**事案**

　原告Aは、アメリカ統治下沖縄の陪審裁判で傷害罪の実刑判決を受けた。事件の陪審員Bが、実名で小説『逆転』を発表したため、Bに対して慰謝料請求がなされた。

▶**判旨**

　前科等については、公表されない利益が法的保護に値する場合がある。前科等が公表された場合は、その後の生活状況、事件の歴史的社会的意義、当事者としての重要性、社会的活動・影響力について、実名使用の意義・必要性を併せて判断する。そして、前科等にかかわる事実を公表されない法的利益が、これを公表する理由（表現の自由）に優越する場合には、公表によって被った精神的苦痛の賠償を求めることができる。

◉**早稲田大学江沢民講演会名簿提出事件**（最判平15.9.12）

▶**判旨**

　学籍番号、氏名、住所及び電話番号は、個人識別等を行う単純な情報で秘匿される必要性が高いものではない。しかし、本人が、自己が欲しない他者にはみだりにこれを開示されたくないと考えることは自然なことであり、そのことへの期待は保護される。本件個人情報は、プライバシーに係る情報として法的保護の対象となる。

> **Level up Point!**
>
> 「人権のインフレ化」を防ぐため、また人格的利益という幸福追求権の性格を明確にするためにも、13条から導き出される人権範囲には一定の限界がある。判例も、日照権は認めるが（最判昭47.6.27）、環境権は具体的権利と認めてはいない（大阪国際空港訴訟・最大判昭56.12.16）。また、人格権侵害を認めているが、自己決定権として正面から肯定しているわけではない（エホバの証人輸血拒否事件・最判平12.2.29）。さらに、個人情報についても、住基ネットと講演会名簿とでは、判例の結論は当然異なってくる。

# A18 　正解—2

**ア—誤**　判例は、憲法13条によって本肢のような自由が保障されることを認める。しかし、このような自由も絶対無制約ではなく、公共の福祉による制約を受けるとしている。自動速度監視装置による運転者の容ぼうの写真撮影は、一般的に許容される限度を超えず、合憲である（最判昭61.2.14）。

**イ—正**　ノンフィクション「逆転」事件（最判平6.2.8）の判旨である。

**ウ—正**　京都市前科照会事件（最判昭56.4.14）の判旨である（**Q12**参照）。

**エ—誤**　いわゆる住基ネットの本人確認情報は、個人の内面にかかわる秘匿性の高い情報ではなく、同意なく収集、管理または利用する行為も憲法13条に反しない（最判平20.3.6）。

**オ—誤**　学籍番号・氏名等の個人識別のための単純な情報は、秘匿性の高いものではないが、プライバシーに係る情報として法的保護の対象となり、無断開示はプライバシーを侵害するものとして不法行為を構成するとした（早稲田大学江沢民講演会名簿提出事件・最判平15.9.12）。

# Q19 法の下の平等

**問** 憲法に定める法の下の平等についての最高裁判所の判例に関する次の記述のうち、妥当なものはどれか。
（地方上級改題）

1 売春取締条例について、売春の取締りは国内一律に行わなくてはならず、地方公共団体が条例を制定した結果、売春の取締りに差異を生じたのは憲法の平等原則に反するとした。

2 禁錮以上の刑を受けた者の失職を定めている地方公務員法の規定について、このような制度が設けられていない私企業労働者に比べて、地方公務員を不当に差別したものであるとした。

3 男女の定年年齢に5歳の差を設けている就業規則について、性別による不合理な差別とはいえず、公序良俗違反に関する民法第90条の規定には該当しないとした。

4 企業者は経済活動の一環としてする契約締結の自由を有するが、企業者が特定の思想、信条を有する者をそれゆえをもって雇入れを拒むことは、思想、信条に基づく差別的取扱いとして、原則的に民法上の不法行為となるとした。

5 女性のみに6か月の再婚禁止期間を定めている民法の規定について、100日については合憲だが100日超過部分は合理性を欠いた過剰な制約を課すものであるとした。

# PointCheck

## ❖再婚禁止期間と父性推定期間の関係

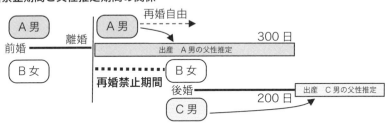

## ●再婚禁止期間（民法733条）の立法趣旨と期間短縮 ……………………………【★★☆】

離婚後すぐに再婚すると、その後生まれてくる子の父が不明確になることがあり、父子関係の紛争発生を防ぐために女性には再婚禁止期間が設けられている（民法733条）。旧民法では外見から妊娠がわかる6か月を経過してからの再婚が認められ、その規定が現民法でも受け継がれていた。しかし他方で民法は、婚姻成立の日から200日後または婚姻解消・取消しの日から300日以内に生まれた子は、婚姻中に懐胎したものとし、夫の子と推定する（民法772条）。この推定を前提に考えれば、前婚解消後100日を経過して再婚すれば、前婚の推定と後婚の推定は重ならない。最高裁はこの100日を超えて再婚禁止期間を設ける部分は、憲法14条1項、24条2項に違反するとし、法改正により女性の再婚禁止期間は、

問題でPointを理解する
Level 2 **Q19**

第1章
第2章
第3章
第4章
第5章
第6章
第7章
第8章
第9章
第10章

①前婚の解消または取消しの日から起算して100日とされ、②再婚禁止期間の規定を適用しない場合（女性が前婚の解消もしくは取消しの時に妊娠していない場合、または前婚の解消もしくは取消しの後に出産した場合）も規定された。

❖判例
◉**女性のみの再婚禁止期間違憲判決**（最大判平27.12.16）
　▶**判旨**
　　女性の再婚後に生まれる子については、計算上100日の再婚禁止期間を設けることによって父性の推定の重複が回避され、100日の再婚禁止期間は合憲である。しかし、100日超過部分は、婚姻及び家族に関する事項について国会に認められる合理的な立法裁量の範囲を超え、両性の本質的平等に立脚したものでもなく、憲法14条1項、24条2項に反する。

> **Level up Point!**　判例の理由と結論を問う問題で、典型的な「Xについて、Yという理由から、Zとなる」という構成の選択肢になっている。Zの部分の憲法適合性のみを暗記するのではなく、Yの理由との整合性や、そもそもXの法令や事例についてどのような問題点があるのかも併せて理解しなければならない。

# A**19** 正解—5

1—誤　判例は、憲法が各地方公共団体に条例制定権を認めている以上、地域によって差別を生ずるのは当然に予想されるところであり、条例が異なることによる差異は憲法が自ら予定しているものであるとしている（最大判昭33.10.15）。

2—誤　現行法上、公務員は禁錮以上の刑罰を受けると当然に失職する（国家公務員法76条、地方公務員法28条、16条2号）。判例は、公務員が全体の奉仕者として公共の利益のために勤務しなければならないというその地位の特殊性や職務の公共性などを理由に、本肢のような差別も私企業労働者に比べて不当に差別したものとはいえないとしている（最判平1.1.17、最判平12.12.19）。

3—誤　日産自動車事件において判例は、女性の定年を男性より早くした就業規則は、女子であることのみによる差別であり、民法90条に反して無効であるとした（最判昭56.3.24）。

4—誤　企業者は契約締結の自由を有し、特定の思想・信条を理由に採用を拒んでもこれを理由に違法とすることはできない（三菱樹脂事件・最大判昭48.12.12）。

5—正　判例は6か月すべてではなく、100日を超過する部分について違憲の判断をした。これにより改正民法733条は、6か月の再婚禁止期間を100日に短縮している。

# Q20 14条に関する重要判例

**問** 法の下の平等に関するア～オの記述のうち、判例に照らし、妥当なもののみをすべて挙げているのはどれか。 (国家一般改題)

**ア** 尊属を卑属またはその配偶者が殺害することは、通常の殺人の場合に比して一般に高度の社会的道義的非難を受けてしかるべきであるとして、法律上、普通殺のほかに尊属殺という特別の罪を設け、その刑を加重することは、かかる差別的取扱いをもってただちに合理的な根拠を欠くものと断ずることができ、憲法第14条第1項に違反する。

**イ** 非嫡出子の相続分を嫡出子の相続分の2分の1とする民法の規定は、法律婚という制度が我が国に定着しているとしても、父母が婚姻関係になかったという、子にとっては自ら選択ないし修正する余地のない事柄を理由としてその子に不利益を及ぼすものであり、子を個人として尊重しその権利を保障すべきであるという考えに基づけば、立法府の裁量権を考慮したとしても、法定相続分を区別する合理的な根拠は失われており、憲法14条1項に違反する。

**ウ** 会社がその就業規則中に定年年齢を男性60歳、女性55歳と定めた場合、会社における女性従業員の担当職種、男女従業員の勤続年数、高齢女性労働者の労働能力等諸般の事情を検討した上で、会社の企業経営上定年年齢において女性を差別しなければならない合理的理由が認められないときは、当該就業規則中女性の定年年齢を男性より低く定めた部分は、性別のみによる不合理な差別を定めたものとして憲法第14条第1項に違反する。

**エ** 憲法第94条が各地方公共団体に条例制定権を認める以上、地域によって差別を生ずることは当然に予期されることではあるが、売春の取締りに関する条例については、善良の風俗と清浄な風俗環境の保持を図る要請からその内容を全国的に一律にする必要があるため、地方公共団体が売春の取締りについて各別に条例を制定する結果、その規制内容に差別を生ずることは、憲法第14条第1項に違反する。

**オ** 租税法の定立については、国家財政、社会経済、国民所得、国民生活等の実態についての正確な資料を基礎とする立法府の政策的、技術的な判断に委ねるほかはなく、裁判所は、基本的にはその裁量的判断を尊重せざるをえないというべきであり、租税法の分野における所得の性質の違い等を理由とする取扱いの区別は、その立法目的が正当なものであり、かつ、当該立法において具体的に採用された区別の態様が当該目的との関連で著しく不合理であることが明らかでない限り、その合理性を否定することはできず、憲法第14条第1項に違反するものとはいえない。

1　ア、エ
2　ア、オ
3　イ、ウ
4　イ、オ
5　ウ、エ

# PointCheck

❖判例

◉ **地域的取扱いの不平等訴訟**（最大判昭 33.10.15）

▶判旨

　憲法が各地方公共団体に条例制定権を認めている以上、地域によって差別を生じることは当然に予想されるところであり、そのような差別は憲法が自ら容認しているものといえる。よって、売春取締条例によって取締りに地域的差異が生じたとしても違憲とはいえない。

◉ **非嫡出子国籍取得制限規定違憲判決**（最大判平 20.6.4）

▶判旨

　婚姻した父母の嫡出子であることを国籍取得の要件とする国籍法 3 条 1 項は、出生後に認知された非嫡出子に著しい差別的取扱いをするものである。立法目的自体に合理的根拠は認められるが、立法目的との間における合理的関連性はなく、14 条 1 項に違反する。

**Level up Point!**　すべて LEVEL 1 でも扱った代表的判例で、内容自体は難しくない。判例の一部をまとめて出題したものであり、1 文が 300 字程度の長文である。すなわち、試されているのは、判例文をポイントをまとめて理解し読み込める力があるかどうかである。当然、キーワードや要旨だけの学習では対応できないし、試験場で全文を理解する時間もない。日頃から、問題の解説に挙げられた判例を、自分の力で読み込む訓練をすることしかない。

# A20 正解—4

**ア—誤**　判例は、尊属殺について刑を加重すること自体をただちに合理的な根拠を欠くとしたのではなく、加重の程度が極端でありはなはだしく均衡を失するとして違憲とした（最大判昭 48.4.4）。

**イ—正**　最大決平 25.9.4 は、本肢のように述べている。

**ウ—誤**　私企業による差別に関しては、憲法 14 条を直接適用することはできず、民法の一般条項を介して間接的に適用することになる。本肢と似た事案について、判例は、民法 90 条を用いて就業規則を無効とした（日産自動車事件・最判昭 56.3.24）。

**エ—誤**　売春取締条例が問題となった事件において判例は、地域による差異は憲法が地方公共団体に条例制定権を認めている当然の結果であり、憲法自体が予定するものだとしている（最大判昭 33.10.15）。

**オ—正**　サラリーマン税金訴訟において、判例は本肢のように述べている（最大判昭 60.3.27）。

# 第3章

# 精神的自由①
## (思想・良心の自由、信教の自由、学問の自由)

Level 1 p48～p61　Level 2 p62～p67

## 1 思想・良心の自由 (19条)

Level 1 ▷ **Q21,Q22**　Level 2 ▷ **Q28,Q29**

**(1)意義** (思想と良心を区別する必要はなく、一体としてとらえてよい)　▶p48

　信条説:世界観・人生観・主義・主張など個人の人格の核心にかかわる精神作用

　内心説:内心におけるものの見方、考え方 (内心の自由一般)

**(2)保障の内容**　▶p49

　①いかなる世界観・主義・主張を持とうと不利益を課してはならない。→絶対的保障

　②沈黙の自由 (外部に表明することも強制されない)

**❖判例**

**◉謝罪広告の強制** (最大判昭31.7.4)

　→単に事態の真相を告白し陳謝の意を表明するにとどまる程度であれば、合憲。

　　※ポスト・ノーティス命令 (不当労働行為について会社が陳謝する文書の掲示を労働

　　　委員会が命じること) は、19条違反ではない (最判平3.2.22)。

**◉麹町中学内申書事件** (最判昭63.7.15)

　→外部的行為の記載によっては、生徒の思想・信条は了知できない (合憲)。

**◉最高裁裁判官国民審査法事件** (最大判昭27.2.20)

　→国民審査法が、無記入の投票に罷免を可としない法律上の効果を付していること等は

　　憲法19条・21条1項に違反しないか問題となった。しかし、国民審査は解職の制

　　度であり、思想の自由や良心の自由を制限するものではない。

## 2 信教の自由

Level 1 ▷ **Q23～Q25**

**(1)信教の自由の内容**　▶p52

　①信仰の自由 (宗教を信仰する、信仰しない自由) →絶対的保障

　②宗教的行為の自由 (礼拝・祈祷・布教活動などをする、しない自由)

　③宗教的結社の自由 (宗教団体を結成・加入する、加入を強制されない自由)

**(2)信教の自由の限界**

**❖判例**

**◉加持祈祷事件** (最大判昭38.5.15)

　→宗教行為としてなされても、違法な有形力の行使は信教の自由の保障を逸脱。

**◉宗教法人オウム真理教解散事件** (最決平8.1.30)

　→解散命令は宗教法人の世俗的側面のみを対象とするもので、合憲。

**◉エホバの証人信徒原級留置処分事件** (最判平8.3.8)

　→代替措置を検討しなかったのは、違法。

⑶**政教分離原則**（20条1項後段・3項）▶p54

　①**意義**…国家の宗教的中立性

　②**法的性格**…制度的保障（判例・通説）

　　→国家と宗教との分離を制度として保障し、間接的に信教の自由を確保する。

　③**分離の程度**…ある程度のかかわりを認める限定分離（目的・効果基準）

　　{　行為の目的：宗教的意義を持つ。

　　{　行為の効果：宗教に対する援助・助長・促進、圧迫・干渉になる。

　　※判断にあたっては、行為者の主観手続き要素も判断材料とする（判例）。

❖**判例**

●**津地鎮祭事件**（最大判昭52.7.13）

　　→神式の地鎮祭は、行為の目的が世俗的で効果も神道を援助・助長したり、他の宗教に圧迫・干渉を加えるものではないので、憲法の禁止する宗教的活動にあたらず、合憲。

●**愛媛玉串料訴訟**（最大判平9.4.2）

　　→県が玉串料等を靖国神社または護国神社に奉納したことは、目的が宗教的意義を持つことを免れず、その効果が特定の宗教に対する援助・助長・促進になり、違憲。

●**箕面忠魂碑訴訟**（最判平5.2.16）

　　→市が、小学校増改築のため、遺族会所有の忠魂碑を別の私有地に移転・再建しても違憲ではない。

　　※忠魂碑は、戦没者の慰霊・顕彰のための記念碑で、宗教的施設ではない。

　　※遺族会は、20条1項の「宗教団体」、89条の「宗教上の組織もしくは団体」ではない。

●**自衛官合祀事件**（最大判昭63.6.1）

　　→自衛隊地連の合祀申請行為は宗教とのかかわり合いが間接的であり「宗教的活動」にあたらない。神社による合祀は未亡人の信仰の自由を妨害しない。

●**砂川空知太神社訴訟**（最大判平22.1.20）

　　→市有地の無償供与は、市と神社とのかかわり合いが相当とされる限度を超え、公の財産の利用提供禁止（89条）、特権の付与禁止（20条1項後段）に該当し違憲。

## ３ 学問の自由（23条）　　Level 1 ▷ **Q26,Q27**　　Level 2 ▷ **Q30**

⑴**学問の自由の内容**　▶p58

　①学問研究の自由→絶対的保障、②研究発表の自由、③教授の自由

⑵**大学の自治**（制度的保障）　▶p59

　自治の内容→人事の自治・施設管理の自治・学生管理の自治

⑶**大学の自治と警察権の関係**（大学への介入の可否）　▶p60

　①犯罪捜査のため→正規の令状に基づく捜査を大学は拒否できない。

　②大学内で予想外の不法行為発生→大学側の判断で警察を学内へ出動させる。

　③警備公安活動のため→一般公衆の入場を許す発表会での情報収集活動も許される。

❖**判例**

●**東大ポポロ事件**（最大判昭38.5.22）

　　→実社会の政治的社会的活動には学問の自由の保障が及ばない。

# Q21 思想・良心の意味

**問** 思想・良心の自由に関する次の記述のうち、妥当なのはどれか。　　　（国家一般類題）

1　法が一定の作為・不作為を命ずる場合、それに従うことが自己の思想や良心に反するときは、いかなる場合でもその法に従わないことができる。

2　単なる事実の知・不知のような人格形成活動に関連のない内心の活動には、思想・良心の自由の保障は及ばない。

3　思想・良心の自由は、公務員に対し特定の思想や信条をもつことを強制することを許さないものではない。

4　国民の多数者によって有害であるとして否定される思想には、思想・良心の自由の保障は及ばない。

5　思想・良心の自由は、自己の思想や良心を外部に表明することを強制されないことまでも保障するものではない。

## PointCheck

◉「思想・良心」の意味 ‥‥‥‥‥‥‥‥‥‥‥‥‥‥‥‥‥‥‥‥‥‥‥‥‥‥‥‥‥【★★☆】

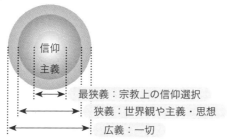

　「思想」と「良心」を別の意味でとらえる立場もあるが、「思想・良心」を一体としてとらえる立場が有力である。

　「思想・良心」の意味については、(a)最狭義：宗教上の信仰選択、(b)狭義：(a)に準ずる世界観や主義・思想等まで含む、(c)広義：人の内心領域一切を含むというように、学説上の争いがある。

　(b)狭義説の中には、19条は内心の自由の原理的規定なので、20条(信教の自由)や23条(学問の自由)と内的関連性を持つはずだと説く立場もある。ここでは、人格の核心部分に限って保障を及ぼす代わりに、保障の程度を強度にしたい意図がある。

　判例（謝罪広告強制事件）の多数意見は広義説に近いと評価されているが、判旨は、謝罪広告は「単に事態の真相を告白し陳謝の意を表明するにとどまる程度のもの」なので、思想・良心の自由を侵害するものではないとしている。

●「思想・良心の自由」の保障内容 ………………………………………………【★★☆】

①国家権力による思想の強制の禁止

②思想を理由とする不利益取扱いの禁止（14条にも違反）

③「沈黙の自由」

　思想・良心の自由（19条）とは、人の内心におけるものの見方や考え方が保障されているということである。内心で何を考えようが他人に迷惑をかけることはないと考えられるので、思想・良心の自由については、それを公共の福祉の観点から調整する必要もなく（内在的制約にも服さない）、絶対無制約の権利であるということになる。

　思想・良心の自由は、内心的精神活動の自由のうちの根本的な規定という位置付けがなされている。思想・良心の自由という当たり前のことをわざわざ保障する例は珍しいのだが、日本では戦前・戦中の歴史的経緯に照らし、精神的自由に関する諸規定の冒頭で明文をもって保障されたのである（明治憲法では保障されていなかった）。

●「侵してはならない」の具体的意味 ………………………………………………【★★★】

　個人の内心にとどまる限り、思想・良心の保障は絶対無制約であり、思想・良心の強要を禁ずるだけでなく、外部表明を強制されないという沈黙の自由をも含む。

　・公務就任時の憲法尊重擁護の宣誓

　　→特定の解釈を強要するのではなく、99条憲法尊重擁護義務を受けるものなので合憲。

　・踏み絵

　　→内心を推知するような行為の強制は許されない。

　・内申書（麹町中学校内申書事件）

　　→外部的行為の記載から、生徒の思想・信条は了知できず合憲（最判昭63.7.15）。

　・裁判での証言強制

　　→単に知った事実を陳述するにすぎず、思想・良心にあたらない。

　・アンケート調査

　　→一般に拒否できるので許されるが、国家による強制は認められない。

# A21 　正解—2

1—誤　良心的兵役拒否が議論されることもあるが、納税義務等については、自己の信条に反するとしても免れることはできない。

2—正　思想・良心の意義を、信仰や世界観に準ずる思想というように解すればこのような結論となる。

3—誤　公務員に対しても、特定の思想を強制することは許されない。

4—誤　思想の内容は問わない。また、人権（特に精神的自由権）は多数支配から少数者の自由を守るところに意義がある。

5—誤　いわゆる沈黙の自由も保障される。

# Q22 謝罪広告と思想・良心の自由

**問** 日本国憲法に規定する思想・良心の自由に関する記述として、判例、通説に照らして、妥当なものはどれか。 (地方上級)

1 思想・良心の自由は、内心の領域のことであり絶対的に保障され、たとえ憲法の根本原理である民主主義を否定する思想であっても、その思想が内心にとどまる限り、これを制限することは許されない。

2 思想・良心の自由には、国家権力により内心の思想の告白を強制されないという沈黙の自由までは含まれておらず、また、国家権力が内心の思想を何らかの手段をもって推知することは禁止されていない。

3 最高裁判所の判例では、謝罪広告を強制することは、たとえ単に事態の真相を告白し陳謝の意を表明するにとどまる程度のものであったとしても、個人の有する倫理的な意思や良心の自由を侵害するものであるとされた。

4 最高裁判所の判例では、最高裁判所裁判官の国民審査は、罷免の可否不明により記載のない投票に、罷免を可としないという法律上の効果を付与していることから、思想・良心の自由を制限するものであるとされた。

5 最高裁判所の判例では、高等学校受験の際の内申書の記載が、受験生の思想、信条そのものを記載したものであり、また、その思想、信条自体を入学者選抜の資料に供したとしても、思想・良心の自由を侵害するものではないとされた。

---

# PointCheck

**◉謝罪広告の強制と19条** ·········································【★★☆】

❖判例

**◉謝罪広告強制事件** (最大判昭31.7.4)

▶事案

衆議院選挙に立候補した某党公認候補が、他の候補者の県副知事在職中の汚職を公表、名誉毀損で訴えられ第一審は「謝罪広告」の掲載を命じた。

▶判旨

民法723条にいう名誉回復処分として、加害者に新聞紙等への謝罪広告の掲載を命ずることは、それが単に事態の真相を告白し陳謝の意を表明するにとどまる限り、加害者に屈辱的もしくは苦役的な苦労を科し、またはその倫理的な意思・良心の自由を侵害するものではない。

❖判例チェックポイント

単に事態の真相を告白し陳謝の意を表明するにとどまる限り、謝罪広告の強制は19条に反しない。

※労働委員会が会社に対して、不当労働行為を行ったことについて深く陳謝するとの文言を含む文書の掲示を命じること（ポスト・ノーティス命令）は、19条違反ではない（最判平 3.2.22）。

● **19条の「良心」と76条3項の「良心」** ……………………………………【★☆☆】
　76条3項は、「すべて裁判官は、その良心に従い独立してその職権を行い」と規定しているが、この「良心」は、裁判官としての客観的良心を意味する（通説）。これに対し19条の「良心」は個人の信仰や主義を含む主観的良心である。

● **一般的法義務の拒否（納税の拒否）** …………………………………………【★☆☆】
　個人が「世俗的な政府は認めがたい」というような信条を持ち、これに基づいて法的な義務を拒否したとしても、例えば納税のような一般的な法義務を拒否することまでは認められないと考えられている（通説）。これに対して、徴兵制度のある国では良心的兵役拒否が認められる場合がある。しかし戦争での殺人行為は、当人の人格を破壊しかねないという特別の理由があるので、納税義務と同列に論ぜられるものではない。

# A22 　正解―1

1―正　一般に人権はその行使が他者を害する場合には制限を受ける。しかし、思想はどのようなものであろうと、それが心の中にとどまる限り他者を害することはありえない。よって思想・良心の自由の保障は絶対的である。

2―誤　沈黙の自由も含まれる。なぜなら、思想を告白させることは、その思想を持つ者に対する弾圧へと発展する危険があるからである。したがって、国家権力が内心の思想を何らかの手段をもって推知することは禁止される。

3―誤　謝罪広告事件の最大判昭 31.7.4 は、「単に事態の真相を告白し陳謝の意を表明するにとどまる程度」のものであれば19条に違反しないとした。

4―誤　判例は、このような取扱いも思想・良心の自由を制限しないとする（最大判昭 27.2.20）。なぜなら、国民審査を解職の制度であると解すると、×をつけて罷免を可とした者の意思に対してだけ裁判官の罷免という効果を結びつけるものであり、罷免を可としない者の意思に対して任命を追認するという効果を付与するものではないからである。

5―誤　麹町中学校事件の判例では、内申書の記載は受験生の思想および信条そのものを記載したものではないので、思想・良心の自由を侵害するものではないとした（最判昭 63.7.15）。

# Q23 信教の自由の内容

問 信教の自由に関する次の記述のうち、妥当なものはどれか。 （地方上級類題）

1 国の行為が憲法の禁止する宗教的活動に該当するか否かについては、当該行為の主宰者、式次第といった外形的要素を基準に判断すべきであり、行為の目的・効果が特定宗教を援助・助長したり、他宗教に圧迫・干渉を加えるかどうかで判断すべきではないとするのが判例である。

2 信教の自由は、思想・良心の自由と同様に絶対的な保障を受けるものであるので、加持祈祷など科学的根拠のない擬似的医療行為でも、本人の信仰に基づいて行われるかぎり公権力により規制することは許されない。

3 信教の自由には、個人が自らの信仰について外部に告白することの自由も含まれるが、国も行政・司法上の必要に基づき、個人に対して自己の信仰内容や宗教団体への所属関係等について説明を求めることは許される。

4 信教の自由には、個人が単独でまたは他の者と共同して宗教上の祝典、儀式その他の宗教的行為を行う自由が含まれるが、これは信仰の自由とは異なり公共の安全や公の秩序または他者の権利および自由を保護するために必要な制約に服する。

5 国が特定の宗教のための宗教教育を行うことは、それが強制される場合には憲法に違反するが、国民には自己の選択する宗教教育を受ける自由および自分の子に宗教教育を施す自由が保障されているので、国が特定の宗教教育を行う学校を設置し希望者を入学させることは、憲法が禁止する宗教的活動にあたらない。

# PointCheck

## ●信教の自由の内容······································································【★★☆】

信教の自由（20条）は、精神的活動のうち宗教的側面にかかわる（内面的宗教活動／外面的宗教活動）。信教の自由のうち、内面的宗教活動のことを「信仰の自由」といい、外面的宗教活動のことを「宗教的行為の自由」という。また、「宗教的結社の自由」は20条、21条で重ねて保障される。

※明治憲法下でも保障されていたが（28条）、神道が国教に準ずる地位にあった。

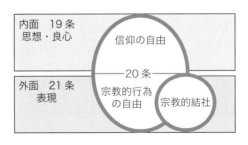

　信仰の自由とは、特定またはすべての宗教を信じる自由と信じない自由を意味する。また、それらを理由として不利益な取扱いを受けないことの保障も含む。信仰の自由は、内心の自由なので絶対無制約である。

　宗教的行為の自由は、宗教的行為や宗教的行事を行ったり参加したりする自由、またそれらを行わず参加しない自由を意味する。したがって、宗教的行為という外形的行為を伴うので、公共の福祉の観点から調整を受けることがある（内在的制約）。例えば、いくら信教の自由を理由とする行為であっても、人を傷つけて死に至らしめることは許されない（加持祈祷事件）。しかし、法益侵害の程度が低い場合には、信教の自由を理由とする行為が保護されることもある（牧師牧会活動事件）。

### ❖判例

#### ◉加持祈祷事件（最大判昭38.5.15）

##### ▶事案

　Xは加持祈祷を行い人を死に至らしめ、傷害致死罪（刑法205条）に問われた。

##### ▶判旨

　精神異常者の平癒祈願のための加持祈祷が一種の宗教的行為として行われた場合でも、違法な有形力が行使され被害者を死に至らしめたときは、信教の自由の保障の限界を逸脱しており、刑法205条で処罰しても憲法に違反しない。

#### ◉ 20条1項の宗教団体について ………………………………【★☆☆】

　「宗教団体」について、宗教法人であるかどうかは無関係である（税の免除等、宗教法人法の優遇措置の有無だけが関係する）。

　この宗教団体は「国から特権」を受けてはならないとされるが、どのような場合が特権付与になるかが問題となる。宗教法人の免税や、寺社所有の文化財への補助金、宗教系私立学校への助成金などは、特権にはあたらず合憲と考えられる。

# A**23** 正解─4

1─誤　判例は、目的・効果基準を採用して「宗教的活動」にあたるかを判断する（**Q24** 参照）。

2─誤　加持祈祷事件の判旨に反する。

3─誤　沈黙の自由ないし信仰の自由を害する。

4─正　外形的行為を伴う場合は、他の人権との調整としての内在的制約に服する。

5─誤　国が特定の宗教教育を行う学校を設置する行為は、宗教に対する援助・助長となり「宗教的活動」にあたる。

第1章
第2章
第3章
第4章
第5章
第6章
第7章
第8章
第9章
第10章

# Q24 政教分離原則

**問** 政教分離原則に関する次の記述のうち、正しいものはどれか。　　　　　（地方上級）

1　政教分離原則とは、厳格な分離を意味するのであって、国家権力と宗教とのかかわりを一切否定することをいうとするのが判例である。

2　政教分離原則の目的は、国と宗教とのかかわりを否定することにあるから、地方公共団体と宗教とのかかわりまで否定するものではない。

3　宗教法人に対して税制上の優遇措置をとることは、宗教法人に対する特権付与となるから、常に政教分離原則に違反する。

4　寺院が所有する仏像を国宝に指定することは許されるが、その修理のために補助金を支出することは政教分離原則に違反する。

5　国が、学問の対象として宗教の意義を解明したり、宗教的寛容の精神を養う教育をすることは必ずしも政教分離原則に違反するわけではない。

# PointCheck

## ●政教分離の原則‥‥‥‥‥‥‥‥‥‥‥‥‥‥‥‥‥‥‥‥‥‥‥‥‥‥‥‥‥【★★☆】

政教分離とは、国家と宗教とを分離することである。日本国憲法は、20条1項後段・3項で政教分離原則を明示している。また、「宗教上の組織もしくは団体」に対する公金支出を禁止する89条は、政教分離を財政面から裏付けるものといえる。

政教分離規定の法的性格につき、それが人権であるという説もあるが、判例・通説は制度的保障であるとしている（制度的保障というのは、制度の中核を侵さない限りは法律によって制度の具体的内容を決定しうるとするものであり、ワイマール憲法時代のドイツで主張された学説である）。

## ●政教分離規定の限界（目的・効果基準）‥‥‥‥‥‥‥‥‥‥‥‥‥‥‥‥‥‥‥【★★★】

政教分離の性質をどのように解しても、国家と宗教の完全な分離というのは不可能である。相当限度を超える国家と宗教のかかわり合いが「宗教的活動」に該当し、許されないことになる。

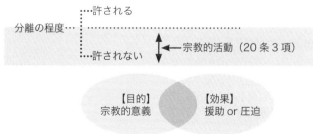

第1章

第2章

第3章

第4章

第5章

第6章

第7章

第8章

第9章

第10章

**❖判例**

**◉津地鎮祭事件**（最大判昭52.7.13）

▶**事案**

　津市は、市体育館の起工にあたり神式の地鎮祭を挙行、費用を市の公金から支出した。市の行為は憲法20条・89条に違反するとして住民訴訟が提起された。

▶**判旨**

　政教分離規定は、国家と宗教との分離を制度として保障することにより信教の自由を間接的に確保するものだが、完全分離は不可能に近く、社会生活に不合理な事態を招くことがある。したがって、憲法20条3項の禁止する「宗教的活動」とは、2項の「宗教的行為」と異なり、宗教とのかかわり合いが社会的・文化的諸条件に照らし相当の限度を超えるもの、すなわち、その目的が宗教的意義を持ち、その効果が宗教に対する援助・助長または圧迫・干渉になる行為に限られる。その判断は、主宰者、式次第など外面的形式にとらわれず、行為の場所、一般人の宗教的評価、行為者の意図・目的および宗教意識、一般人への影響等、諸般の事情を考慮し、社会通念に従って客観的になされなければならない。本件地鎮祭は世俗的行事であり、「宗教的活動」に該当しない。また、挙式費用の支出も憲法89条に違反しない。

**❖判例チェックポイント**

①完全分離は不可能。

②「宗教的活動」はかかわり合いの程度が限界を超えるものである。

③目的が宗教的意義、効果が宗教にプラスまたはマイナスの影響（目的・効果基準）。

④行為者に「つもり」がなければ宗教的意義はない（主観も考慮）。

⑤地鎮祭は世俗的行事である。

# A24 正解−5

1—誤　判例は、「政教分離原則は、国家が宗教的に中立であることを要求するものであるが、国家が宗教とのかかわり合いをもつことをまったく許さないとするものではない」とした（津地鎮祭事件）。

2—誤　政教分離原則は公権力と宗教との結びつきを排除する原則であり、ここにいう公権力とは国家だけでなく、地方公共団体も入る。

3—誤　宗教法人に対する税制上の優遇措置も、それが内国公益法人やその他の法人に対する免税措置の一環である限り、宗教法人に対する特権付与とはならない。

4—誤　寺院が所有する仏像を国宝に指定することや、その修理のために補助金を支出することは、文化財保護という非宗教的な一般目的によるものなので、政教分離原則違反とはならない。

5—正　政教分離原則に違反する「宗教教育」とは、宗教を宣伝し広めること、または宗教を排斥することを目的として行われる教育のことであり、学問の対象として宗教の意義を解明したり、宗教的寛容の精神を養う教育を行うことは必ずしも政教分離原則に違反するわけではない。

# Q25 信教の自由と政教分離

**問** 日本国憲法に規定する信教の自由又は政教分離の原則に関する記述として、最高裁判所の判例に照らして、妥当なのはどれか。 (地方上級)

1 法令に違反して著しく公共の福祉を害すると明らかに認められる行為をした宗教法人について、宗教法人法の規定に基づいて行われた解散命令は、信者の宗教上の行為の継続に支障を生じさせ、実質的に信者の信教の自由を侵害することとなるので、憲法に違反する。

2 憲法は、内心における信仰の自由のみならず外部的な宗教的行為についてもその自由を絶対的に保障しており、宗教行為としての加持祈祷が、他人の生命、身体等に危害を及ぼす違法な有形力の行使に当たり、その者を死に致したとしても、信教の自由の保障の限界を逸脱したものとまではいえない。

3 信教の自由には、静謐な宗教的環境の下で信仰生活を送るべき法的利益の保障が含まれるので、殉職自衛隊員を、その妻の意思に反して県護国神社に合祀申請した行為は、当該妻の、近親者の追慕、慰霊に関して心の静謐を保持する法的利益を侵害する。

4 県が、神社の挙行した例大祭等に際し、玉串料、献灯料又は供物料をそれぞれ県の公金から支出して神社へ奉納したことは、玉串料等の奉納が慣習化した社会的儀礼にすぎないものであり、一般人に対して県が特定の宗教団体を特別に支援している印象を与えるものではなく、また、特定の宗教への関心を呼び起こすものとはいえないので、憲法の禁止する宗教的活動には当たらない。

5 市が、戦没者遺族会所有の忠魂碑を公費で公有地に移設、再建し、その敷地を同会に無償貸与した行為は、忠魂碑と特定の宗教とのかかわりは希薄であり、同会は宗教的活動を本来の目的とする団体ではなく、市の目的は移設後の敷地を学校用地として利用することを主眼とするものであるから、特定の宗教を援助、助長、促進するとは認められず、憲法の禁止する宗教的活動に当たらない。

# PointCheck

◉宗教的人格権と政教分離‥‥‥‥‥‥‥‥‥‥‥‥‥‥‥‥‥‥‥‥‥‥‥‥‥‥‥‥‥‥‥‥‥‥【★★★】

❖判例

◉自衛官合祀事件 (最大判昭 63.6.1)

▶事案

殉職自衛官の夫を山口県護国神社に合祀されたキリスト教信者の未亡人が、合祀の申請に関与した社団法人隊友会山口県支部連合会と自衛隊山口地方連絡部の行為が政教分離原則に違反し、また自己の宗教的人格権を侵害するとして損害賠償を請求。

▶判旨

本件合祀申請行為は県隊友会の単独行為であり、自衛隊山口地連との共同行為ではない。合祀は県護国神社の自主的判断に基づいて決められ、合祀申請は合祀の前提と

問題でPoint を理解する
Level 1 Q25

第1章
第2章
第3章
第4章
第5章
第6章
第7章
第8章
第9章
第10章

しての法的意味を持たない。また、県隊友会に協力して行った山口地連職員の具体的行為は宗教とのかかわり合いが間接的であり、その目的は自衛隊員の社会的地位の向上と士気の高揚を図ることにある。したがって、山口地連の宗教的意識は希薄であり、その効果も特定の宗教を援助・助長するものではない。また、他の宗教に圧迫・干渉を加えるものと評価される行為でもないので、山口地連の行為は宗教的活動とはいえない。信教の自由の保障は、他者の宗教上の行為に対してそれが強制や不利益の付与を伴うことにより自己の信教の自由を妨害するものでない限り、寛容であることを要請しており、このことは配偶者の追慕、慰霊等に関しても同様である。県護国神社による亡夫の合祀は妻の自由を何ら妨害しないので、その法的利益が侵害されたとはいえない。

# A25　正解一5

1一誤　宗教法人が解散しても法人格のない宗教団体は存続可能であり、信者の宗教上の行為を禁止したり制限したりする法的効果は一切伴わない。宗教団体やその信者に生ずる支障は解散命令に伴う間接的で事実上のものにすぎない（宗教法人オウム真理教解散事件・最決平8.1.30）。

2一誤　加持祈祷行為が一種の宗教行為としてなされたものでも、他人の生命、身体等に危害を及ぼす違法な有形力の行使に当るもので、これにより被害者を死に致したものである以上は、行為が著しく反社会的なものであることは否定し得ず、憲法20条1項の信教の自由の保障の限界を逸脱する（加持祈祷事件・最大判昭38.5.15）。

3一誤　合祀申請されたとしても、その行為が信教の自由の侵害に当たり、その態様、程度が社会的に許容し得る限度を超える場合でない限り、法的利益が侵害されたとはいえない（自衛官合祀事件・最大判昭63.6.1）。

4一誤　公金支出による奉納は、社会的儀礼にすぎないものと一般人が評価するとは考え難く、一般人に対して、特定の宗教団体に対する特別の支援であるとの印象を与え、特定の宗教への関心を呼び起こすものである（愛媛玉串料訴訟・最大判平9.4.2）。

5一正　市の各行為の目的は専ら世俗的なものと認められ、その効果も、特定の宗教を援助、助長、促進し又は他の宗教に圧迫、干渉を加えるものではない。宗教とのかかわり合いの程度が我が国の社会的、文化的諸条件に照らし、信教の自由の保障の確保という制度の根本目的との関係で相当とされる限度を超えるものとは認められず、憲法20条3項により禁止される宗教的活動には当たらない（箕面忠魂碑訴訟・最判平5.2.16）。

# Q26 学問の自由の内容

**問** 学問の自由に関するア〜オの記述のうち、妥当なもののみをすべて挙げているのはどれか。

(国家一般)

**ア** 学問の自由は、真理の発見や探究を目的とする内面的精神活動の自由たる性格を有し、明治憲法においても一応は学問の自由を保障する明文の規定が設けられていたが、ある学説を主張する学者の著書が国の安寧秩序を害するものとして発売禁止の処分を受け、その学説を大学で教えることが禁止されたりするなど、政府により学問の統制が厳しく行われていた。

**イ** 普通教育の場において児童、生徒用として使用される教科書の検定は、ある記述がいまだ学界において支持を得ていないとき、あるいは、該当する学校、教科、科目、学年の児童や生徒の教育として取り上げるにふさわしい内容と認められないときなどに、教科書の形態における研究結果の発表を制限するにすぎないから、学問の自由を保障した憲法第23条の規定に違反しないとするのが判例である。

**ウ** 今日の大学は、高度な科学技術の発達や社会の複雑多様化を背景として、政府や産業界と人事・財政面で強く結び付いており、大学が学問の自由を確保するためには学生を含めた大学に所属する者全体の一致した協力が不可欠であるから、学生も教授その他の研究者と同様に大学の自治の主体に含まれるとするのが判例である。

**エ** 大学における学生の集会は、大学の自治の一環として認められるものであるから、大学が許可した学内集会であるならば、当該集会が真に学問的な研究又はその結果の発表のためのものでなく、実社会の政治的社会的活動に当たる行為をする場合であっても、大学の有する学問の自由と自治を享有するとするのが判例である。

**オ** 学問の自由は、広くすべての国民に対して学問的研究の自由及びその研究結果の発表の自由を保障しており、特に大学においては、これらの自由に加えて教授の自由が保障されている一方で、高等学校以下の初等中等教育機関においては、教育ないし教授の自由はおよそ認められないとするのが判例である。

**1** ア、ウ　**2** ア、オ　**3** イ　**4** イ、ウ　**5** エ

# PointCheck

●学問の自由の内容…………………………………………………………【★★☆】

学問の自由（23条）は、沿革的には、大学での大学教授の学問研究の自由として確立された。学問の自由を明文で保障する例は少なく、明治憲法にも規定がなかった。ただ、明治憲法下では国家権力により学問研究が脅かされたという事実（滝川事件や天皇機関説事件）があったので、日本国憲法では明文をもって学問の自由が保障されたのである。

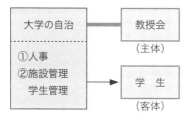

内心の自由の学問的側面が学問研究の自由であり、表現の自由の学問的側面が研究発表の自由・教授の自由である。

◉**大学の自治の内容**……………………………………………………………【★★★】

```
大学の自治          教授会
──────          （主体）
①人事
②施設管理    →     学 生
　学生管理         （客体）
```

　学問の自由は、大学の自主性を尊重しなければ成り立たないので、学問の自由は「大学の自治」の制度的保障を含むと解されている。

　大学の自治の内容は、①人事（学長・教授その他の研究者の人事）の自治と、②施設・学生の管理の自治が挙げられる。ほかに③予算管理の自治を挙げる説もある。

　大学の自治の主体は、基本的には教授会であるとされる。学生は営造物利用者として、大学の自治の客体と解されてきた。近年では、学生を大学の構成員としてその地位を積極的に位置付ける説も主張されているが、少なくとも大学の自治の担い手とはいえない。

# A26 正解ー3

**ア―誤**　明治憲法には学問の自由を保障する規定はない。

**イ―正**　判例は、「教科書は教科の主たる教材として普通教育の場で使用される児童・生徒用の図書であり、学術研究結果の発表を目的とするものではない」として、教科書検定は憲法23条に反しないとする（家永教科書訴訟・最判平5.3.16）。

**ウ―誤**　学生は、大学の自治の反射的利益を受けるにすぎず、自治の主体ではない。

**エ―誤**　判例は、実社会の政治的社会的活動に当たる行為をする場合は、憲法23条の保障は受けない（東大ポポロ事件・最大判昭38.5.22）。

**オ―誤**　普通教育機関の教師にも、一定の限度で教育の自由は認められる（旭川学力テスト事件・最大判昭51.5.21、**Q30**参照）。

# Q27 大学の自治

**問** 憲法第23条に規定する学問の自由に関する記述として、妥当なのはどれか。

(地方上級類題)

1 大学の自治の内容として、人事の自治、施設管理の自治、研究内容決定の自治が挙げられるが、このうち国立大学においては他の行政機関と同様、上級行政官庁の指揮命令系統に服するため人事の自治は認められていない。

2 学問の自由のうち、学問研究の自由は思想の自由の学問における現れであり、その性質上何ら制約を受けることはない。

3 学問の自由は、教育の自由を一般的に保障したものであり、また学校教育および社会教育の制度的保障を意味するものである。

4 学問の自由は明治憲法においても規定されていたが、大学の自治の制度的保障については現行法上認められたものである。

5 大学の自治は、大学が学問研究の場として絶対的な自治と自由を保障されたものであり、学内における秩序維持の最終的な責任は学長が負うため、公権力による干渉はいかなる場合にも許されない。

# PointCheck

### ●大学の自治の主体······································································【★☆☆】

　大学の自治の担い手は教授会ないし評議会と考えられ、大学生は自治の主体とはされない。東大ポポロ事件では、学生は営造物の利用者であり、大学の自治の反射的利益を享受するにすぎない立場にあるとされた。しかし一部の学説には、大学における不可欠の構成員として学生を位置付け、大学自治の運営について要望し、批判し、反対する権利を有するとする立場もある。

### ●大学の自治と警察権との関係······································································【★★★】

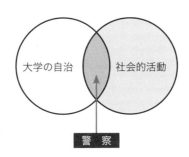

第1章
第2章
第3章
第4章
第5章
第6章
第7章
第8章
第9章
第10章

## ❖判例

### ●東大ポポロ事件（最大判昭38.5.22）

▶事案

東大の劇団ポポロ主催の松川事件を題材とする演劇発表会で私服警官を学生が発見、警察手帳の提示を求めた際に暴行があったとして起訴された。

▶判旨

学問の自由は、研究の自由と研究結果の発表の自由を含み、特に大学には教育ないし教授の自由も保障される。学問の自由を保障するための大学の自治は、施設および学生の管理、特に教授その他の研究者の人事について認められるが、学生はこれらの自由と自治の効果として学問の自由と施設の利用を認められる。学生の集会が真に学問的な研究と発表のためのものでなく、実社会の政治的社会的活動にあたる場合は憲法23条の保障を受けない。特に一般公衆の入場を許す場合には、公開の集会またはそれに準ずるもので、警官が立ち入っても大学の学問の自由と自治を犯すものではない。

### ●警察が大学構内に立ち入れる場合……………………………………………【★★☆】

①犯罪捜査のため（令状に基づく捜査を大学は拒否できない）。
②大学側の判断で警察の出動を要請する場合（予想外の不法行為など）。
③その他緊急やむをえない警備公安活動のため。
④警備公安活動の一環として大学構内で情報収集活動をする場合。
　※東大ポポロ事件で問題となったのは④の場合である。

### ●先端科学技術と研究の自由……………………………………………………【★☆☆】

先端科学技術（遺伝子組み換え、臓器移植など）の発展と脅威から、研究の自由を単なる内心の自由ととらえ、絶対無制約とすることに対して疑問があがっている。プライバシーや、生命・健康に対する権利の保護の観点から、研究の自由に対立する利益を保護するために不可欠な、必要最小限度の規制も許されるとする見解も有力になっている。

# A27 正解ー2

1—誤　人事の自治は大学の自治の中核である。
2—正　内心の自由であれば絶対無制約である。
3—誤　教育の自由のほか、研究の自由・研究発表の自由も内容とする。
4—誤　明治憲法では認められていない。
5—誤　実社会の政治的社会的活動の場合には、公権力の干渉を受ける場合がある（東大ポポロ事件・最大判昭38.5.22）。

# Q28 思想・良心の意味

**問** 憲法19条の定める「思想・良心の自由」の内容に関する次のA説とB説についてのア～エの記述の正誤の組合せとして最も適当なものはどれか。 (裁判所職員)

**A説** 「良心」とは、基本的には「思想」の内面化であり、世界観・人生観・思想体系・政治的意見等の人格形成に役立つ内心の活動に限定される。

**B説** 「良心」とは、世界観・思想等に限らず、単なる事実の知不知や、事物に関する是非善悪の判断等を含む内心領域を広く包摂するものである。

**ア** A説によると、具体的な判断や事実の知不知にかかわる判断について沈黙する自由は、およそ憲法上保障されないことになる。

**イ** B説によると、外国人の特定とその同一性を確認する手段として、外国人に対して指紋押捺を義務付ける旧外国人登録法の規定は、憲法19条に違反することになる。

**ウ** A説は、事態の真相を告白して陳謝の意を表明する謝罪広告の掲載を命ずる判決が憲法19条に違反しないことの論拠となりうる。

**エ** B説に対しては、思想・良心の自由の高位の価値を希薄にしてその自由の保障を軽くするものであるとの批判がある。

|   | ア | イ | ウ | エ |
|---|---|---|---|---|
| 1 | 正 | 正 | 正 | 誤 |
| 2 | 正 | 正 | 誤 | 正 |
| 3 | 誤 | 正 | 誤 | 誤 |
| 4 | 誤 | 誤 | 正 | 正 |
| 5 | 誤 | 誤 | 誤 | 正 |

# PointCheck

●**思想・良心の意義**······································【★☆☆】

思想・良心の自由は、精神的自由のうち、内心の自由を保障する原理的規定である。信仰の自由や研究の自由は、信教の自由・学問の自由で保障されるが、やはり内心の自由に属する。思想・良心の自由が内心の自由である以上、他害禁止を根拠に人権を制限することはできず、絶対無制約の人権だということになる。

思想・良心の意味については争いがあるが、判例では、謝罪広告の強制は思想・良心の自由を侵害するものではないとしている。思想・良心を狭くとらえる説からは合憲の結論を導きやすいが、広くとらえる説からも謝罪広告の実態に着目して合憲とすることは可能である。

◉**思想・良心の自由が問題となった判例**……………………………………【★★☆】

◉**最高裁判所裁判官国民審査事件**（最大判昭27.2.20）
　国民審査の制度は解職の制度であり、投票方式の問題は19条とは関係がない。

◉**大日本紡績貝塚工場レッドパージ事件**（最判昭30.11.22）
　レッドパージ（共産主義者追放）による解雇は思想・信条による差別ではない。

◉**謝罪広告事件**（最大判昭31.7.4）
　事態の真相を告白し陳謝の意を表明するにとどまり、良心の自由の侵害にはあたらない。

◉**勤務評定長野方式事件**（最判昭47.11.30）
　記入者の世界観・人生観・教育観の表明を命じるものではなく、内心の自由にかかわらない。

◉**三菱樹脂事件**（最大判昭48.12.12）
　採否決定にあたり思想・信条を申告させても19条に反するとはいえない。

◉**麹町中学内申書事件**（最判昭63.7.15）
　外部的行為の記載によっては生徒の思想・良心は了知できない。

◉**ポスト・ノーティス事件**（最判平3.2.22）
　不当労働行為について陳謝の文書掲示を会社に命じることは19条に反しない。

---

**Level up Point！**　学説の論理的帰結を問う問題だが、ア・イは「思想・良心」保障の意味がポイントで学説の対立にはかかわらない。重要なのは、B説のように広義にとらえると、価値を希薄にしその自由の保障を軽くするかである（エ）。狭く考えれば限定的にはなるが、その部分だけは絶対的に保護でき、広く解釈すると保護は薄くなると考える。21条の「検閲概念」で、行政権によるものと限定的に考えるが、絶対的禁止とする判例理論と同じ思考である。

# A28 正解─4

**ア─誤**　確かにA説では、良心は世界観、人生観、思想体系などにかかわる内心活動でなければならないが、具体的な判断や事実の知不知にかかわる判断について沈黙することは、表現の自由（表現しない自由）として保障されることがある。したがって「およそ」憲法上保障されない、という点が誤りとなる。

**イ─誤**　B説では良心とは、世界観・思想等に限らず、単なる事実の知不知や、物に関する是非善悪の判断等を広く含むが、指紋までは含まれない。

**ウ─正**　A説では、良心は、世界観・人生観・思想体系、政治的意見等の人格形成に役立つ内心の活動に限定されるので、事態の真相を告白して陳謝の意を表明する程度では、19条に反することはないと解されている。なお、A説からは、これも21条（表現しない自由）の問題となる。

**エ─正**　B説のように、単なる事実の知不知、事物に関する是非善悪の判断等を含む内心領域を広く含めると、思想・良心の自由に高次の価値を希薄にして自由の保障を軽くするものであると批判されている。

# Q29 19条に関する重要判例

問 思想・良心の自由に関する次の記述のうち、判例に照らし、妥当なものはどれか。

(国家一般)

1 民法第723条に定める名誉回復処分として、裁判所が加害者に新聞紙等への謝罪広告の掲載を命じることは、それが単に事態の真相を告白し陳謝の意を表明するにとどまるものであっても、謝罪や陳謝という倫理的意思の公表を強制するものであるから、憲法第19条に違反する。

2 強制加入団体である税理士会が、法令の制定改廃に関する政治的要求を実現するため、政治資金規制法上の政治団体に金員の寄付をすることは、税理士法で定められた税理士会の目的の範囲内の行為であるから、当該寄付をするために会員から特別会費を徴収する旨の決議は、会員の思想・信条の自由の侵害にはあたらず、有効である。

3 高等学校の入学者選抜の資料とされる調査書には、その目的に適合するよう生徒の性格・行動を把握し得る客観的事実が公正に記載されるべきであるが、生徒が校内でビラまきを行ったり、特定の政治思想を標榜する団体の集会に参加した旨の記載をすることは、同人の思想・信条を推察させるものであるから、憲法第19条に違反する。

4 企業内においても労働者の思想・信条等の精神的自由は十分尊重されるべきであるから、使用者が、その調査目的を明らかにせずに、労働者に対して所属政党を調査し、その回答として書面の交付を要求することは、いかなる態様によったとしても、憲法第19条に違反する。

5 最高裁判所裁判官の国民審査は、積極的に罷免を可とする者が多いかどうかを投票によって定める制度であるから、積極的に罷免を可とする意思が表示されていない投票は罷免を可とするものではないとの効果を発生させても、なんら当該投票を行った者の意思に反する効果を発生させるものではなく、思想・良心の自由を制限するものではない。

## PointCheck

❖判例

◉麹町中学校内申書事件 （最判昭63.7.15）

▶事案

学校内でのビラ配布等の行為を調査書（いわゆる内申書）に記載された生徒が、それが理由で高校に入学できなかったとして争った。

▶判旨

調査書に、「校内において麹町中全共闘を名乗り、機関紙『砦』を発行した。学校側の指導説得を聞かないでビラを配ったり、落書をした」等の記載があっても、それらはいずれも外部的行為の記載にとどまり、思想・信条そのものでも思想・信条を了知させるものでもなく、思想・信条自体を高等学校の入学者選抜の資料に供したもの

とは解されない。したがって、調査書には入学者選抜の資料の１つとされる目的に適合するよう生徒の性格・行動を把握しうる客観的事実が公正に記載されるべきであるとの理由から、右記載は憲法19条および21条・26条に違反しない。

---

**Level up Point!**

税理士会事件は、法人の人権の享有主体性で取り上げられる判例であり、19条に関して問題になることは少ない。ただ、「目的の範囲」を判断するにあたっては、会員の思想・信条の自由との関係で考慮が必要として、「強制加入の法人としている以上、会員にはさまざまの思想・信条および主義・主張を有する者が存在することが当然に予定され、会員の協力義務にもおのずから限界がある。政治団体に寄付をするかどうかは、会員各人が市民としての個人的な政治的思想、見解、判断等に基づいて自主的に決定すべき事柄である」とした。19条に反し無効とするものではないが、会員の思想・良心の自由を保障する趣旨からは政治団体への寄附が税理士会の目的の範囲外だとして、「目的の範囲」の解釈をとおして憲法19条を間接適用するものととらえることができる。

---

# A29 正解ー5

1ー誤　判例は、「単に事態の真相を告白し陳謝の意を表するに止まる程度」であれば、これを代替執行によって強制しても合憲であると判示した（謝罪広告事件・最大判昭31.7.4）。

2ー誤　判例は、「強制加入団体である税理士会が政党など政治資金規制法上の政治団体に金員を寄付するために、会員から特別会費を徴収する旨の決議をすることは、税理士会の目的の範囲外の行為を目的とするものとして無効である」とした（税理士会事件・最判平8.3.19）。

3ー誤　判例は、「高校進学者選抜資料としての調査書に、思想信条そのものを了知させるものでないビラまきなどの校則違反行為、その他の事実を記載したとしても、生徒の思想・信条の自由を侵害したとはいえない」とした（麹町中学校内申書事件・最判昭63.7.15）。

4ー誤　判例は、「企業者は雇用の自由を有し、思想・信条を理由として雇入れを拒んでも、これを理由に違法とすることができない以上、企業者が労働者の採否決定にあたり、労働者の思想・信条を調査し、そのため採用予定者からこれに関連する事項についての申告を求めることも違法ではない」とした（三菱樹脂事件・最大判昭48.12.12）。

5ー正　判例は、「国民審査制度の実質はいわゆる解職制度と見ることができるので、白票を罷免を可としない票に数えても思想・良心の自由に反しない」とした（最高裁裁判官国民審査事件・最大判昭27.2.20）。

# Q30 教育の自由と権利

**問** 日本国憲法に規定する学問の自由又は教育を受ける権利に関する記述として、妥当なのはどれか。 　　　　　　　　　　　　　　　　　　　　　　　　　　　（地方上級）

1　すべて国民は、その保護する子女に普通教育を受けさせる義務を負い、普通教育は子女の人格の完成に不可欠であることから、子女には、義務教育を受ける義務が課せられている。

2　教育を受ける権利は、国の介入、統制を加えられることなく教育を受けることができるという自由権としての側面と、国に対して教育制度の整備とそこでの適切な教育を要求するという社会権としての側面をもつ。

3　最高裁判所の判例では、普通教育の場においては完全な教授の自由が保障されるが、全国的に一定の水準を確保すべき強い要請があることから、国は、必要かつ相当と認められる範囲で、教育内容を決定する権能を有するとした。

4　最高裁判所の判例では、学生集会は、大学が許可したものであり、かつ、政治的社会的活動ではなく真に学問的な研究又はその結果の発表のためのものであっても、大学の有する特別の学問の自由と自治を享有しないとした。

5　最高裁判所の判例では、憲法の義務教育は無償とするとの規定は、授業料及び教科書代を徴収しないことを意味し、このほかに学用品その他教育に必要な一切の費用まで無償としなければならないことを定めたものではないとした。

---

# PointCheck

## ●教育の自由（教育権の所在） ……………………………………………………【★★★】

　学問の自由（23条）は自由権であり、国家の教育への介入を避けるところに本質がある。沿革的には、大学教授の教授の自由を確保するところにねらいがあった。大学生には批判能力があるので、教授の自由が認められてよいともいえる。批判能力が十分ではない生徒を相手にする下級機関の教師の場合は、一定の限度で教育の自由が認められることになる。しかし、指導要領を無視するような教育を施す裁量は、教師の側にはない。

　他方、教育を受ける権利（26条）は社会権であり、国家の教育への介入を要求するものである。ここでは、教育権の所在という問題の立て方がなされるが、判例は子どもの学習権を基底として、学校・教師・親にそれぞれ教育権があるとしている。

## ●教育権の所在…………………………………………………………………………【★★☆】

　どこまで国が干渉できるのか、すなわち、教育内容について国がどこまで決定できるのか。
### (1)国家教育権説
　→国家は教師の教育の自由に制約を加えることが許される。
### (2)国民教育権説
　→公権力の介入は条件整備に限られ、教育内容・方法については介入できない。

❖判例

◉**旭川学力テスト事件**（最大判昭51.5.21）

▶**判旨**

「26条の規定の背後には、国民各自が、一個の人間として、また、一市民として、成長、発達し、自己の人格を完成、実現するために必要な学習をする固有の権利を有する」との考え方がある。特に子どもは、その学習要求を充足するための教育を自己に施すことを大人一般に対して要求する権利を有するとの観念が存在している。子どもが自由かつ独立の人格として成長することを妨げるような国家的介入、例えば、誤った知識や一方的な観念を子どもに植えつけるような内容の教育を施すことを強制するようなことは、憲法26条、13条に反する。

❖**判例チェックポイント**

教師に一定の範囲での教育の自由＋国にも教育内容決定権。

**Level up Point!** 23条の学問の自由は、外面的精神活動の自由である研究結果発表の自由と教授の自由の面では、表現の自由・検閲の禁止との関係や、社会権である26条の教育を受ける権利との関係が問題なる。問題点の把握はしやすいが、現実には非常に調整の難しい人権の対立場面である。国・教師・親・子どものそれぞれの権利を認めつつ、憲法的な調整により妥当な解決を図っていく過程だと考えてみよう。

# A30 正解ー2

1―誤　26条2項は、すべて国民は法律の定めるところにより、その保護する子女に普通教育を受けさせる義務を負うとする。子供には教育を受ける権利、すなわち学習権は認められるが、義務教育を受ける義務はない。

2―正　旭川学力テスト事件の判例は、親の教育の自由、教師の教育の自由、国の教育内容を決定する権能、さらには国民個人の学習権をそれぞれ肯定し、子どもには、その学習要求を充足するための教育を自己に施すことを大人一般に対して要求する権利があるとする。

3―誤　判例は、普通教育機関における教師にも一定の教授の自由を認める。しかし、教育の機会均等と全国的な教育水準の確保の要請から、相当の制限を受けるとした（旭川学力テスト事件・最大判昭51.5.21）。

4―誤　大学の有する学問の自由は、その制度的保障である大学の自治も含む。しかし、実社会の政治的社会活動に当たる行為をする場合には、大学の有する特別の学問の自由と自治は享有せず、犯罪捜査のための警察官の構内立入りを拒否できない（東大ポポロ事件・最大判昭38.5.22）。

5―誤　教科書無償措置法により義務教育の教科書は無償とされているが、憲法の「無償」とは授業料不徴収の意味であり、教科書や学用品は含まれないと解するのが判例（最大判昭39.2.26）である。

# 第4章

# 精神的自由②
## （表現の自由）

Level 1　p70〜p83　　Level 2　p84〜p89

## **1** 表現を規制する文面審査

Level 1 ▷ **Q31,Q32**

文面審査（法令自体の合憲性審査）━┳━あいまい不明確な法文＝文面上無効
　　　　　　　　　　　　　　　　┣━過度に広汎な規制＝文面上無効
　　　　　　　　　　　　　　　　┗━検閲＝絶対的禁止、事前抑制＝原則禁止

❖判例　　▶p70　▶p72

◉**徳島市公安条例事件**（最大判昭 50.9.10）
　→法令が明確か否かは一般人を基準として判断する。
◉**税関検査**（最大判昭 59.12.12）
　→税関検査は検閲にはあたらず合憲。
　　※検閲概念（行政権が主体／思想内容等の表現物を対象／全部または一部の発表の
　　　禁止を目的／網羅的一般的に／発表前に）
◉**北方ジャーナル事件**（最大判昭 61.6.11）
　→裁判所による出版物の事前差止めは、例外的に許容される。
　　※主体が裁判所なので、検閲ではなく事前抑制の原則禁止の問題。

## **2** 表現内容に関する規則

Level 1 ▷ **Q33,Q37**　Level 2 ▷ **Q39**

❖判例　　▶p75　▶p83　▶p86

◉**営利広告の自由の制限**（最大判昭 36.2.15）→灸の適応症の広告の全面禁止は合憲。
◉**夕刊和歌山時事事件**（最大判昭 44.6.25）
　→真実性の立証に失敗しても、確実な資料等に照らして誤信に相当の理由があれば、
　　名誉毀損罪は不成立。名誉権と表現の自由の保障の調和。
◉**チャタレイ事件**（最大判昭 32.3.13）→わいせつ性の 3 要件、わいせつ性は絶対概念。
〔関連判例〕
◉**「悪徳の栄え」事件**（最大判昭 44.10.15）→わいせつ性は文書全体との関連で判断。
◉**「四畳半襖の下張」事件**（最判昭 55.11.28）→チャタレイ判決は踏襲したものの、芸
　術性・思想性や文書の内容が性的刺激を減少・緩和させて、刑法が処罰の対象とする
　程度以下にわいせつ性を解消させる場合がありえるということを認めた。

## **3** 表現の時・所・方法の規則

Level 1 ▷ **Q33**

❖判例　　▶p74

◉**大阪市屋外広告物条例事件**（最大判昭 43.12.18）
　→美観風致の維持と公衆に対する危害の防止という立法目的は正当（合憲）。
　　※「立看板は大小・場所を問わず一切禁止とする法令は違憲」との学説もある。

◉**戸別訪問の禁止**（最判昭 56.6.15）

　→合理的関連性基準（緩やかな基準）により、選挙における戸別訪問の一律禁止も合憲。

## 4 集会・結社の自由　　　Level 1 ▷ **Q35**　Level 2 ▷ **Q40**

**❖判例**　▶ p78　▶ p88

◉**新潟県公安条例事件**（最大判昭 29.11.24）

　→集団行動についての一般的許可制は違憲だが、明確な基準を持つ許可制なら合憲。

◉**東京都公安条例事件**（最大判昭 35.7.20）

　→暴徒論を展開し、実質において届出制と異なるところがないと判断した（合憲）。

◉**泉佐野市民会館事件**（最判平 7.3.7）

　→不許可にできるのは、客観的に明らかな差し迫った危険の発生が具体的に予見される場合に限る。

## 5 報道の自由・知る権利　　　Level 1 ▷ **Q34,Q36,Q37**　Level 2 ▷ **Q38**

**❖判例**　▶ p76　▶ p84

◉**博多駅 TV フィルム提出命令事件**（最大決昭 44.11.26）

　→報道の自由は 21 条で保障、取材の自由は十分尊重に値する。
　　比較衡量論（報道機関の不利益＜公正な刑事裁判）により提出命令は合憲。

◉**石井記者事件**（最大判昭 27.8.6）

　→証言義務を犠牲にしてまで取材源の秘匿を認めることはできない。

◉**北海タイムス事件**（最大決昭 33.2.17）

　→法廷での写真撮影には裁判所の許可が必要。

◉**法廷メモ訴訟・レペタ事件**（最大判平 1.3.8）

　→メモを取る自由は 21 条の精神に照らして十分尊重されるべきであり、公正かつ円滑な訴訟の運営を妨げるという特段の事情のない限り、法廷内でメモを取ることは理由なく妨げられてはならない。

◉**西山記者（外務省秘密文書漏洩）事件**（最決昭 53.5.31）

　→人格の尊厳を著しく蹂躙した取材行為は違法（真に報道目的で、手段・方法が相当であれば正当業務行為として違法性が否定される余地はある）。

◉**サンケイ新聞事件**（最判昭 62.4.24）

　→名誉が毀損され不法行為が成立する場合は別論として、具体的な成文法の根拠がない限り、反論文掲載の請求権（狭義のアクセス権）は認められない。

　　※知る権利の法的性格┬自由権的性格：具体的権利
　　　　　　　　　　　　└請求権的性格：情報公開法などの具体化立法が必要

# Q31 検閲の絶対的禁止

問 憲法21条2項の検閲に関する次の記述のうち、判例に照らし、正しいものはどれか。

(地方上級)

1 裁判所が、私人の請求により雑誌の出版前にその内容を審査し、プライバシー侵害のおそれがあるとして発売を差し止めることは、検閲といえる。

2 ある地方公共団体が条例により青少年に有害と考えられる図書を指定し、店頭での販売を禁止することは、検閲とはいえない。

3 行政機関が行う「教科書検定」は、検閲といえるが、教育の公正・中立の確保のため例外的に許容される。

4 民間放送会社が、ある主張についてその内容が適正ではないとして新聞への掲載やテレビへの出演を拒否することは、検閲といえる。

5 ある出版物の表現内容が不適切であるとして事後的に刑罰を科すことは、国民の知る権利に影響を及ぼすから、検閲にあたる。

# PointCheck

◉判例の検閲概念‥‥‥‥‥‥‥‥‥‥‥‥‥‥‥‥‥‥‥‥‥‥‥‥‥‥‥‥‥‥‥‥‥‥‥‥‥‥‥【★★★】

❖判例

◉税関検査と検閲 (最大判昭59.12.12)

▶事案

Xは外国の商社から8ミリ映画フィルム等を注文したが、税関により旧関税定率法21条1項3号にいう「風俗を害すべき書籍」等に該当すると通知された。

▶判旨

検閲とは、行政権が主体となって思想内容等の表現物を対象とし、その全部または一部の発表の禁止を目的として対象とされる一定の表現物につき網羅的一般的に発表前にその内容を審査し、不適当と認めるものの発表を禁止することを指す。税関検査により輸入が禁止される表現物は一般に国外で発表済みであること、輸入が禁止されても税関により没収・廃棄されて発表の機会が全面的に奪われるわけではないこと、検査は関税徴収手続きの一環として行われるものであって、思想内容等の網羅的審査・規制を目的としないこと、税関長の輸入禁止の通知には司法審査の機会が与えられていることなどを総合的に考察すると、関税定率法21条1項3号所定の「公安又は風俗を害すべき書籍、図画」等に関する検査は、憲法21条2項にいう「検閲」にあたらない。

❖判例チェックポイント

①行政権が主体となる。

②思想内容等の表現物を対象とする。

③発表前にその内容を審査する。

④検閲は絶対的禁止とする。

| | 判例の立場 | （対立概念・有力学説） |
|---|---|---|
| 主体 | 行政権が | 公権力が |
| 対象 | 思想内容を | 表現行為を |
| 時期 | 事前に規制 | 事後規制も |
| 例外 | 絶対に禁止 | 例外を認める |

※検閲の主体を、公権力と広く考えると例外を認めざるをえなくなるが、判例の立場のように行政権に限定すれば、検閲は絶対に禁止されることとなる。

●**判例の検閲概念の具体的適用**（いずれも検閲にあたらず合憲）……………………【★★☆】

⑴**税関検査**

思想内容の規制ではない。

⑵**教科書検定**

一般図書として発行できる。

⑶**日本放送協会による政見放送の一部削除**

行政権にはあたらない。

# A31 正解－2

1 —誤　判例は、検閲概念は行政権が主体となるものをいうとするので、裁判所の行う事前差止めは検閲ではない（税関検査事件・最大判昭 59.12.12、北方ジャーナル事件・最大判昭 61.6.11）。

2 —正　判例は、条例に基づき有害図書の指定・販売制限を行った事件に関して、有害図書の指定は憲法 21 条 2 項で禁止された検閲にあたらない（岐阜県青少年保護育成条例事件・最判平 1.9.19）。

3 —誤　判例は、教科書検定が一般図書としての発行を妨げるものではなく、発表禁止目的や発表前の審査等の特質がないので、検閲にはあたらない（家永教科書訴訟・最判平 5.3.16）。

4 —誤　検閲とは、行政権という公権力が行うものをいう(税関検査事件)。したがって、民間放送会社の行為は検閲ではない。

5 —誤　判例によれば検閲とは、思想内容等について発表前に内容を審査し、不適当なものの発表を禁止することをいう（税関検査事件）。したがって、事後的に規制することは検閲ではない。

# Q32 事前差止めの原則的禁止

**問** 表現の自由に関する次の記述のうち、妥当なものはどれか。 （地方上級類題）

1 わいせつな表現のある作品が社会の秩序になんらかの好ましくない影響を及ぼすもので
あっても、その作品を出版し鑑賞させることにより大きな社会的価値がある限りこれを制
限することは許されない。

2 国外ですでに発表済みの出版物を税関検査でわいせつ性を理由に輸入を禁止すること
は、事前に発表そのものを一切禁止するということではないので、憲法に禁止される検閲
にはあたらない。

3 報道の内容が公職選挙の候補者に対する評価・批判等に関するものであれば、たとえそ
の表現内容がその候補者の名誉を毀損する場合であっても、印刷その他出版活動の事前差
止めは一切許されない。

4 道路上での政治活動のための街頭演説を許可制にすることは、表現の自由を制限するこ
とになり許されない。

5 屋外広告条例で規制の対象にできるのは営利を目的とした看板等であり、営利に関係の
ない純粋な思想、政治活動等の掲出物は規制対象にできない。

---

# PointCheck

## ●裁判所による事前差止めの可否……………………………………………………【★★★】

北方ジャーナル事件で問題となった「裁判所による出版物の事前差止め」は、主体が裁判
所なので、判例の立場からは検閲（21条2項）にはあたらない。21条1項から導かれる事
前抑制の原則禁止の問題であるから、例外的に許容される場合があることになる。

### ❖判例

### ●北方ジャーナル事件 （最大判昭61.6.11）

▶事案

雑誌『北方ジャーナル』に掲載予定の記事が、北海道知事選立候補予定者の名誉を
毀損するとして、札幌地裁に対し、同誌の販売・頒布の禁止を求める仮処分申請がな
された。無審尋で行われた仮処分決定を不服として、北方ジャーナル側が提訴した。

▶判旨

仮処分による出版物の頒布等の事前差止めは司法裁判所により、当事者の申請に基
づき私法上の被保全権利の存否、保全の必要性の有無を審理して発せられるものであ
る。したがって、「検閲」にはあたらないが、事前抑制の一形態であるから、厳格か
つ明確な要件のもとにおいてのみ許容される。事前差止めの対象が公務員または公職
選挙の候補者に対する評価・批判等の表現行為である場合は、それが一般的に公共の
利害に関する事項であり、私人の名誉に優先する社会的価値を含む場合であっても、

その表現内容が真実でなくまたはもっぱら公益を図る目的でないことが明白であって、被害者が重大かつ著しく回復困難な損害を被るおそれがあるときに限り、例外的に事前差止めが許される。債権者の提出した資料によって事前差止めの要件が認められるときは別格、差止めの仮処分命令を発するには口頭弁論または債務者の審尋を行うことを原則とする。

### ❖判例チェックポイント

①表現内容が真実でなく、またはもっぱら公益を図る目的ではないことが明白。
②被害者が回復困難な損害を被るおそれがあるとき、裁判所による事前差止めが例外的に許される。

### ●表現の自由に対する規制方法二分論⋯⋯⋯⋯⋯⋯⋯⋯⋯⋯⋯⋯⋯⋯⋯【★☆☆】

表現の自由に対する規制に関しては、「表現内容そのもの対する制約」と、「表現の時・所・方法の制約」に二分類して考えられる。法律による規制等が表現内容そのものに対するものである場合、合憲性判定はより厳格な基準を用い、表現の方法等の規制の場合はより緩やかな基準が妥当するという考え方である。判例は、表現の場所・方法に関し、戸別訪問禁止事件で合理的関連性基準（緩やかな基準）により一律禁止も合憲としている。これに対して、学説はLRAの基準（より制限的でない他の方法がある場合は違憲）により、一律禁止は違憲であると考える説も有力である。

# A32 正解ー2

1―誤　わいせつ性は、作品が持つ社会的価値によってもすべて解消されるわけではない（**Q39**参照）。表現の自由と性道徳との調整として、わいせつな文書等の頒布・販売が制約されることも許される。

2―正　判例の立場である（**Q31**参照）。輸入が禁止される表現物は一般に国外で発表済みであり、発表の機会が全面的に奪われるわけではなく、司法審査の機会があることを総合的に考察し、検閲にあたらないとする。

3―誤　厳格な要件のもとに許容される場合がある（北方ジャーナル事件）。

4―誤　判例は、特定の場所または方法につき合理的かつ明確な基準の下に許可制をとり、公共の安全に対して明らかな侵害が予見されるときには許可しない旨を定めても違憲ではないとする（新潟県公安条例事件、**Q35**参照）。

5―誤　屋外広告物条例は、美観風致を維持し、および公衆に対する危害を防止するための必要な規制をしているのであり、営利と関係のないものであるとしても規制の対象とされている（大阪市屋外広告物条例事件・最大判昭43.12.18）。

# Q33 言論・報道などの表現の意味

**問** 日本国憲法に規定する表現の自由に関する記述として、最高裁判所の判例に照らして、妥当なのはどれか。 (地方上級)

1 新聞記事に取り上げられた者が、当該新聞紙を発行する者に対し、その記事の掲載により名誉毀損の不法行為が成立するかどうかとは無関係に、人格権又は条理を根拠として、その記事に対する自己の反論文を当該新聞紙に無修正かつ無料で掲載することを求めることはできないとした。

2 裁判所による報道機関に対する取材フィルムの提出命令が許容されるか否かの決定では、公正な刑事裁判を実現するに当たっての必要性の有無を考慮すればよく、これによって報道機関の取材の自由が妨げられる程度や報道の自由に及ぼす影響の度合その他諸般の事情との比較衡量をする必要はないとした。

3 都市の美観風致を維持することは、公共の福祉を保持するゆえんであるが、はり紙等の電柱などへの表示を条例で禁止することは、公共の福祉のため、表現の自由に対し許された必要かつ合理的な制限とはいえず、憲法に違反するとした。

4 雑誌その他の出版物の頒布等の仮処分による事前差止めは、憲法の禁止する検閲に当たるため、名誉侵害の被害者は回復困難な損害を被るおそれがある場合に限り、侵害行為の差止めを求めることができるが、その出版物が公務員に対する評価、批判等に関するものである場合には一切許されないとした。

5 戸別訪問の禁止によって失われる意見表明の自由という利益は、選挙の自由と公正の確保という戸別訪問の禁止によって得られる利益に比してはるかに大きいということができるので、戸別訪問を一律に禁止している公職選挙法の規定は、合理的で必要やむを得ない限度を超えるものであり、違憲であるとした。

## PointCheck

◉ **21条で保障される「言論・出版その他一切の表現」** ......................................【★★★】

①商業広告などの「営利的言論」も21条の「言論、出版」として保障される(判例・通説)。しかし、誇大広告など内容についての規制の必要性が高く、非営利表現と比較して保護の必要性も少ないと考えられている。

②「性表現・名誉毀損的表現」について、現在は21条の保障の下において、その限界・基準を明確にしていくべきであると考えられている。

③デモ行進については、「その他一切の表現の自由」に含まれるとするのが判例・通説である。しかし、デモを「動く集会」ととらえて「集会」に含まれるとする学説もある。

**❖判例**

◉ **軽犯罪法違反事件**(最大判昭45.6.17)

▶事案

Xらは政治的内容のビラ84枚を、電柱の所有者である電力会社の承諾を得ずに貼

り付けたところ、軽犯罪法1条33号に定める「みだりに他人の家屋その他の工作物にはり札をした」として起訴された。

▶**判旨**

他人の財産権・管理権を不当に侵害することは、たとえ思想を外部に発表するための手段であっても許されない。したがって、この程度の規則は表現の自由に対する必要かつ合理的な制限として許される。

◉**営利広告の自由の制限**（最大判昭36.2.15）

▶**事案**

灸の効能を説くビラを配布した行為が、いわゆるあん摩師等法7条の禁止する広告にあたるとして起訴された。

▶**判旨**

あん摩師等法7条は、同条1項所定の事項を除きすべて広告を禁止し、列挙事項についても広告が施術者の技能等に及んではならない旨を規定している。これは、広告が患者を呼び込むため虚偽誇大に流れ、一般大衆が適切な医療を受ける機会を失うおそれがある、という弊害を未然に防止するためのもので、国民の保健衛生上やむをえない措置として是認されている。したがって、憲法21条に違反しない。

# A33 正解ー1

1—正　反論権（アクセス権）は、具体的な成文法なしに認めることはできないとするのが判例の立場である（サンケイ新聞事件・最判昭62.4.24、**Q36**参照）。

2—誤　博多駅TVフィルム提出命令事件最高裁決定（最大決昭44.11.26）は、報道機関の報道の自由は憲法21条の保障の下にあり、報道のための取材の自由も憲法上尊重に値するとしたうえで、それらの自由も、公正な刑事裁判の実現のためにある程度制限されてもやむをえないとする。そして、取材フィルム提出の可否は、①犯罪の性質・態様・軽重、②証拠としての価値、③取材および報道の自由が受ける影響など、諸般の事情を比較衡量して決定されるとした。

3—誤　大阪市屋外広告物条例事件（最大判昭43.12.18）の判例は、美観風致の維持と公衆に対する危害の防止という立法目的は正当であり、はり紙等の表示という表現に対する制限は必要かつ合理的なものとして合憲とした。

4—誤　北方ジャーナル事件（最大判昭61.6.11）の判例は、司法裁判所による事前差止めは検閲にあたらず、事前抑制の一形態として厳格かつ明確な要件の下においてのみ許容されるとした。さらに、事前差止めの対象が公務員に対する評価・批判等の表現行為である場合は、表現内容が真実でなく、またはもっぱら公益を図る目的ではないことが明白であり、被害者が回復困難な損害を被るおそれがあるとき、例外的に事前差止めが許されるとした。

5—誤　戸別訪問の禁止は、1つの意見表明手段の禁止としての制約であり、禁止により得られる利益は失われる利益よりも大きいことから、公職選挙法の戸別訪問一律禁止も合憲とした（最判昭56.6.15）。

# Q34 報道の自由

問 報道の自由に関する次の記述のうち、判例に照らし、正しいものはどれか。 （地方上級）

1 報道機関の取材フィルムについて裁判所の提出命令があった場合、報道機関は常にこれを否定することはできない。
2 報道の自由は民主制の基礎をなす重要な権利であるから、たとえその報道によってプライバシーの侵害が引き起こされる場合であっても、常に表現の自由が優先する。
3 裁判所が公判廷における写真撮影を禁止することは、報道機関の報道の自由とその前提をなす取材の自由を侵害するものであり違憲である。
4 法律で、公務員がその職務上知ることができた秘密を漏らしてはならないと定め、それに違反した場合に罰則を科すことは、報道の自由を侵害するもので許されない。
5 名誉毀損的報道に対する救済法としては、裁判所による事前差止めも認められうるが、この場合、検閲禁止の趣旨との関係で厳格な要件を必要とする。

# PointCheck

## ◉ 21条で保障される取材・編集・報道の自由…………………………………【★★★】

### ⑴知る権利（判例・通説）

表現の自由を十分に保障するためには、前提として必要な情報を自由に得られなければならない（知る権利）。ただし、情報公開法などの立法化がなければ、具体的な請求権は成立しない（抽象的権利）。

### ⑵事実の報道の自由（判例・通説）、取材の自由（通説）

事実の報道については否定する見解はみられない。取材の自由について、判例は「21条の趣旨に照らし十分尊重に値する」としている。人権として明言していないことに注意。

### ⑶編集の自由（通説）

知る権利を肯定する趣旨からは、取材・編集・報道の一体的保障が認められる必要がある。判例の立場は明確ではないが、現状では反論権を否定し新聞社の編集を尊重する姿勢である。

### ◆判例

### ◉博多駅TVフィルム提出命令事件（最大決昭44.11.26）

#### ▶事案

原子力空母エンタープライズ佐世保寄港阻止闘争に参加した学生らが博多駅に下車した際、機動隊員と衝突、学生らは公務執行妨害罪で起訴された（博多駅事件）。機動隊側に過剰警備があったとして付審判請求がなされ、福岡地裁はNHK福岡放送局等テレビ4社に対し、博多駅事件を撮影したフィルムの提出を命じた。

#### ▶判旨

報道の自由とは、国民が国政に関与するために重要な判断の資料を提供し国民の「知

る権利」に奉仕するもので、憲法 21 条の保障に含まれる。また、取材の自由も本条の趣旨に照らし十分尊重に値するが、取材活動により得られたものが刑事裁判上証拠として必要とされる場合には、取材の自由が将来妨げられるおそれがあっても、公正な裁判の実現のため裁判所へ提出することを受忍しなければならない場合がある。しかし提出の可否は、犯罪の性質・態様・軽重、取材内容の証拠としての価値、提出により取材および報道の自由が受ける影響の度合いなど、諸般の事情を比較衡量して決定されるのであって、提出がやむをえないと認められる場合であっても、報道機関が受ける不利益は必要な限度を超えてはならない。

◉**北海タイムス事件**（最大決昭 33.2.17）

▶**事案**

　北海タイムス報道部写真班員が、公判開始前の撮影しか認められないと告知されていたにもかかわらず、開廷後裁判長の制止を振り切って被告人の写真を 1 枚撮影したところ、法廷等の秩序維持に関する法律に違反するとして起訴された。

▶**判旨**

　新聞が真実を報道することは表現の自由に属し、またそのための取材活動も認められる。しかし、公判廷の取材活動が審判の秩序を乱し、訴訟関係人の利益を不当に害することは許されない。したがって、刑訴規則 215 条が公判廷における写真撮影等を裁判所の許可を必要とするのは憲法に違反しない。

# A34 正解ー5

1—誤　判例は、報道の自由・報道のための取材の自由も公正な刑事裁判の実現のために「ある程度制限されてもやむをえない」とする。また、その制約が認められるかは、「諸般の事情の比較衡量」により決せられる（博多駅 TV フィルム提出命令事件・最大決昭 44.11.26）。

2—誤　表現の自由は民主制社会にとって重要な権利であるとともに、プライバシー権も個人の人格的自律にとって重要な権利であるので、どちらかが常に優先するというものではない（「宴のあと」事件・東京地判昭 39.9.28 も同様の趣旨を述べている）。

3—誤　判例は、たとえ取材の自由であっても、その活動が公判廷における審判の秩序を乱し被告人その他の訴訟関係人の正当な利益を不当に害することは許されない（北海タイムス事件・最大決昭 33.2.17）。

4—誤　国家公務員法は公務員の秘密漏示行為を処罰する規定を置くが、判例は、この規定が合憲であることを前提に報道機関の取材行為を規制することもありうるとしている（外務省秘密漏洩事件・最決昭 53.5.31、**Q38** 参照）。

5—正　判例では、表現行為に対する事前抑制は、表現の自由を保障し検閲を禁止する憲法 21 条 2 項の趣旨に照らし、厳格かつ明確な要件の下においてのみ許容される（北方ジャーナル事件・最大判昭 61.6.11、**Q32** 参照）。

第1章
第2章
第3章
第4章
第5章
第6章
第7章
第8章
第9章
第10章

# Q35 集会・結社の自由

集会・結社の自由に関する次の記述のうち、正しいものはどれか。 （国家一般）

1 憲法の保障する集会の自由における集会とは、結社と異なり、共同の目的を持つ必要はない。

2 集会・結社の自由とは政治的集会・結社の自由を意味し、非政治的なものは含まない。

3 集会の自由は精神的自由権に属し財産権に優越するから、土地の所有権等の権限を有する者は、集会のためにその土地の借用を申し入れられた場合は、その土地を提供しなければならない。

4 結社の自由には、個人が団体の結成・不結成、団体への加入・不加入等につき、公権力による干渉を受けないことだけでなく、団体自身の成立・存続につき、公権力による干渉を受けないことも含まれる。

5 集団行進は場所が移動するものであって、集会とはいえないから、集団行進の自由は憲法の保障するところではない。

# PointCheck

●集会の自由の意義‥‥‥‥‥‥‥‥‥‥‥‥‥‥‥‥‥‥‥‥‥‥‥‥‥‥‥‥‥‥‥‥‥‥‥‥‥【★★★】

「集会」とは、特定または不特定の多数人が共同の目的のため、一定の場所において事実上集まる一時的な集合体を意味する。

学説では、デモ行進等の集団行動の自由は「集会の自由」に含まれるとする見解や、「その他一切の表現の自由」に含まれるとする見解などがあるが、憲法 21 条 1 項で保障されることに変わりはない。集会や集団行動は一定の場所を必要とするので、その場所を利用する他者の利益との調整を受ける。

実際には、いわゆる「公安条例」が事前に公安委員会の許可を要するとしている場合が多い。立法目的は正当だとしても、許可制は届出制に比べて制約の程度が強い手段なので、公安条例の合憲性が問題とされる。

◆判例

●新潟県公安条例事件 （最大判昭 29.11.24）

▶事案

公安委員会の許可制を定める新潟県公安条例の合憲性が争われた。

▶判旨

公安条例が集団行進等につき単なる届出制を定めることは格別、一般的な許可制を定めて事前に抑制することは憲法 21 条に反する。ただ、公共の秩序を保持し、公共の福祉の著しい侵害を防止するため、特定の場所または方法につき合理的かつ明確な基準の下に許可制をとり、公共の安全に対して明らかな侵害が予見されるときには許可しない旨を定めても違憲ではない。新潟県公安条例は許可制をとり、「公安を害す

るおそれ」という一般的抽象的基準を掲げているが、条例の趣旨全体を総合して考察すれば本条に反しない。

◉**東京都公安条例事件**（最大判昭35.7.20）

▶**事案**

　事前の許可制を規定する東京都公安条例の合憲性が争われた。

▶**判旨**

　集団行動による思想の表現は、時と場合によっては一瞬にして暴徒と化し、警察力によっても阻止できなくなる危険があるので、公安条例が必要最小限度の事前の規制をすることはやむをえない。東京都公安条例は文面上許可制をとるが、「公共の安寧を保持するうえに直接危険を及ぼすと明らかに認められる場合」のほかは許可しなければならないとして、不許可の場合を厳格に制限しており、実質においては届出制と同じである。許否の決定が保留されたままの場合の救済手続が定められていない、あるいは濫用のおそれがありうるからといってただちに違憲とはいえない。

◉**結社の自由**‥‥‥‥‥‥‥‥‥‥‥‥‥‥‥‥‥‥‥‥‥‥‥‥‥‥‥‥‥‥‥【★★☆】

　「結社」とは、共同目的のための特定人の継続的集合体である。「集会」とは一時的な集合体であるということで区別されるが、共同目的を有する集合体であることは共通している。ただ、結社の自由が保障されることの最大の意義は、議会制民主主義における不可欠な要素（判例）である政党が、憲法上認められる根拠になることである。

　結社の自由には、団体を結成・加入する自由（積極的結社の自由）だけでなく、不結成・不加入・脱退の自由（消極的結社の自由）も含まれる。ただし、弁護士会・税理士会などのような、特定職種の加入が義務付けられている団体であっても、消極的結社の自由に反しないと解されている。

# A35　正解ー4

1ー誤　集会の自由における集会・結社も、共同の目的を持つ点では共通する。

2ー誤　集会・結社の自由は、政治的集会・結社の自由だけでなく、非政治的なものも含む。

3ー誤　集会の自由は確かに精神的自由権に属するため、優越的地位にあるといわれる。しかし、その意味も、他人の財産権を害してまで当然に保障されるということではない。

4ー正　本肢のように、結社の自由には個人の自由の側面とともに、団体自体の自由も含まれる。

5ー誤　集団行進の自由も「動く集会」、あるいは「その他一切の表現」として、憲法21条の保障を受ける。

第1章
第2章
第3章
第4章
第5章
第6章
第7章
第8章
第9章
第10章

# Q36 反論権・アクセス権

**問** 表現の自由に関するア～オの記述のうち、判例に照らし、妥当なもののみをすべて挙げているのはどれか。 (国税専門官)

**ア** ある者が新聞に掲載された意見広告により名誉を毀損されたとして、無料、無修正で反論文の掲載を新聞社に請求することは名誉回復権として認められるため、意見広告が不法行為とまではいえないものであっても、新聞社は同じスペースに無料、無修正で反論文を掲載しなければならない。

**イ** 公正な裁判の実現というような憲法上の要請がある場合には、取材の自由はある程度の制約を受けるが、報道機関の取材結果に対して差押えをする場合には、犯罪の性質・内容、軽重等及び差し押さえるべき取材結果の証拠としての価値、ひいては適正迅速な捜査を遂行するための必要性と、報道機関の報道の自由が妨げられる程度及び将来の取材の自由が受ける影響その他諸般の事情を比較衡量すべきである。

**ウ** 税関検査により輸入が禁止される表現物は、一般に、国外において発表済みのものであり、その輸入を禁止することによって事前に発表そのものを一切禁止するというものではなく、また、税関検査は思想内容等それ自体を網羅的に審査し規制することを目的とするものではないため、税関検査は憲法第21条第2項で禁止されている検閲には当たらない。

**エ** 電話の傍受は、通信の秘密を侵害し、個人のプライバシーを侵害する強制処分であるため、たとえ重大な犯罪事件について、被疑者が罪を犯したと疑うに足りる十分な理由があり、その電話により被疑事実に関連する通話の行われる蓋然性があるとしても、捜査の手段として許されるものではない。

**オ** ある者が刑事事件について被疑者とされ、さらには被告人として公訴を提起されて有罪判決を受け、服役したという事実は、その者の名誉あるいは信用に直接かかわる事項であるから、その者は、みだりに当該前科等にかかわる事実を公表されないことについて、法的保護に値する利益を有する。

1　ア、ウ　　　2　エ、オ　　　3　ア、イ、エ
4　イ、ウ、オ　　5　ウ、エ、オ

# PointCheck

**◉狭義のアクセス権（反論文掲載請求権）の具体的権利性**……………………………**【★★★】**
　反論権（アクセス権）とは、新聞記事などに取り上げられた者が、その掲載内容が名誉毀損やプライバシー侵害の不法行為になるかどうかを問わず、記事を掲載した新聞社等に自分の立場から書いた反論の文章を無料で掲載するように請求する権利をいう。情報の受け手の立場にあった者が、情報の送り手の立場の情報にアクセスして、国民の知る権利を充足させるという趣旨から主張された権利である。反論権に対して判例（サンケイ新聞事件）がとった立場は、次のようなものである。

問題でPointを理解する
Level 1 **Q36**

第1章
第2章
第3章
第4章
第5章
第6章
第7章
第8章
第9章
第10章

❖判例

### ●サンケイ新聞事件（最判昭62.4.24）

▶事案

　サンケイ新聞が自由民主党の意見広告を掲載したところ、それが共産党の名誉を毀損したとして、共産党側が反論文の無料掲載を求めて争った。

▶判旨

　新聞の記事に取り上げられた者が、名誉毀損の不法行為が成立するかどうかとは無関係に、新聞を発行・販売する者に対し、反論文を無修正かつ無料で掲載することを求めることができるとする反論権の制度は、公的事項に関する批判的記事の掲載を躊躇させるなど、民主主義社会において極めて重要な意義をもつ新聞等の表現の自由に重大な影響を及ぼす。したがって、名誉が毀損され不法行為が成立する場合は別論として、具体的な成文法の根拠がない限り認めることはできない。私人間において当事者の一方が強い影響力を持つ日刊全国紙である場合でも、憲法21条から直接に反論文掲載請求権が生ずるものではない。本件自民党の意見広告は、政党間の批判・論評の域を逸脱していない。

　反論権の制度をたやすく認めてしまうと、逆に、新聞社などが反論権の行使をおそれて批判的記事の掲載を躊躇することになり、民主主義社会においてきわめて重要な意義を持つ新聞などの表現の自由に重大な影響を及ぼすことになる。したがって、新聞記事が特定の者の名誉やプライバシーに重大な影響を及ぼすことになった場合でも、具体的な成文法がないのにたやすく反論文の掲載請求権を認めることはできない。

## A36 正解ー4

**アー誤** 反論権（アクセス権）について、判例は、新聞に掲載された意見広告が不法行為となる場合は別として、具体的な成文法がないのにこれを認めることはできない、としている（サンケイ新聞事件・最判昭62.4.24）。

**イー正** TBS事件（最決平2.7.9）の判例に合致する。この事件は、警察が報道機関の取材したテープを犯罪捜査のために差し押さえたという点で、裁判所が提出命令を出した博多駅事件とは異なる。しかし、利益衡量の手法を用いた点は共通しており、この事件では、取材の自由の受ける影響と迅速・適正な捜査の必要性とが比較衡量されている。

**ウー正** 税関検査事件（最大判昭59.12.12）の判例に合致する。

**エー誤** 判例は電話の傍受について、①重大な犯罪、②被疑者が罪を犯したと疑うに足りる十分な理由、③その電話により被疑事実に関する通話が行われる蓋然性、④他の方法では重要な証拠を得ることが著しく困難、という要件の下に肯定した（最判平11.12.16）。本肢は③の趣旨に反する。

**オー正** 判例は本肢のように述べて、前科等にかかわる事実を公表されない法的利益が優越する場合には、その公表によって被った精神的苦痛の賠償を求めることができるとした（ノンフィクション「逆転」事件・最判平6.2.8）。

# Q37 表現の自由の重要判例

**問** 表現行為に対する事前抑制と検閲に関するア～オの記述のうち、判例に照らし、妥当なもののみを全て挙げているのはどれか。 （国家一般）

**ア** 憲法第21条第2項前段は、「検閲は、これをしてはならない。」と規定する。憲法が、表現の自由につき、広くこれを保障する旨の一般的規定を同条第1項に置きながら、別に検閲の禁止についてこのような特別の規定を設けたのは、検閲がその性質上表現の自由に対する最も厳しい制約となるものであることに鑑み、これについては公共の福祉を理由とする例外の許容をも認めない趣旨を明らかにしたものと解すべきである。

**イ** 我が国内において処罰の対象となるわいせつ文書等に関する行為は、その頒布、販売及び販売の目的をもってする所持等であって、単なる所持自体は処罰の対象とされていないから、単なる所持を目的とする輸入は、これを規制の対象から除外すべきである。そのため、単なる所持の目的かどうかを区別して、わいせつ文書等の流入を阻止している限りにおいて、税関検査によるわいせつ表現物の輸入規制は、憲法第21条第1項の規定に反するものではないということができる。

**ウ** 出版物の頒布等の事前差止めは、表現行為に対する事前抑制に該当するが、その対象が公務員又は公職選挙の候補者に対する評価、批判等の表現行為に関するものである場合であっても、その表現内容が私人の名誉権を侵害するおそれがあるときは、原則として許される。

**エ** 条例により、著しく性的感情を刺激し又は著しく残忍性を助長するため青少年の健全な育成を阻害するおそれがある図書を有害図書として指定し、自動販売機への収納を禁止することは、青少年に対する関係において、憲法第21条第1項に違反しないことはもとより、成人に対する関係においても、有害図書の流通を幾分制約することにはなるものの、青少年の健全な育成を阻害する有害環境を浄化するための規制に伴う必要やむを得ない制約であり、同項に違反しない。

**オ** 教科書検定は、教育の中立・公正、一定水準の確保等の要請に照らして、不適切と認められる図書の教科書としての発行、使用等を禁止するものであり、同検定による表現の自由の制限は、思想の自由市場への登場を禁止する事前抑制そのものに当たるものというべきであって、厳格かつ明確な要件の下においてのみ許容され得る。

**1** ア、イ **2** ア、エ **3** イ、オ **4** ウ、エ **5** ウ、オ

# PointCheck

**◉青少年保護育成条例**・・・・・・・・・・・・・・・・・・・・・・・・・・・・・・・・・・・・・・・・・・・・・・・・・・・・・・・・・・・・・・・・・・・・・・【★★☆】

**❖判例**

**◉岐阜県青少年保護育成条例事件**（最判平1.9.19）
　**▶事案**

岐阜県は、図書内容が著しく性的感情を刺激し、または著しく残忍性を助長するため、青少年の健全な育成を阻害するおそれがあると認めるときは、有害図書として指定し、販売・配付・貸し付け・自動販売機の収納を禁じた。

▶判旨

　禁止は青少年に対する関係において、憲法 21 条 1 項に違反しないことはもとより、成人に対する関係においても、有害図書の流通を制約することにはなるものの、青少年の健全な育成を阻害する有害環境を浄化するための規制に伴う必要やむをえない制約であるから、憲法 21 条 1 項に違反するものではない。

◉**真実の証明と名誉保護**……………………………………………………………………【★★☆】

❖判例

◉**夕刊和歌山時事事件**（最大判昭 44.6.25）

▶事案

　「吸血鬼 S の罪業」と題する夕刊和歌山に掲載された記事が名誉毀損にあたるとして起訴されたが、被告人は真実と確信したから記事にしたので無罪だと主張した。

▶判旨

　刑法 230 条の 2 は、人格権としての個人の名誉保護と憲法 21 条による言論の保障との調和を図ったものである。両者の調和と均衡を考慮するなら、たとえ同条 1 項の真実証明がない場合でも、行為者が当該事実を真実と誤信し確実な資料・根拠に照らして誤信に相当の理由があるときは、犯罪の故意がなく名誉毀損罪は成立しない。

# A37 　正解−2

**ア―正** 判例の立場では、検閲を「行政権による思想内容の発表前の審査」と限定的に捉えるため、人権相互の矛盾の調整原理である「公共の福祉」による例外をも認めない絶対的に禁止と考える（最大判昭 59.12.12）。

**イ―誤** 猥褻表現物の流入、伝播により健全な性的風俗が害されることを実効的に防止するには、「単なる所持目的かどうかを区別することなく」、その流入を一般的に、いわば水際で阻止することもやむを得ず、判例は 21 条に反しないとした。また、13 条・31 条にも反しないとする判例もある（最大判平 7.4.13）。

**ウ―誤** 例外的に事前差止めが許される場合がある（北方ジャーナル事件・最大判昭 61.6.11、**Q32** 参照）。

**エ―正** 岐阜県青少年保護育成条例事件の最高裁の判断である（最判平 1.9.19）。

**オ―誤** 教科書検定は、一般図書としての発行を妨げず、発表禁止目的や発表前の審査などの特質もないので、「検閲」にはあたらず、また、思想の自由市場への登場自体を禁ずるものではないから、「事前抑制」にもあたらない（家永教科書訴訟・最判平 5.3.16）。

# Q38 報道の自由・取材の自由

問 取材活動の自由に関する次の記述のうち、判例に照らして妥当なのはどれか。

（国家一般類題）

1 刑事事件の証言において、記者は、証人として出頭した時、記事の出所をいわないことができる。

2 裁判の傍聴の際のメモを禁止するか否かは、裁判長の警察権の行使の問題であるから、一律にメモを禁止することは、日本国憲法の表現の自由に反しない。

3 新聞の取材活動は、日本国憲法により表現の自由として認められているが、違法な取材活動まで含まれるものではない。

4 適正迅速な捜査を遂行するため、検察官の請求により、裁判官は報道機関の取材ビデオテープの差押え、押収を許可することができる。

5 国家秘密の漏示をそそのかせる行為は、取材活動の自由としては保護されていない。

# PointCheck

## ◉取材源の秘匿 ························································································【★★★】

報道機関が匿名の情報源を確保することは、国民の知る権利を実現させるためには必要なことである。また、警察や裁判所に情報提供者の名が知れると、報道する立場として将来の取材活動に支障を来すことになる。石井記者事件では、記者の取材源の秘匿、すなわち裁判での証言拒否が認められるかどうかが問題となった。

### ❖判例

#### ◉石井記者事件 （最大判昭 27.8.6）

▶事案

収賄事件に関する逮捕状の内容が新聞にリークされ、同新聞記者が証人として召喚されたが、記者は証人としての宣誓と証言を拒否。21 条が新聞記者の取材源に関する証言拒絶権を保障するのかが問題となった。

▶判旨

憲法 21 条は新聞記者に特権の保障を与えたものではなく、公の福祉に反しない限り言いたいことは言わせなければならないという趣旨である。いまだ言いたいことの内容も定まらず、これからその内容を作り出すための取材に関し、その取材源について、公の福祉のため最も重大な司法権の公正な発動につき必要不可欠な証言義務を犠牲にして、証言拒絶の権利までも保障したものではない。

※取材源に関する証言拒絶権なし。

## ◉国家秘密と知る権利 ·············································································【★★☆】

報道機関は国民の知る権利に奉仕するため、国家が保有する秘密に対しても取材を試みることがある。国家公務員には守秘義務があるので、情報のリークを求める行為が犯罪を成立

させる可能性があることにもなるが、そうだとすると報道機関の役割は十分に果たせないことになる。記者が情報漏洩をそそのかす行為が21条との関係で問題となったのが、西山記者事件である。

❖判例

◉**西山記者（外務省秘密文書漏洩）事件**（最決昭53.5.31）

▶**事案**

衆議院予算委員会において社会党代議士が沖縄協定には密約があるとして政府を追及。警視庁は、外務省事務官と同事務官に情交を通じて秘密漏洩をそそのかした新聞記者を、国家公務員法100条および111条に反するとして逮捕した。

▶**判旨**

報道の自由は表現の自由の中でも特に重要であり、取材の自由は正しい報道のために十分尊重に値するので、報道機関が取材目的で公務員に秘密示をそそのかしてもただちに違法ではない。しかし、取材の手段・方法が贈賄等の刑罰法令に触れる、取材対象者の人格的尊厳を著しく蹂躙する、あるいは、法秩序全体の精神に照らして社会観念上是認できない態様のものである場合には、正当な取材活動の範囲を逸脱しており違法である。

※ただし、民事事件において、記者の取材源にかかわる証言の拒絶を認めた判例がある（最決平18.10.3）。

❖**判例チェックポイント**

①公務員に秘密漏示をそそのかしてもただちに違法ではない。
②社会観念上是認できない態様の手法の場合は違法。

Level up
Point!

取材活動の自由に関しての出題で、出題意図は理解しやすく、文章も短いので取り組みやすい。しかし、かなり正解率は低い。理由は、判例の理解が不十分なこともあるが、判例自体が、報道・取材の自由と保護すべき利益との間で揺れているので、結論自体もあやふやに覚えてしまうことにある。原則は、「取材の自由」は人権ではないが尊重されるので、「法廷内のメモ」も尊重され、「国家秘密漏洩のそそのかし」もただちに違法とはならない。ただし、司法権や法秩序とのバランスから、「裁判所の提出命令」や「法廷内の撮影」などの制限は受けるのである。

# A**38** 正解ー4

1―誤 取材源の秘匿は権利として保障されない（石井記者事件）。

2―誤 法廷でメモをとる行為が権利として保障されているわけではないが（レペタ訴訟・最大判平1.3.8）、メモの一律禁止は許されないと考えるべきである。

3―誤 前段が誤り。報道の自由は21条で保障されるが、取材の自由は十分尊重に値するといわれるだけであり、憲法には保障されていない。

4―正 日本テレビ・ビデオフィルム押収事件（最決平1.1.30）。

5―誤 正当な取材活動として、違法性が阻却される余地はある（西山記者事件）。

# Q39 表現の自由とわいせつ的表現

**問** わいせつ文書と表現の自由との関係に関する次の記述のうち、判例に照らし、妥当なものはどれか。 （地方上級）

1 文書のわいせつ性は、問題となる部分のみを取り出して判断すべきであって、文書全体において判断すべきではない。

2 文書がもつ芸術性・思想性が文書の内容である性的刺激を減少・緩和させて、刑法が処罰の対象とする程度以下にわいせつ性を解消させる場合がありうる。

3 文書をわいせつであるとして規制することは、規制対象をいわゆるハード・コア・ポルノに限定すれば合憲である。

4 わいせつ的表現行為は、表現の自由の保障の枠外であり、公共の福祉による表現の自由の制約を論ずる必要はない。

5 文書をわいせつであるとして規制することは、規制するケースを青少年に対する場合および見たくない大人に無理に見せる場合に限定すれば、合憲となる。

## PointCheck

### ●表現内容に関する規制と 21 条 （わいせつ的表現） ……………………………【★★☆】

わいせつな文書等を頒布・販売することは犯罪とされているが （刑法 175 条）、表現の自由を不当に制約するものではないか、表現の自由と性道徳の調整が問題となる。判例はチャタレイ事件で、刑法 175 条の 「わいせつ」 について、①いたずらに性欲を興奮・刺激させ、②普通人の正常な性的羞恥心を害し、③善良な性的道義観念に反する、としてその定義を明らかにした。また、芸術性とわいせつ性とは別の次元のことであり、芸術性があるからといってわいせつ性がなくなることはないとし、相対的わいせつ概念を否定した。

#### ❖判例

### ●チャタレイ事件 （最大判昭 32.3.13）

#### ▶判旨

刑法 175 条にいうわいせつ文書とは、それを読むことにより普通人の正常な羞恥心を害し、性欲の興奮または刺激をきたすものである。わいせつ文書の定義は、その内容が国民の善良な性的道義観念に反することであり、ある著作がわいせつ文書にあたるかどうかは、裁判官が社会通念に従って判断すべき法解釈の問題である。わいせつ性は、芸術性とは異次元の概念であり作品のもつ芸術性によって解消されない。表現の自由も公共の福祉によって制限されるが、性的秩序を守り最小限度の性道徳を維持することは公共の福祉の内容をなす。

#### ❖判例チェックポイント

①正常な羞恥心を害する・性欲の興奮をきたす・善良な性道徳に反する。
②芸術性があっても、わいせつ性がなくなるわけではない。

問題でPointを理解する

Level 2 **Q39**

第1章

第2章

第3章

第4章

第5章

第6章

第7章

第8章

第9章

第10章

❖判例

◉**「悪徳の栄え」事件**（最大判昭44.10.15）

　判例では、文書に芸術性があってもその文書をわいせつなものであるとすることはなんら差し支えない、としつつも、「文書がもつ芸術性・思想性が、文書の内容である性的描写による性的刺激を減少・緩和させて、刑法が処罰の対象とする程度以下に、わいせつ性を解消することはありうる」とした（＝相対的わいせつ概念を肯定）。

◉**「四畳半襖の下張」事件**（最判昭55.11.28）

　判例は、「悪徳の栄え」事件が述べた全体的考察方法の内容を明らかにした。①性に関する露骨で詳細な描写の程度・手法、②それが文書全体に占める比重、③その描写と文書で表現されている思想との関連性、④文書の構成・展開、⑤その描写が芸術性・思想性などによってどの程度緩和されているか、⑥以上の観点から全体としてみたときに、それが主として、読者の好色的興味に訴えたものといえるかどうか、などに着目してその時代における健全な社会通念に照らして判断すべしとした。

---

**Level up Point!**

　昭和32年判例では「芸術性によっても解消されない」としたが、昭和55年判例では「描写・全体の比重・思想・構成」に加え、「芸術性でどの程度緩和されたか」を考察し、全体としてわいせつ性を判断するとし、実質的に判例が変更されている。同じ表現でも、法が維持すべき社会の性道徳が変わってきているという、社会背景の理解も重要である。

---

# A39 正解－2

1―誤　文書のわいせつ性は、問題となる部分のみを取り出して判断すべきではなく、文書全体において判断するべきである（相対的わいせつ概念）とするのが判例である（「悪徳の栄え」事件・最大判昭44.10.15）。

2―正　上記の「悪徳の栄え」事件の判例は、芸術性・思想性が文書の内容である性的刺激を減少・緩和させて、わいせつ性を刑法が処罰の対象とする程度以下に解消させる場合がありうるとした。

3―誤　判例は、いわゆるハード・コア・ポルノとはいえない修正済みポルノ写真の場合でも、その修正が不十分な場合には規制対象となりうるとしている（最判昭58.3.8）。

4―誤　わいせつ的な表現行為が処罰の対象となるのは、公共の福祉による制約としてとらえられている。

5―誤　わいせつ文書の規制目的の正当性を、青少年の保護育成やそれを見たくない者の保護に求める立場では本肢のようになりうる。しかし、判例は規制の目的を「性道徳の維持」にあるととらえるので、本肢のような結論にはならない。

# Q40 集会・結社の自由

**問** 日本国憲法に規定する集会の自由または結社の自由に関する記述として、通説に照らして妥当なものはどれか。 （地方上級）

1 集会の自由における集会とは、不特定の多数人が共同の目的を持たずに一定の場所に集まる一時的な集合体をいう。

2 集会の自由を保障するとは、集会を主催し、指導しまたは集会に参加する行為について、公権力が制限を加えることが禁止されることであり、これらの行為を公権力によって強制されないことを意味するものではない。

3 結社の自由における結社とは、必ずしも場所を前提とせず、共同の目的のためにする特定の多数人の継続的な精神的結合体である。

4 結社の自由の保障は、立憲民主主義の維持にとって不可欠であることから、結社の自由の保障の対象は、政治的結社に限られる。

5 結社の自由には、団体形成の自由、団体加入の自由、または団体活動の自由が含まれるが、団体を形成しない自由、団体に加入しない、または加入した団体から脱退する自由は含まれない。

## PointCheck

●集会・結社の自由の意義・内容……………………………………………………………【★★☆】

　集会の特徴は、組織化されたものかどうかにかかわらず、一定の場所に集合することにある。また比較的一時的なものとされるが、共同目的を持つ点で偶然多数人が集まった群集とは区別される。これに対して結社は、多数人の精神的な継続的結合であり、強い組織性を有する。

　集会・結社は、個人の思想・意見を交換し合い共通の意思を形成することに、人間が本来有する自己実現の価値を認めることができ、同時に民主主義社会における個人の意思表現伝達の重要な手段として、自己統治の価値を持つものと考えられる。

　この集会結社の自由の具体的内容としては、①個人が集合・結合する行為自体を公権力が制限してはならない、②集会・結社による意思形成や集団行動は不当に制限されない、という自由権保障に加え、近代民主政治に不可欠の、③政治的政党の結成・活動の自由をも含むとされている。また、集会は一定の公共の場所を使用することを前提としているので、国家からの自由にとどまらず、積極的に公共施設の利用を求める権利としての性質も含めて考えるべきだとの主張もある。

| 集会 | 結社 |
|---|---|
| 共同の目的（何でも可） | 共同の目的（何でも可） |
| 一定の場所 | 場所不要 |
| 一時的に | 継続的に |

❖判例

●**皇居前広場使用禁止事件**（最大判昭 28.12.23）

　▶事案

　　メーデー式典のための皇居前広場の使用申請に対する不許可処分の違憲違法を争った。

　▶判旨

　　管理権の適正な行使を誤り、また、管理権に名を借りて実質上表現の自由または団体行動権を制限することを目的とする場合には、違憲の問題が生じることがあるが、本件の不許可処分は憲法 21 条および 28 条違反とはいえない。

**Level up Point!**　同じ 21 条 1 項でも、集会・結社の自由の出題になると取りこぼしが多い。反戦デモや、ストライキなどの労働運動が盛んだった昭和 50 年代までは、公安条例関連の判例も多く問題意識も高かった。精神的自由権の応用問題として、集会での公共利害との調整や、議会制民主主義における政治結社の機能の面にも、対応できるように準備しておきたい。

# A40　正解－3

1－誤　集会とは、特定または不特定の多数人が政治・経済・学問・芸術・宗教・社会などの問題に関して、共同の目的を持って、一定の場所に一時的に集まることをいう。本肢は「共同の目的」を不要としている点で妥当ではない。

2－誤　集会の自由の内容としては、集会を主催・指導し、あるいは集会に参加することの自由のほかに、これらの行為をしない自由（消極的集会の自由）を含むので、公権力がこれらを強制することは許されない。本肢は、この消極的集会の自由の面を認めていない点で妥当ではない。

3－正　結社とは、特定の多数人が政治・経済・学問・芸術・宗教・社会などの問題に関して、共同の目的を持って継続的に結合することをいう。しかし、精神的結合体であって、場所を必要としない点が集会との違いである。

4－誤　結社の自由における共同の目的は、政治・学問・経済・芸術・宗教・社会などの問題に関するものが含まれ、政治的なものに限られない。

5－誤　結社の自由の内容としては、個人の自由の面として、個人が団体を形成する自由としない自由、形成された団体に加入する自由と加入しない自由、加入した団体にとどまる自由と脱退する自由がある。本肢は消極的自由の面（～しない自由）を否定している点で妥当ではない。なお、このほかに団体自体が意思を形成し、その意思実現のための活動をするにあたって公権力の干渉を受けないという自由も含まれる。

# 第 5 章

# 経済的自由

Level 1　p92〜p105　Level 2　p106〜p111

## ■1 経済的自由の規制・規制目的二分論　　Level 1 ▷ **Q42〜Q44**

| 規制目的 | 制約の根拠 | 審査基準 |
|---|---|---|
| 消極目的（危険回避・保安） | 内在的制約 | 厳格な合理性の基準 |
| 積極目的（社会政策的・保護） | 政策的制約 | 明白性の原則 |

**❖判例**　▶p93　▶p96　▶p98

- ●**薬事法違憲判決**（最大判昭 50.4.30）
  →薬事法の距離制限は消極目的規制、許可制は違憲。
- ●**小売市場距離制限事件**（最大判昭 47.11.22）
  →小売市場の距離制限は積極目的規制、明白性の原則により合憲。
- ●**公衆浴場距離制限事件**（最判平 1.1.20）
  →公衆浴場の距離制限は積極目的規制、明白性の原則により合憲。
- ●**森林法違憲判決**（最大判昭 62.4.22）
  →規制目的二分論によらずに持分分割を規制した森林法を違憲とした。

## ■2 職業選択、居住・移転、海外移住、国籍離脱の自由

### ⑴職業選択・営業の自由　　Level 1 ▷ **Q02,Q41〜Q44**　Level 2 ▷ **Q50**

```
            ┌─職業選択の自由
職業の自由─┤
   ↓       └─営業の自由（選択した職業を遂行する自由）▶p92
22 条 1 項で保障
```

### ⑵居住・移転の自由（22 条 1 項）

居住・移転の自由は、経済的自由＋人身の自由＋精神的自由（人格権）の側面
→経済的自由に分類されるからといって常に緩やかな審査が妥当なわけではなく、複合的
　人権としてケースバイケースの具体的な検討が必要。

### ⑶海外渡航の自由

① 22 条 1 項説（居住・移転の自由に含まれる）
② 22 条 2 項説（外国への移住に類似…最大判昭 33.9.10・通説）
③ 13 条説（幸福追求権が根拠）
※ 22 条 1 項に「公共の福祉」の文言があるからといって、簡単に制約が根拠付けられる
　わけではないので、条文根拠は結論を左右するものではない。

### ⑷国籍離脱の自由

無国籍になる自由はない。
※国籍法 11 条 1 項…外国の国籍を取得したときは、日本の国籍を失う。

# 3 財産権保障の意味

Level 1 ▷ **Q45,Q46**　Level 2 ▷ **Q49**

```
　　　　　　　┌─個人の具体的な財産上の権利
29条1項─┤
　　　　　　　└─私有財産制の保障（制度的保障）▶p100
```

　29条1項は、①個人の具体的な財産権の保障と、②私有財産制の保障との2つの意味を持つ。財産権とは、一切の財産的価値を有する権利をいうが、①の具体的な権利の保障も絶対不可侵のものではなく、29条2項・3項による制約を受ける。②の私有財産制の保障は、いわゆる制度的保障であることから、資本主義体制から社会主義体制への移行には憲法改正が必要と考えられている。

# 4 財産権の規制

Level 1 ▷ **Q46,Q47**　Level 2 ▷ **Q49**

⑴**制約の根拠** ▶p102
　内在的制約・政策的制約（29条2項）
⑵**条例による規制の可否→●奈良県ため池条例事件**（最大判昭38.6.26）▶p108
　民主的手続で制定される条例による規制も可能。

# 5 損失補償

Level 1 ▷ **Q47**　Level 2 ▷ **Q48,Q49**

⑴**補償の要否** ▶p100 ▶p106
　①「公共のために用いる」（29条3項）の意味
　　公共事業（学校、道路、公園、病院、ダム等）
　　　　　　　　　　　＋
　　特定の個人が受益者でも、収用目的が公益（自作農創設のための農地買収＝農地改革）
　②特別犠牲説
　　形式的基準（対象が一般人、あるいは特定人）───┐
　　実質的基準（侵害行為が受忍限度内、あるいは強度）┘─特定人で強度の場合に補償が必要。
⑵**直接請求の可否→●河川付近地制限令違反事件**（最大判昭43.11.27）▶p109
　法令上補償規定を欠く場合でも、憲法29条3項を直接の根拠として、補償請求することができる。
⑶**正当な補償の意味** ▶p105 ▶p107
　①相当補償説→**●農地改革事件**（最大判昭28.12.23）…最高裁判例の基本的立場。
　②完全補償説→**●土地収用法のケース**（最判昭48.10.18）

# Q41 職業選択の自由と営業の自由

**問** 職業選択の自由に関する次の記述のうち、判例に照らし妥当なものはどれか。

(地方上級類題)

**1** 薬局開設の許可条件として地域的な適正配置基準を設ける薬局の適正配置規制は、主として国民の生命および健康に対する危険の防止という消極的、警察的目的のための規制措置であり、規制内容も当該目的に照らして合理的な範囲内にあると認められるので合憲である。

**2** 職業選択の自由には、職業活動の開始・継続・廃止に関する狭義の職業選択の自由と、選択した職業活動の内容・態様に関する職業活動の自由が含まれるが、前者の規制である開業の許可制は、職業選択の自由に対するより強力な制限となるので、その合憲性の審査はより厳格に行われることが必要である。

**3** 職業選択の自由に対する規制のうち、国民の生命および健康に対する危害の防止というような警察的目的のための消極規制については、その目的の当否は論ずるまでもないので、当該法的規制措置が著しく不合理であることの明白である場合に限って違憲となる。

**4** 職業選択の自由に対する規制のうち、経済政策・社会政策の実現を図るための積極規制は、当該目的のために必要かつ合理的な措置であって、他のより制限的でない規制手段では立法目的を達成しえない場合に限って合憲と認められる。

**5** 営業の自由は、営業の独占を排除して自由な市場活動を確保し、国民経済の円滑な運営を維持するという公益のために認められるものであり、これを制限することが人の人格的価値や精神生活を侵害することにはならないので、個人の有する基本的人権である職業選択の自由には含まれない。

---

# PointCheck

**◉職業選択の自由と営業の自由**……………………………………………………………**【★★★】**

職業選択の自由は、22条1項で保障されている。営業の自由については、公序として認める見解や財産権（29条）に根拠を求める考え方もあるが、職業を選択したうえで遂行する自由まで保障しないと無意味であることから、やはり22条1項で保障される（通説）。

第1章

第2章

第3章

第4章

第5章

第6章

第7章

第8章

第9章

第10章

❖判例

◉**薬事法違憲判決**（最大判昭 50.4.30）

　▶**事案**

　　薬局開設の許可申請を行った者（原告）が、県知事の行った不許可処分に対して、薬局開設の距離制限を定める薬事法 6 条 2 項および県条例が憲法 22 条に違反すると主張、不許可処分の取消を求めた。

　▶**判旨**

　　職業はその性質上社会的相互関連性が大きいので、精神的自由に比較して公権力による規制の要請が強い。職業の種類、性質、内容、社会的意義および影響が多種多様であるため、その規制を要求する社会的理由ないし目的も国民経済の円満な発展や社会公共の便宜の促進、経済的弱者の保護等の社会政策および経済政策上の積極的なものから、社会生活における安全の保障や秩序の維持等の消極的なものに至るまで千差万別で、その重要性も多岐にわたる。

　　一般に許可制は、単なる職業活動の内容および態様に対する規制を超えて、狭義における職業選択の自由そのものに制約を課するもので、職業の自由に対する強力な制限なので、その合憲性を肯定するためには、原則として重要な公共の利益のために必要かつ合理的な措置であることを要し、また、それが社会政策ないしは経済政策上の積極的な目的のための措置ではなく、自由な職業活動が社会公共に対してもたらす弊害を防止するための消極的、警察的措置である場合は、許可制に比べて職業の自由に対するより緩やかな制限である職業活動の内容および態様に対する規制によってはその目的を十分に達成することができないと認められることを要する。

　　薬局の適正配置規制は、主として国民の生命および健康に対する危険の防止という消極的、警察的目的のための規制措置であり、薬局等の経営の保護というような社会政策的、または経済政策的目的は右の適正配置規制の意図するところではない。被上告人の指摘する薬局等の偏在→競争激化→一部薬局等の経営の不安定→不良医薬品乱用の助長の弊害という事由は、いずれもいまだそれによって薬局開設制限の必要性と合理性を肯定するに足りず、薬事法 6 条 2 項・4 項（これらを準用する同法 26 条 2 項）は憲法 22 条 1 項に違反し無効である。

# **A41** 正解―2

1―誤　薬事法違憲判決の判旨に反する。

2―正　薬事法判決は、より緩やかな職業活動の内容・態様の規制で、同じ目的が達成できるなら許可制は違憲となりうる。

3―誤　消極規制の審査基準は明白性の原則ではない。

4―誤　積極規制の審査基準は厳格な合理性の基準ではない。肢 3 と肢 4 は説明内容が逆になっている。

5―誤　営業の自由は、選択した職業を遂行する自由として 22 条 1 項で保障される。

# Q42 経済的自由権の制約根拠

**問** 職業選択の自由に関する次の記述のうち、判例に照らし、正しいものはどれか。

(地方上級)

1 職業選択の自由も公共の福祉による制限を受けるが、その制限の性質や範囲は精神的自由権におけるそれと同じである。

2 薬局の設置場所が適正を欠いた場合、その偏在によって競争の激化を招き、不良医薬品の供給が生ずるおそれがあるので、薬局について距離制限を設けても職業選択の自由に反しない。

3 公衆浴場の適正配置規制は、公衆浴場業者が経営の困難から転廃業することを防止し、健全で安定した経営を確保し、国民の保健福祉を維持するためのものであり、職業選択の自由に反しない。

4 小売市場の適正配置規制は、既存業者に独占的利益をもたらすものであって、不合理であることが明白であるから、職業選択の自由に反する。

5 事業の健全化は事業者の経営判断に委ねられるものであるから、自動車運送事業の経営については届出制をとることは格別、これを免許制とすることは職業選択の自由に違反する。

# PointCheck

## ●経済的自由権における「公共の福祉」の制約…………………………………………【★★☆】

憲法が12条、13条という総則的規定のほかに、22条、29条で「公共の福祉」という言葉を再言しているのは、経済的自由がその社会的相互関連性の大きさゆえに、内在的制約に服するのは当然として、福祉国家の理念から政策的制約にも服するからだと説明される。

内在的制約というのは、他人を害するような人権の行使は制限されるということである。このようなことは、人権の保障がすべての人の自由と平等(個人の尊厳)を前提としている以上当然のことである。この前提を崩してしまうような人権の行使を認めると、人権が自己矛盾をきたしてしまう。内在的制約は、人権と人権の矛盾・衝突を調整する原理といってもよい。内心の自由を除いて、すべての人権は内在的制約に服する。

| 「公共の福祉」 | 12条、13条 | 22条、29条 |
|---|---|---|
| 精神的自由権 | 内在的制約 | |
| 経済的自由権 | 内在的制約 | 政策的制約 |

## ●内在的制約と政策的制約…………………………………………………………………【★★★】

経済的自由の規制には、内在的制約による場合と政策的制約による場合があることになり、

問題でPoint を理解する
Level 1 **Q42**

第1章
第2章
第3章
第4章
第5章
第6章
第7章
第8章
第9章
第10章

それに応じて合憲性判定基準の使い分けが行われる（消極規制、積極規制の二分論）。すなわち、消極目的からの規制の場合には「厳格な合理性の基準」、積極目的からの規制の場合には「明白性の原則」が用いられる。これは、害悪の防止が立法目的の場合（消極規制）、必要最小限の規制しか許されないとする反面、政策的な制約（積極規制）の場合に裁判所は立法府の判断を尊重すべきだからである。

　精神的自由権を規制する法律を審査する場合に、経済的自由権を規制する立法の場合よりも厳しい基準を用いるべきであるとされるのは、表現の自由の優越的地位に基づく（二重の基準論）。規制目的二分論は、経済的自由内部の二重の基準である。

| 精神的自由：厳　　←①→　　緩：経済的自由 | |
| --- | --- |
| | 消極　　　　　　　　積極 |
| | 目的：厳←②→緩：目的 |

　①精神的自由はデリケート＝精神的自由の優越性
　②立法府の政策的判断は尊重すべき（民主主義）

# A42 　正解—3

1—誤　判例では、職業はその性質上社会的相互関連が大きいので、精神的自由権に比べ、公権力による規制の要請が強いとした（薬事法違憲判決・最大判昭50.4.30）。

2—誤　薬事法違憲判決は、薬局等の偏在→競争激化→一部薬局等の経営の不安定→不良医薬品の供給の危険などの事由は、確実な根拠に乏しいとして、薬事法による薬局の距離制限を憲法22条1項に違反するとした。

3—正　判例は公衆浴場の適正配置規制について、本肢のように述べて合憲とした（公衆浴場距離制限事件・最判平1.1.20、**Q44**参照）。

4—誤　判例は、小売市場の適正配置規制について合憲とする。しかしその理由として、距離制限は小売業者に独占的利益を付与するためのものではなく、小売業者の保護のためであり、著しく不合理であることが明白であるとはいえないとした（小売市場距離制限事件・最大判昭47.11.22、**Q43**参照）。

5—誤　自動車運送事業の免許制を定める法律において、判例では、公共の福祉の確保のために必要な制限として憲法22条1項に違反しないとした（白タク営業事件・最大判昭38.12.4）。

# Q43 規制目的二分論

**問** 職業選択の自由に関するア〜オの記述のうち、判例に照らし、妥当なもののみをすべて挙げているのはどれか。 (国家一般)

**ア** 憲法第22条第1項は、狭義における職業選択の自由のみならず、職業活動の自由の保障をも包含しているものと解すべきであるが、職業の自由は、いわゆる精神的自由に比較して、公権力による規制の要請が強く、憲法第22条第1項が「公共の福祉に反しない限り」という留保のもとに職業選択の自由を認めたのも、特にこの点を強調する趣旨に出たものと考えられる。

**イ** 職業の許可制による規制は、職業の自由に対する強力な制限であるから、その合憲性を肯定するためには、原則として、重要な公共の利益のために必要かつ合理的な措置であることを要し、租税の適正かつ確実な賦課徴収を図るという国家の財政目的のために、特定の職業について職業の許可制をとることは憲法第22条第1項に反し、許されない。

**ウ** 小売商業調整特別措置法による小売市場の許可規制は、国が社会経済の調和的発展を企図するという観点から中小企業保護政策の一方策としてとった措置ということができ、その目的において一応の合理性を認めることができないわけではなく、また、その規制の手段・態様においても、それが著しく不合理であることが明白であるとは認められず、憲法第22条第1項に反しない。

**エ** 薬局の設置場所が配置の適正を欠き、その偏在ないし濫立を来すに至るがごときは、不良医薬品の供給の危険をもたらす蓋然性が高いものといえ、そのような危険を防止する措置として、薬局の配置の適正を欠くと認められる場合には薬局開設の許可を与えないことができるとする薬局の適正配置規制を設けることは、国民の保健に対する危険を防止するために必要性がないとは認められないから、憲法第22条第1項に反しない。

**オ** 公衆浴場法による公衆浴場の適正配置規制は、日常生活において欠くことのできない公共的施設である公衆浴場の経営の健全と安全を確保し、もって国民の保健福祉を維持しようとする消極的目的に出たものであるが、近年、いわゆる自家風呂の普及により、公衆浴場の新設がほとんどなくなったことにかんがみると、当該規制は必要かつ合理的な規制の範囲を超えるに至ったものと認められるので、憲法第22条第1項に反する。

**1** ア、ウ  **2** ア、エ  **3** イ、エ  **4** イ、オ  **5** ウ、オ

# PointCheck

**●経済的自由の制約（規制目的二分論）**‥‥‥‥‥‥‥‥‥‥‥‥‥‥‥‥‥‥‥‥‥‥【★★★】

　職業選択の自由（22条）で「公共の福祉に反しない限り」とし、また財産権（29条）で「公共の福祉に適合するように」と規定するのは、これら経済的自由について、特に政策的・積極目的からの制約も許される趣旨だと考えられる。

　警察目的の消極的規制とは、国民の生命・健康に対する危害の防止であり、どの人権にも認められる内在的制約である。したがって、原則として厳格な合理性の基準により、合憲性

の判定がされなければならない。

政策目的の積極的規制とは、福祉国家理念に基づく経済政策・社会政策の実現のための規制である。合憲性判定については、立法府の判断を尊重して明白性の原則が妥当である。

◉**規制目的二分論についての判例の態度**……………………………………【★★☆】

**⑴薬事法事件**（最大判昭 50.4.30）：違憲

薬事法の規制（不良医薬品の供給から国民の健康と生活を守る＝消極目的）

**⑵小売市場距離制限事件**（最大判昭 47.11.22）：合憲

小売市場の規制（乱立・過当競争による共倒れ防止＝積極目的）

**⑶公衆浴場距離制限事件**

①最大判昭30.1.26：合憲（公共の福祉論）

②最判平 1.1.20：合憲（積極目的）

③最判平 1.3.7：合憲（積極・消極両目的）

❖**判例**

◉**小売市場距離制限事件**（最大判昭 47.11.22）

▶**判旨**

憲法は積極的な社会経済政策の実施を予定しているので、経済活動の自由は精神的自由等とは異なり、一定の積極的な規制措置に服する。その規制措置の必要性および手段等の妥当性に関する判断は立法府の裁量に委ねるほかはないので、裁判所は、立法府が裁量を逸脱し、当該措置が著しく不合理であることが明白な場合に限ってこれを違憲無効とすることができる。小売商業調整特別措置法 3 条 1 項所定の小売市場の許可規制は、中小企業保護の観点からとられた措置であり、目的において一応の合理性が認められる。また、規制の手段・態様が著しく不合理であるとの明白な場合とは認められないので、憲法 22 条 1 項に違反しない。

# A43 正解─1

**ア─正** 判例も経済的自由に対する積極目的からの制約を認める。

**イ─誤** 国家財政目的のための職業の許可制も、立法府の裁量の範囲内にあり合理的なものであれば、22 条 1 項に反するものではない（最判平 4.12.15）。

**ウ─正** 中小企業保護の政策であり合理性が認められる（最大判昭 47.11.22）。

**エ─誤** 薬局の適正配置規制は、国民の保健上の危険防止の目的のための手段として、その必要性と合理性を肯定できないとされた（最大判昭 50.4.30）。

**オ─誤** 公衆浴場距離制限に関する最近の判例は、規制目的二分論の立場を明確にしない面もあり、積極・消極目的のいずれかは判断が分かれる。しかし、消極目的のみを理由とするものはなく、また、結論として距離制限を合憲としている。

第1章
第2章
第3章
第4章
第5章
第6章
第7章
第8章
第9章
第10章

# Q44 経済的自由権の重要判例

**問** 職業選択の自由についての最高裁判所の判例に関する次の記述のうち、妥当なものはどれか。 (地方上級)

1 小売市場許可制事件では、小売商業調整特別措置法に定める小売市場の開設許可制は、小売商に対し流通市場における特別の利益を付与するものであり、その規制の目的・規制の手段および態様において合理性が認められず違憲であるとした。

2 薬局距離制限事件では、薬事法に定める薬局の配置規制は、薬局の偏在を避け、競争激化による不良医薬品の供給を防止し、もって国民の生命および健康に対する危険を防止するという目的のために必要かつ合理的な規制であり、合憲であるとした。

3 平成元年の公衆浴場距離制限事件では、公衆浴場法に定める公衆浴場の配置規制は、公衆浴場の経営の安定を目的とするものであるが、規制の必要性および合理性を有しているとは認められないから違憲であるとした。

4 司法書士法違反事件では、司法書士法が登記に関する手続きの代理等の業務を司法書士以外の者が行うことを禁止していることは、公共の福祉に合致した合理的な規制であり、合憲であるとした。

5 酒類販売免許制事件では、酒税法が酒類販売業を免許制としていることは、酒税の適正かつ確実な賦課徴収を図るという国家の財政目的のために、必要かつ合理的な規制であるとはいえず、違憲であるとした。

---

# PointCheck

## ◉二重の基準と規制目的二分論の関係‥‥‥‥‥‥‥‥‥‥‥‥‥‥‥‥‥‥‥‥‥‥【★★☆】

精神的自由権の制約は、人権衝突の調整原理である内在的制約のみが許される。表現の自由に代表される精神的自由権は、憲法が想定する人権の中で優越的地位を有しており、経済的自由権の規制よりも厳しい基準で合憲性判定がなされる（二重の基準）。

これに対して経済的自由権の制約は、内在的制約と政策的制約の2つがある。消極規制（内在的制約）については、積極規制（政策的制約）よりも厳しい基準により合憲性判定がなされる（規制目的二分論）。このように規制目的二分論は、経済的自由内部の二重の基準と考えられるのである。

**❖判例**

## ◉公衆浴場距離制限事件（最大判昭30.1.26）

▶**事案**

公衆浴場法2条1項違反の罪に問われたXが、同法が定める公衆浴場の適正配置規制の合憲性を争った。

▶**判旨**

公衆浴場は多数の国民の日常生活にとって必要不可欠の厚生施設であり、その偏在

第1章

第2章

第3章

第4章

第5章

第6章

第7章

第8章

第9章

第10章

は利用に不便をきたし、その濫立は無用の競争を生み経営を悪化させ、ひいては衛生設備の低下等の影響を及ぼすおそれがある。国民保健・環境衛生の観点から、その適正配置を経営の許可条件の一つとして挙げることは、憲法 22 条に違反しない。

● **公衆浴場距離制限事件** （最判平 1.1.20）

　▶ **判旨**

　　積極的・社会経済政策的な規制目的に出る立法は、その手段が立法府の裁量を逸脱し、著しく不合理であるとの明白な場合に限り違憲とされる。公衆浴場法に定められた公衆浴場の適正配置規制と距離制限は、公衆浴場業者が経営の困難から転廃業することの防止や、健全で安定した経営を確保し国民の保健福祉を維持するためのもので、手段として十分の必要性と合理性を有しており違憲ではない。

# A**44** 正解ー4

1—誤　小売市場許可制事件で判例は、小売商業調整特別措置法に定める小売市場の開設許可制の目的は、社会経済の調和的発展の観点から中小企業を保護することにある（積極的・政策的目的）ととらえ、明白性の原則を用いて合憲であるとした（最大判昭 47.11.22）。

2—誤　薬局距離制限事件で判例は、薬事法に定める薬局の配置規制の目的は、薬局の偏在を避け、競争激化による不良医薬品の供給を防止し、国民の生命および健康に対する危険を防止するという消極的・警察的目的であるととらえ、厳格な合理性の基準を用いて違憲判決を下した（最大判昭 50.4.30）。

3—誤　公衆浴場距離制限事件で判例は、公衆浴場法に定める公衆浴場の配置規制は公衆浴場の経営の安定を目的とするもの（積極的・政策的目的）ととらえ、明白性の原則を用いて合憲とした（最判平 1.1.20）。

4—正　判例は、行政書士が代理人として行った登記申請行為に関して、司法書士法が司法書士以外の者が登記手続代理業務等を行うことを禁止しているのは、登記制度が国民の権利義務等社会生活上の利益に重大な影響を及ぼすものであることに基づくものであり、これに違反した者を処罰するのは憲法 22 条 1 項に違反しないとした（最判平 12.2.8、**Q50** 参照）。

5—誤　判例では、酒税法が酒類販売業を免許制としているのは、酒税の適正かつ確実な賦課徴収を図るという国家の財政目的のためであるととらえ、明白性の原則に類似した基準を用いて合憲とした（最判平 4.12.15）。

# Q45 29条の構造と財産権の保障

**問** 憲法第29条に関するア〜オの記述のうち、妥当なもののみを全て挙げているのはどれか。ただし、争いのあるものは判例の見解による。 (国家一般)

**ア** 憲法第29条第1項は「財産権は、これを侵してはならない」と規定するが、これは、個人の現に有する具体的な財産上の権利の保障を意味し、個人が財産権を享有し得る法制度の保障までも意味するものではない。

**イ** 憲法第29条第2項は「財産権の内容は、公共の福祉に適合するやうに、法律でこれを定める」と規定するが、この「公共の福祉」は、各人の権利の公平な保障を狙いとする自由国家的公共の福祉を意味し、各人の人間的な生存の確保を目指す社会国家的公共の福祉までも意味するものではない。

**ウ** 特定の個人に対し、財産上特別の犠牲が課せられた場合と、生命、身体に対し特別の犠牲が課せられた場合とで、後者の方を不利に扱うことが許されるとする合理的理由はないから、痘そうの予防接種によって重篤な後遺障害が発生した場合には、国家賠償請求によらずに、憲法第29条第3項を直接適用して、国に対して補償請求をすることができる。

**エ** 憲法第29条第3項は「私有財産は、正当な補償の下に、これを公共のために用ひることができる」と規定するが、この「公共のため」とは、ダムや道路などの建設のような公共事業のためであることを意味し、収用全体の目的が広く社会公共の利益のためであっても、特定の個人が受益者となる場合は該当しない。

**オ** 補償請求は、関係法規の具体的規定に基づいて行うが、法令上補償規定を欠く場合であっても、直接憲法第29条第3項を根拠にして、補償請求をすることができる。

1 ア　　2 オ　　3 イ、ウ　　4 ウ、エ　　5 エ、オ

## PointCheck

● **29条財産権保障の意味**……………………………………………………………【★★★】

　29条1項は「財産権の不可侵」を規定するが、これは、①個人の具体的財産権（自由権としての財産権の保障）と、②私有財産制度の保障（制度的保障）という2つの意味を持つ（通説）。29条2項は、内在的制約ないし政策的制約の見地から財産権の制限を認める。条例による規制も可能である。制限の程度が受忍限度を超えれば、3項の補償の問題が生じる。

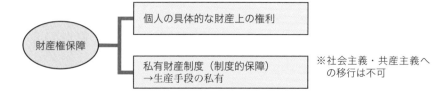

※社会主義・共産主義への移行は不可

問題でPointを理解する
Level 1 Q45

第1章
第2章
第3章
第4章
第5章
第6章
第7章
第8章
第9章
第10章

● 29条2項と3項の関係 ……………………………………………………【★★☆】

2項の「公共の福祉による」制限であっても、3項の補償が必要になるか。

| | 2項「公共の福祉」 | 2項と3項の関係 | 2項の制限 |
|---|---|---|---|
| 旧説 | 権利の剥奪にわたるものは許されない。一般的な制約のみ | 2項は補償なしで制限可能 3項は補償して「公共のために用いる」場合 | 補償不要 |
| 通説 | 2項の制約は、権利の剥奪にわたる規制もなしうる | 2項の制約の可否と、3項の補償の要否は別の問題 | 補償必要な場合もある |

29条3項は、財産権剥奪の場合に正当な補償を要するとするが、剥奪に至らなくても強度の制限であれば補償が必要な場合もある。結局、補償の要否は、形式的基準と実質的基準の双方を勘案して判定されることになる。補償額について判例は、相当補償説を基本とする。また、損失補償規定を欠く法律もただちに違憲ではなく、29条3項を直接の根拠とする補償請求をすることができる。

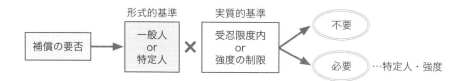

# A45 正解ー2

**ア—誤** 29条1項は、個人の財産権の保障と、私有財産制度も含む（森林法違憲判決・最大判昭62.4.22、**Q47**参照）。

**イ—誤** 29条2項の「公共の福祉」は、内在的制約のみならず政策的制約からの財産制限を認めることを意味する。社会国家的公共の福祉も含まれる。

**ウ—誤** 予防接種による副反応で死亡・高度障害が生じた場合、本肢のように29条3項を類推適用して救済する下級審判例もある。しかし、生命・身体への侵害は、財産権を公共のために用いるものとはいいづらい。最高裁は、予防接種の禁忌該当者への措置について過失を推定し（過失認定の緩和）、国家賠償請求によって救済を認めている。いわゆる「救済の谷間」の問題として覚えておこう。

**エ—誤** 自作農創設のため農地を買収する場合のように、特定個人が受益者でも、収用目的が社会公共の利益のためであれば「公共のために用いる」といえる。

**オ—正** 29条3項を直接の根拠とする補償請求ができる（河川付近地制限令違反事件・最大判昭43.11.27、**Q49**参照）。

# Q46 財産権の規制

> 問 日本国憲法に規定する財産権の保障に関する記述として、妥当なのはどれか。

（地方上級類題）

**1** 財産権は、立法府が社会全体の利益を図るために加える規定により制約を受けることはあっても、それ自体に内在する制約はない。

**2** 財産権の保障は、財産を保護することであり、財産権の保障には経済活動の自由や営業の自由の保障を含まない。

**3** 日本国憲法が保障する私有財産制度は、公共の福祉のためであれば、これを否定することが許される。

**4** 所有権の保障は、わが国における資本主義の発達を反映して、日本国憲法で初めて規定された。

**5** 財産権の保障は、自然法的な財産権不可侵の思想のみに基づいて解釈されるべきではないので、所有権に対する規制は許される。

## PointCheck

**●財産権の規制**‥‥‥‥‥‥‥‥‥‥‥‥‥‥‥‥‥‥‥‥‥‥‥‥‥‥‥‥‥‥‥‥‥‥【★★★】

29条2項は「公共の福祉」という文言を用いて、財産権の不可侵にも一定の制約があることを示している。具体的には内在的制約のみならず、政策的制約にも服するということである。なお、制限の程度が強度で受忍限度を超える場合は、3項の補償の問題が生じる。

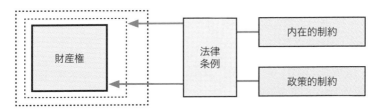

森林法違憲判決（**Q47** 参照）は、いわゆる「規制目的二分論」をとらず、森林法による共有分割請求権の制限の目的自体が不合理なものであるとした（森林が共有であることと森林の共同経営は無関係であり、共有森林の分割請求権を認めないことと森林経営の安定という立法目的の間には合理的関連性がない）。

なお、29条2項は「法律で」と定めるので、条例により財産権の制限ができるかという問題を生じるが、判例は肯定している（奈良県ため池条例事件、**Q49** 参照）。通説も条例の民主的性格を理由に判例に賛成している。

●**経済的自由権と社会権の関係**………………………………………………【★☆☆】

　財産権の保障は明治憲法にも規定されている。市民階級が中心となって近代自由国家を作り上げたことで、どんな形にせよ国家の根本規範としての憲法に私有財産制が保障されたのである。ただその内容については、時代の移り変わりにより大きく変化した。絶対不可侵の所有権も、社会福祉国家を目指したワイマール憲法では、「財産権は義務を伴う。その行使は同時に公共の福祉に役立つを要する」と規定される。

❖**財産権の歴史の流れ**

| 経済的自由権＝不可侵の人権　　→→→　　法的拘束の必要性 |
| 社会権（生存権など）の拡大 |

| 19世紀自由国家 | | 20世紀福祉国家 |
| 神聖不可侵の権利 | ⟶ | 財産権は義務を伴う |
| 「フランス人権宣言」 | | 「ワイマール憲法」 |

●**日本国憲法の制度的保障**…………………………………………………【★☆☆】

　制度的保障とは、法律によっても制度の中核を侵害できないとして、制度として保障することで間接的に人権を保障しようとする理論である。日本国憲法では、大学の自治（23条）、政教分離（20条1項後段・3項、89条前段）、私有財産制（29条1項）、地方自治（第8章）が制度的保障であると解されている。

　しかし、これは「法律の留保」を認める法制度下で意味のある考え方であり、日本国憲法では制度的保障であることに大きな意義があるわけではなく、制度的保障理論を不要と考える学説もある。

# **A46** 正解─5

1─誤　政策的制約のみならず、内在的制約にも服する。

2─誤　経済活動の自由はそのままでは22条の問題だが、財産権が保障されてはじめて経済活動も可能となるので、経済活動の自由や営業の自由も広く財産権の保障に含めて考えることができる。

3─誤　私有財産制の中核は立法によっても侵害できず（制度的保障）、公共の福祉を理由としても制約できない。

4─誤　所有権は、自然権的権利として近代憲法の成立当初から保障されていた。わが国でも、明治憲法の頃より規定があった（明治憲法27条）。

5─正　29条2項は「公共の福祉」による財産権の規制を想定している。

第1章
第2章
第3章
第4章
第5章
第6章
第7章
第8章
第9章
第10章

# Q47 財産権と補償の要否

**問** 財産権の補償に関する次の記述のうち、誤っているものはどれか。争いのあるときは、判例による。 (裁判所職員)

**1** 共有森林についてその持分価額2分の1以下の共有者に対して、分割請求権を否定している森林法の規定は、森林の細分化を防止して森林経営の安定を図る等の立法目的からみて、明らかに不合理にして不必要な規制であるとまではいえないから、憲法29条2項に違反しない。

**2** 公共の安全を確保するために、危険な物の所有を禁止するというような警察的目的から財産を制限する場合には、補償を与える必要はない。

**3** 憲法は「正当な補償」と規定しているだけであって、補償の時期については明言していないから、補償が財産の供与と交換的に履行されることまで憲法上保障されているものではない。

**4** 財産権の規制に対して与えられる「正当な補償」とは、その当時の経済状態において成立することが考えられる価格に基づき、合理的に算出された額をいう。

**5** 私有財産の収用が正当な補償の下になされた場合において、その後収用目的が消滅したとしても当然にこれを被収用者に返還しなければならないものではない。

## PointCheck

**◉財産権の規制に対する合憲性判断**……………………………………………【★★★】

**❖判例**

**◉森林法違憲判決**（最大判昭62.4.22）

**▶事案**

　父から山林の持分2分の1ずつ生前贈与を受けた兄弟のうち、弟が兄を相手どって山林の分割請求を求めたが、共有林の分割請求に制限を加えている森林法（持分2分の1以下の共有者による分割請求を認めない）の合憲性が争われた。

**▶判旨**

　財産権に対する規制の合憲性は、規制の目的・必要性・内容、制限される財産権の種類・性質、および制限の程度等を比較衡量して決すべきで、裁判所は、規制目的が明らかに公共の福祉に合致しない、あるいは、規制手段が右目的達成の手段として明らかに合理性ないし必要性に欠ける場合に限りその効力を否定できる。共有森林につき持分価格2分の1以下の共有者に民法256条1項所定の分割請求権を認めない森林法186条は、森林の細分化を防止し森林経営の安定を図るという立法目的の合理性は認められる。しかし、それを達成するための手段は、明らかに森林法の立法目的との間に合理的関連性はなく、また必要な限度を超えるものであるので、憲法29条2項に違反し無効である。

●**土地収用法における補償の価格**（最判昭 48.10.18）

　▶**判旨**

　　建築基準法 44 条 2 項に定める建築制限を受けている土地を収用する場合、補償すべき相当な価格とは、土地収用法における「損失の補償が完全な補償を要する」との趣旨からすると、被収用地が建築制限を受けていないと仮定する場合の裁決時において有するであろう価格をいう。

※森林法判決は、規制目的二分論によらず違憲判断をした点で、また土地収用法判決は、完全補償を明確にした特別な判例として、重要度の高い判例である。

# A47 　正解ー1

1—誤　判例は、森林法の規制目的に関しては本肢のようにとらえつつ、当該規制が立法目的達成のための手段として合理性があるどうかについては厳格に審査し、その結果、森林法の当該規定は憲法 29 条 2 項に違反するとした（森林法事件・最大判昭 62.4.22）。

2—正　危険物の所有を禁止したことにより、その危険物を手放さなければならなくなったとしてもそれは当然に受忍すべきものであり補償は不要と考えられる。判例でも奈良県ため池条例事件（**Q49** 参照）において、災害防止のために行ったため池の堤とう部分の利用制限に関して補償不要としている。

3—正　判例も補償が財産の供与と交換的に履行されることは不要としている（最大判昭 24.7.13）。

4—正　判例は農地改革事件において、正当な補償の意味について本肢のように述べた（農地改革事件・最大判昭 28.12.23）。これを「相当な補償」といい、これが判例の基本的な立場となっている。ただし、土地収用法の場合には、判例は完全補償説に立つ（最判昭 48.10.18）。

5—正　判例（最大判昭 46.1.20）は本肢のように述べている。なおこの判例は、「収用目的となった公共の用に供しないことを相当とする事実が生じた場合には、その財産を国に保有させておく理由はない」として、収用目的が消滅した後は被収用者に回復する権利を保障する措置をとることが、立法政策上適切なものであると述べている。

# Q48 財産権と正当な補償

**問** 財産権の保障に関するア〜オの記述のうち、判例に照らし、妥当なもののみをすべて挙げているのはどれか。 (国家一般改題)

**ア** 憲法第29条第1項は、「財産権は、これを侵してはならない。」と規定し、私有財産制度を保障しているのみではなく、社会的経済的活動の基礎をなす国民の個々の財産権につき、これを基本的人権として保障している。

**イ** 憲法第29条第2項は、「財産権の内容は、公共の福祉に適合するやうに、法律でこれを定める。」と規定しており、私有地に対する個人の権利の内容を法律によらずに条例で規制することは同項に違反する。

**ウ** 土地収用法上の収用における損失の補償については、収用の前後を通じて被収用者の財産価値を等しくならしめるような補償をなすべきであり、金銭をもって補償する場合には、被収用者が近傍において被収用地と同等の代替地等を取得することを得るに足りる金額の補償を要する。

**エ** 公権力の適法な行使によって財産権が制限された場合には、それが通常一般人の受忍しうる程度の制限であっても損失補償を求めることができ、補償は財産の供与と交換的に同時に履行されなければならない。

**オ** ある法令が財産権の制限を認める場合に、その法令に損失補償に関する規定がないからといって、その制限によって損失を被った者が、当該損失を具体的に主張立証して、直接、憲法第29条第3項を根拠にして補償を請求する余地が全くないとはいえない。

**1 ア、イ　2 ア、ウ、オ　3 ア、オ　4 イ、ウ、エ　5 ウ、エ**

# PointCheck

### ● 29条3項の「公共のために用いる」 ……………………………………【★★★】

29条3項は、私有財産を「公共のために用いる」ことができ、その際には「正当な補償」が必要と規定する。これは、直接公共の用に供する公共事業などの場合に限られず、公共の福祉による財産権の制限のうち、財産権の「剥奪」と同視されるような強度の制約の場合も含む。内在的制約として受忍しなければならない程度のものであれば、補償は要しない。

### ●補償の要否の基準 ………………………………………………………【★★☆】

29条3項は「正当な補償」を条件に財産権の剥奪まで認めるものであるが、公共の福祉による制限の場合（29条2項）にも補償が必要な場合があり、どのような場合に補償が必要なのかが問題となる。学説では、規制の目的・範囲（形式的基準）・程度（実質的基準）から総合的に判断し、「特別の犠牲」を国民に課している場合には補償が必要としている。

### ●「正当な補償」の意義 ……………………………………………………【★★★】

「正当な補償」とはどこまでの補償なのかが問題となるが、判例は市場価格と完全に一致

する必要が常にあるわけではないという立場をとっている（相当補償説）。ただ土地収用法の補償は完全補償としており、注意が必要である。学説では完全補償説が有力である。

### ●29 条 3 項に基づく補償請求……………………………………………………【★★☆】

　財産権の剥奪を認める法律が損失補償規定を欠く場合、その法律は違憲で無効となるのだろうか。判例では、法律を違憲としても財産を奪われた国民は救済されないので、29 条 3 項を直接の根拠として損失補償請求ができるとする。なお、予防接種被害について、29 条 3 項の類推適用により損失補償を認めた判例（東京地判昭 59.5.18）もある。

**❖判例**

#### ●農地改革事件（最大判昭 28.12.23）

▶**事案**

　農地改革により農地を買収された X が、買収価格の算定価格（自作農創設特別措置法 6 条 3 項）が著しく低いとして、買収対価の増額を求めて争った。

▶**判旨**

　正当な補償とは、その当時の経済状態において成立することが考えられる価格に基づき、合理的に算出された相当な額をいうのであって、必ずしも常にかかる価格と完全に一致することを要しないとして、相当な補償でよいとした。

**Level up Point!**　正解を出すだけなら本問のレベルは高くはないが、財産権の判例のまとめと、29 条 3 項の「正当な補償」、および「直接請求の可否」の論点の確認の意味で取り上げた。29 条 3 項は、補償について学説の比較問題や判例の論理を中心に出題されるだけで、かなり難易度は上がる。

## A**48** 正解─2

**ア─正**　29 条 1 項は、国民が財産を所有できる私有財産制と、個別の具体的財産を侵害されない自由権を、併せて保障する（森林法違憲判決・最大判昭 62.4.22）。

**イ─誤**　判例は、条例による財産権の制限を合憲とした（最大判昭 38.6.26）。民選議会により制定される準法律的性格から、通説は条例による規制を肯定する。

**ウ─正**　正当な補償について土地収用法事件で判例は、完全な補償（収用の前後を通じて被収用者の財産的価値を等しくならしめるような補償）を要するとした（最判昭 48.10.18）。逆に、農地改革事件では合理的に算出された相当な額をいうとしている（最大判昭 28.12.23）。

**エ─誤**　財産権が制限された場合に正当な補償を要するのは、「特別な犠牲」がある場合であり、制限が通常一般人の受忍しうる限度内であるときは、補償の必要はない。また、補償の時期についても、財産の供与と交換的に同時履行されることまで保障されてはいない（最大判昭 24.7.13）。

**オ─正**　判例は財産権を制限した法律に補償規定がなくても、直接憲法 29 条 3 項に基づいて補償請求する余地があるとする（最大判昭 43.11.27）。

# Q49 財産権保障の意義・内容

**問** 日本国憲法に規定する財産権の保障に関する記述として、判例、通説に照らして、妥当なものはどれか。 (地方上級)

1 財産権には、所有権その他の物権や債権のほか、著作権、特許権、商標権、意匠権などの無体財産権も含まれるが、鉱業権、漁業権などの特別法上の権利や水利権、河川利用権などの公法上の権利は含まれない。

2 財産権の保障とは、個々の国民が現に有している個別的、具体的な財産権の保障を意味するものではなく、財産権を享有できる法制度としての私有財産制の保障を意味するものである。

3 最高裁判所の判例では、ため池堤とうの土地利用制限は、災害を防止し公共の福祉を保持する上で社会生活上やむをえないものであり、財産権を有する者が当然受忍しなければならない責務であって、不利益を被った者に対する損失補償は必要としないとした。

4 財産権の制限は、国会の定めた法律によらなければならないから、行政機関が定立する命令や地方公共団体の制定する条例によって財産権を制限することは、一切許されない。

5 最高裁判所の判例では、法律に損失補償に関する規定がない場合には、財産権を制限された者が、直接憲法を根拠にして補償請求をすることはできず、そのような法律は違憲になるとした。

# PointCheck

**❖判例**

**●奈良県ため池条例事件** (最大判昭38.6.26)

**▶事案**

奈良県は、ため池の破損・決壊等による災害を未然に防止するため、ため池の堤とうに農作物を植える行為等を禁止する条例を制定したが、以前から堤とうを利用してきたXが条例施行後も耕作を続けたため、条例違反で起訴された。

**▶判旨**

奈良県のため池保全に関する条例は、ため池の堤とうを使用する財産上の権利の行使をほとんど全面的に禁止しているが、これは災害を未然に防止するという社会生活上やむをえない必要からくるもので、当然に受忍されるべき制約である。したがって、ため池の破損・決壊の原因となる堤とうの使用行為は財産権行使の埒外にあり、条例で禁止・処罰しても、憲法および法律に違反しない。

**❖判例チェックポイント**

①災害防止(内在的制約)のための制約なので補償不要。

②条例による財産権規制も認められる。

❖判例

◉河川付近地制限令違反事件（最大判昭 43.11.27）

▶事案

　従来から砂利の採取を行ってきた X が、河川付近地制限令 10 条違反の罪に問われた。

▶判旨

　河川付近地制限令 4 条 2 号が、砂利採取など所定の行為につき知事の許可を必要とする旨定めるのは、公共の福祉のための一般的制限であり何人も受忍すべきであるので、損失補償を要しないが、通常の受忍の範囲を超え特別の犠牲を課したものとみる場合がまったくないわけではない。その際には直接憲法 29 条 3 項を根拠として補償請求できると解する余地がある。それゆえ、同令 4 条 2 号が補償規定を欠いても、直ちに違憲とはいえない。

❖**判例チェックポイント**

①受忍限度内なので補償不要。

②法律が補償規定を欠いても違憲ではなく 29 条 3 項で直接請求可。

---

**Level up Point!**

　財産権に関する重要判例である、上記 2 判例を確認してほしい。選択肢 3 には、「ため池堤とうの土地利用」と書いてあるので、判例を想起できるかもしれないが、この部分を抜くだけで判断に迷ってしまう人が多い。河川付近地制限の事案で補償の直接請求が認められたことから、補償が可能となると考えすぎてしまうのかもしれない。いずれの判例も、制限ができるかどうかについて、内在的制約として受忍すべきであり、内在的制約なら補償は不要という結論に至っている。

---

# A49 　正解ー3

1ー誤　財産権には、本肢に挙げられているものがすべて含まれる（通説）。

2ー誤　憲法 29 条 1 項は、個人が現に有している財産権を保障していると同時に、私有財産制をも保障している（制度的保障）と解するのが通説である。

3ー正　判例は、ため池堤とうの土地利用制限は、災害を防止し公共の福祉を保持する上で社会生活上やむをえないものであり、当然受忍しなければならないものであるとして補償を要しないとした（最大判昭 38.6.26）。

4ー誤　条例によって財産権を制限することもできる。制限について法律による授権も不要。なぜなら、条例は住民が直接選挙した議員からなる地方議会が制定するものであり、法律に準じる性格を有しているからである。これに対し、命令で制限をするには法律の授権が必要となる。

5ー誤　判例は、法律に損失補償の規定がない場合には、直接憲法 29 条 3 項に基づいて補償請求することができるとしている（河川付近地制限令事件・最大判昭 43.11.27）。

# Q50 22条に関する重要判例

**問** 憲法第22条に関するア〜オの記述のうち、判例に照らし、妥当なもののみを全て挙げているのはどれか。ただし、ア〜オの記述に掲げられた法律の規定には、現行において廃止・改正されているものも含まれている。 (国家一般)

**ア** 憲法第22条の保障する居住・移転の自由は、自己の住所又は居所を自由に決定し移動することを内容とするものであり、旅行のような人間の移動の自由は含まれないため、旅行の自由は、国の内外を問わず、同条によってではなく、一般的な自由又は幸福追求権の一部として憲法第13条により保障される。

**イ** 憲法第22条第1項は日本国内における居住・移転の自由を保障するにとどまり、外国人に入国の自由は保障されないが、同条第2項にいう外国移住の自由はその権利の性質上外国人に限って保障しないという理由はなく、出国の自由は外国人にも保障される。

**ウ** 職業の許可制は、職業選択の自由そのものに制約を課すもので、職業の自由に対する強力な制限であるから、その合憲性を肯定するためには、原則として、重要な公共の利益のために必要かつ合理的な措置であることを要し、また、それが、自由な職業活動が社会公共に対してもたらす弊害を防止するための消極的、警察的措置ではなく、社会政策ないしは経済政策上の積極的な目的のための措置である場合には、許可制に比べて職業の自由に対するより緩やかな制限である職業活動の内容及び態様に対する規制によっては目的を十分に達成することができないと認められることを要する。

**エ** 法律に別段の定めがある場合を除き、司法書士及び公共嘱託登記司法書士協会以外の者が、他人の嘱託を受けて、登記に関する手続について代理する業務及び登記申請書類を作成する業務を行うことを禁止し、これに違反した者を処罰する司法書士法の規定は、登記制度が国民の権利義務等社会生活上の利益に重大な影響を及ぼすものであることなどに鑑みたものであり、公共の福祉に合致した合理的な規制を定めたものであって、憲法第22条第1項に違反しない。

**オ** 薬局及び医薬品の一般販売業（以下「薬局等」という。）の開設に適正配置を要求する薬事法の規定は、不良医薬品の供給による国民の保健に対する危険を完全に防止するためには、薬局等の乱設による過当競争が生じるのを防ぎ、小企業の多い薬局等の経営の保護を図ることが必要であることなどに鑑みたものであり、公共の福祉に合致した合理的な規制を定めたものであって、憲法第22条第1項に違反しない。

**1** ア、ウ **2** ア、オ **3** イ、ウ **4** イ、エ **5** エ、オ

# PointCheck

❖判例

◎**司法書士法による登記手続代理業務制限規定合憲判決**（最判平 12.2.8）

▶**事案**

　行政書士が、司法書士でもないのに登記手続きの代理を業として行ったため、司法書士法違反により有罪判決を受けた。

▶**判旨**

　司法書士法は、登記制度が国民の権利義務等社会生活上の利益に重大な影響を及ぼすものであることにかんがみ、司法書士以外の者が嘱託を受けて登記手続きの代理等を行うことを禁止し違反者を処罰するものであり、これは、公共の福祉に合致した合理的なもので、憲法 22 条 1 項に違反するものではない。

Level up Point!

　ウ・エ・オが 22 条 1 項プロパーの最重要判例であるが、長文で、巧みに誤りの内容が織り込まれている。ウとオを一読して「なんとなく違和感」を感じられるようになれば、実力がついてきたと考えてよい。また、アは 13 条との関連、イは外国人の人権保障の論点が絡んでくる。判例を読み込む力と、憲法の人権規定全般に対応できる力を試すのに適した問題である。

# A50　正解ー4

**アー誤**　海外旅行の自由は、13 条を根拠とする説もあるが、判例・多数説は「海外移住に類似する」として 22 条 2 項で保障されるとする（最判昭 33.9.10）。

**イー正**　外国人の入国の許否は国際慣習法上各国の自由裁量に委ねられるが、いったん入国した場合の出国は、人権の性質上外国人にも認められる（最大判昭 32.6.19、**Q01** 参照）。

**ウー誤**　選択肢の「また」以降で、消極的警察的措置と、積極的目的の措置とが逆になっている。消極目的の制約の場合は、より厳格な基準で合憲性が判定されなければならない（規制目的二分論、最大判昭 50.4.30）。

**エー正**　判例は、代理等の業務を行うことを禁止し、処罰することの必要性・合理性を認めている（最判平 12.2.8）。

**オー誤**　判例は、薬局の開設等にかかる許可基準の 1 つとしての距離制限の規定は、不良医薬品の供給の防止という消極的・警察的目的によるものであるとして、厳格な合理性の基準により、22 条 1 項に違反し無効であるとした。適正配置規制は、薬局等の経営保護を図る社会政策的経済政策的目的ではないとしている（最大判昭 50.4.30、**Q41** 参照）。

# 1 人身の自由

Level 1 ▷ Q51〜Q54　　Level 2 ▷ Q60

## ⑴奴隷的拘束からの自由（18条）▶p114

私人間にも直接に適用される規定である。

## ⑵法定手続の保障（31条）▶p115

①科刑手続の法定（最高裁判所「規則」が定める手続きは、技術的・細目的事項のみ）

②科刑手続の内容の適正

・告知と聴聞を受ける権利：告知・聴聞の機会を与えないのは29条、31条違反（第三者所有物没収事件・最大判昭37.11.28）。

③実体要件の法定（罪刑法定主義）

・政令による罰則の制定：法律の具体的な委任があれば可能（73条6号但書参照）。

・条例による罰則の制定：法律の授権が相当な程度に具体的であればよい。

④実体要件の内容の適正（文言の明確性、罪刑の均衡）

## ⑶不当逮捕からの自由（33条）▶p116

→令状主義（捜査権の濫用を防ぐため事前の司法チェックが必要）。

例外：現行犯逮捕は令状不要

## ⑷住居等の不可侵、捜索・押収の要件（35条）▶p116

→令状主義（捜査権の濫用を防ぐため事前の司法チェックが必要）。

例外：逮捕（令状逮捕＋現行犯逮捕）に伴う捜索・押収は令状不要

・違法収集証拠の証拠能力：証拠収集手続に重大な違法があれば、証拠能力は否定される（最判昭53.9.7）。

## ⑸公平な裁判所の迅速な公開裁判を受ける権利（37条1項）▶p118 ▶p133

❖判例

◉**高田事件**（最大判昭47.12.20）

→著しく遅滞し被告人の利益を害する場合、37条により審理打ち切り（免訴）。

## ⑹証人審問権・喚問権（37条2項）、弁護人依頼権（37条3項）▶p118

## ⑺不利益供述強要の禁止（38条1項）▶p119

麻薬取扱免許保有者の不正使用の記帳義務：黙秘権放棄を擬制（最判昭29.7.16）

自動車運転者には、交通事故につき報告義務あり：行政目的（最大判昭37.5.2）

## ⑻自白の証拠能力の制限―自白法則（38条2項）▶p119

被疑者・被告人の行った任意性のない自白の証拠能力を否定。

## ⑼自白の補強証拠―補強法則（38条3項）▶p119

※公判廷における自白は「本人の自白」ではなく、補強証拠は不要（最大判昭23.7.29）

## ⑽刑罰法規の不遡及と二重の危険の禁止（39条）▶p119

※検察官がより重い刑罰を求め上訴することは39条に反しない（最大判昭25.9.27）。

(11) **31条と行政手続の関係** ▶p120

❖判例

◉**川崎民商事件**（最大判昭47.11.22）→令状主義黙秘権の保障は行政手続にも及ぶのが原則。

◉**成田新法事件**（最大判平4.7.1）→行政手続にも31条の保障が及ぶ場合がある。

# 2 社会権

Level 1 ▷ **Q55～Q57**　Level 2 ▷ **Q59**

**(1) 生存権（25条1項）の法的性格** ▶p122

①プログラム規定説（判例）：国民の生存を確保する政治的・道義的責務を国に課した。

②抽象的権利説（通説）：国に立法・予算を通じて生存権を実現すべき法的義務を課した。

③具体的権利説：立法不作為の違憲確認訴訟を提起できる。

**(2) 教育を受ける権利（26条）** ▶p126

①子どもの学習権

「26条の規定の背後には、国民各自が、自己の人格を完成・実現するために必要な学習をする固有の権利を有する」（旭川学力テスト事件判決・最大判昭51.5.21）

②教育の機会均等：各人の適性や能力の違いに応じ異なった教育を許容。

③義務教育の無償（26条2項後段）：授業料の不徴収（判例・通説）

**(3) 労働基本権（28条）** ▶p124

①労働三権

(a) 団結権（三井美唄労組事件・最大判昭43.12.4）

・労働組合への加入強制（ユニオンショップ協定等）：合憲（通説）

・労働組合の統制権

(b) 団体交渉権

(c) 団体行動権（争議権）：刑事免責・民事免責

・正当な争議行為の範囲　目的：政治スト…×　手段：生産管理…×、暴力の行使…×

②公務員の労働基本権の制限

❖判例

◉**全農林警職法事件**（最大判昭48.4.25）→公務員の争議行為の一律禁止は合憲。

# 3 参政権

Level 2 ▷ **Q58**

①選挙権法的性格：二元説（権利＋公務）

②被選挙権：立候補することができる地位ないし資格。

　立候補の自由→15条1項（選挙権と被選挙権は表裏一体）

③公務就任権の根拠：15条1項説、14条説、22条1項説、13条説など。

④国民投票制の可否：国会の立法権を拘束する国民投票制は憲法改正が必要（有力説）。

　理由：憲法は国会を唯一の立法機関とし、間接民制を原則としている。

第1章
第2章
第3章
第4章
第5章
第6章
第7章
第8章
第9章
第10章

# Q51 法定手続の保障

**問** 法定手続の保障に関する次の記述のうち、妥当なのはどれか。 （地方上級類題）

1 憲法第31条の「法律の定める手続」にいう法律には、形式的意味での法律だけではなく、政令や省令も含まれる。

2 刑罰を科する手続きが著しく人権を侵す可能性を有する場合には、その手続きが国会の定めた法律であっても、法定手続の保障に反するとされることがある。

3 法定手続の保障は、刑罰によって生命、自由等を侵害する際の手続きに関するものであり、刑罰以外の公権力により自由を制限する場合についても、公正な法定手続を要求するものではない。

4 地方公共団体の条例で罰則を定めることができるのは、憲法の定める地方自治の原則によるものであり、条例が法定手続の保障との関係で憲法に違反するとされる余地はない。

5 憲法第31条は、生命・自由等に関する人権を保護するためのものであるのに対し、財産権の侵害は専ら憲法第29条の規定により保護される。

---

# PointCheck

●**人身の自由の保障体系**……………………………………………………………【★☆☆】

| 原則 | 18 | 奴隷的拘束からの自由 |
|---|---|---|
| | 31 | 適正手続の保障 |
| 被疑者の権利 | 33 | 不法な逮捕からの自由 |
| | 34 | 不法な抑留・拘束からの自由 |
| | 35 | 住居等の不可侵 |
| 被告人の権利 | 37 Ⅰ | 公平な裁判所の迅速な公開裁判を受ける権利 |
| | 37 Ⅱ | 証人尋問権・喚問権 |
| | 37 Ⅲ | 弁護人依頼権 |
| | 38 Ⅰ | 自己負罪の拒否 |
| | 38 Ⅱ | 自白排除の法則 |
| | 38 Ⅲ | 補強証拠の法則 |
| | 39 | 事後法・二重の危険の禁止 |
| | 36 | 残虐刑の禁止 |

●**奴隷的拘束からの自由（18条）**………………………………………………【★★☆】

公権力が国民を奴隷的に拘束することがあってはならないのは当然であり、18条の趣旨はむしろ私人による奴隷的拘束を禁ずることにある（私人間にも直接適用される）。

問題でPointを理解する

Level 1 **Q51**

第1章
第2章
第3章
第4章
第5章
第6章
第7章
第8章
第9章
第10章

● 「法律の定める手続」の意味 ……………………………………………【★★★】

| | 法 定 | 適 正 |
|---|---|---|
| 科刑手続 | ◎<br>31条の法文 | ○<br>告知・聴聞 |
| 実体要件 | ○<br>罪刑法定主義 | ○<br>罪刑の均衡 |

31条の法文は、手続きの法定のみを要求しているように読めるが、通説は、①科刑手続の法定、②科刑手続の内容の適正、③実体要件の法定、④実体要件の内容の適正まで要求していると解釈する。

科刑手続の法定というのは、刑事訴訟法など国会が定めた法律によってのみ刑罰を科すことができるということである。この「法律で」という点に関し、裁判所規則による科刑手続が問題になる。刑事手続の基本原理・構造については法律で定める必要がある。しかし、技術的・細目的事項を規則で定めることは可能とされる。

科刑手続の内容の適正というのは、法律で定められた手続きが適正でなければならない、ということである。手続きの内容の適正の原則は33条以下で詳細に定められているが、それ以上に「告知と聴聞を受ける権利」が31条で保障されるということが重要である。告知と聴聞を受ける権利とは、公権力が国民に刑罰その他の不利益を科す場合には、当事者にあらかじめその内容を告知し、当事者に弁解と防御の機会を与えなければならない、ということである。最高裁も付加刑としての没収によって被告人以外の第三者の所有物を奪う場合には、その第三者に告知・弁解・防御の機会が与えられなければならないことを認めている（第三者所有物没収事件・最大判昭37.11.28）。また、起訴状に書かれていない犯罪事実を「余罪」として認定し、これを実質上処罰する趣旨の下に重い刑罰を科すことは、38条および31条に違反する（最大判昭42.7.5）。

# A51 正解―2

1―誤　政令や省令は含まれない。国会制定法としての法律でなければならない。
2―正　手続きの内容の適正も31条で保障される。
3―誤　刑罰以外の公権力（行政手続）などにも準用される。
4―誤　条例で罰則を制定するには法律の授権が必要なので（判例）、委任を欠けば31条違反となる。
5―誤　財産権を適正な手続きによらずに侵害すれば、29条違反のほか31条違反となる（第三者所有物没収事件・最大判昭37.11.28）。

# Q52 被疑者の権利

問 日本国憲法に規定する被疑者の権利に関する記述として、通説・判例に照らして妥当なのはどれか。 (国家一般類題)

1 現行犯逮捕に伴う合理的範囲内であっても、所持品の押収を認める司法官憲の令状が発行されなければ、被疑者は所持品を押収されることがない。
2 正当な理由により拘禁された被疑者は、その理由を本人および弁護人の出席する公開の法廷で示すことを要求する権利は認められていない。
3 厳格な制約の下に罪状の重い一定の犯罪について、緊急やむをえない場合に限り、逮捕後ただちに裁判官の審査を受けて逮捕状の発行を求めることを条件としていれば、現行犯でなくても被疑者の逮捕が認められる。
4 裁判所は、被疑者の拘束が不当と認められるときに、職権で検察官に対し当該被疑者を公開の法廷に出廷させることを求め、その拘束の当否を判断することができる。
5 被疑者は、正当な理由に基づく司法官憲の令状が発行されれば、住居を捜索されることを受忍しなければならないが、その令状には捜索の理由が明示されていれば、押収する物が明示されている必要はない。

# PointCheck

●被疑者の人権·····································································································【★★☆】
　被疑者の人権を不当な捜査から守るため逮捕や捜索をなすには、事前に裁判官から令状の発布を受けておく必要がある。

### (1)不法な逮捕からの自由（33条）
　被疑者の逮捕は、現行犯の場合を除いて司法官憲（裁判官）の発する令状がなければ逮捕できない（令状主義）。これは、捜査権力による人身の自由の侵害を阻止するものである。この点、逮捕の直後に令状が発せられる緊急逮捕（刑事訴訟法210条）が問題となるが、判例は合憲としている（最大判昭30.12.14）。

### (2)不法な抑留・拘禁からの自由（34条）
　理由をただちに告げ、弁護人依頼権をただちに与えるのでなければ抑留・拘禁できない。これは、捜査権力による人身の自由の不当な侵害を阻止するものである。身体の拘束のうち一時的なものが抑留（刑事訴訟法の逮捕・勾引に伴う留置）であり、継続的なものが拘禁（刑事訴訟法の勾留・鑑定留置）である。拘禁の場合には、さらに公開法廷でその理由を示さなければならず、刑事訴訟法は勾留理由開示の制度（82条以下）を設けている。

### (3)住居等の不可侵（35条）
　人の住居・書類・所持品について、侵入・捜索・押収するためには裁判官の発する令状が必要である。これは、捜査権力による不当な侵害を阻止するためである。「第33条の場合」

には令状は必要ではないが、これは現行犯逮捕の場合だけでなく、令状による逮捕も含む（逮捕の現場で逮捕に付随して捜索・押収する場合、令状はいらない）。

**❖判例**

◉**緊急逮捕**（刑事訴訟法210条）**の合憲性**（最大判昭30.12.14）

▶**判旨**

　厳格な制約の下に、罪状の重い犯罪につき、緊急やむをえない場合に限り、逮捕後直ちに逮捕状の発行を求めることを条件に、被疑者の逮捕を認めることは、33条の趣旨に反しない。

◉**拷問・残虐刑の禁止（36条）** ………………………………………………【★☆☆】

　自白を得る目的で加える拷問が禁じられるだけでなく、禁止の趣旨から拷問により得られた自白の証拠能力も否定され、裁判で証拠とすることはできない。

　残虐刑の禁止とは、不必要な精神的、肉体的苦痛を内容とする人道上残酷と認められる刑罰を絶対的に禁止するものである。現行の絞首刑による死刑は残虐刑にあたらないとされ、現時点で死刑制度は合憲とされている（最大判昭23.3.12）。ただ判例も死刑の執行方法について、「将来、火あぶり、はりつけ、さらし首、釜ゆでのごとき残虐な執行方法を定める法律が制定されたならば、憲法36条に違反する」とする。

◆**参考・憲法条文**

> 33条
> 　何人も、現行犯として逮捕される場合を除いては、権限を有する司法官憲が発し、且つ理由となつてゐる犯罪を明示する令状によらなければ、逮捕されない。
> 34条
> 　何人も、理由を直ちに告げられ、且つ、直ちに弁護人に依頼する権利を与へられなければ、抑留又は拘禁されない。又、何人も、正当な理由がなければ、拘禁されず、要求があれば、その理由は、直ちに本人及びその弁護人の出席する公開の法廷で示されなければならない。
> 35条
> 　1項　何人も、その住居、書類及び所持品について、侵入、捜索及び押収を受けることのない権利は、第三十三条の場合を除いては、正当な理由に基いて発せられ、且つ捜索する場所及び押収する物を明示する令状がなければ、侵されない。
> 　2項　捜索又は押収は、権限を有する司法官憲が発する各別の令状により、これを行ふ。
> 36条
> 　公務員による拷問及び残虐な刑罰は、絶対にこれを禁ずる。

# A**52** 正解－3

1－誤　逮捕に伴う無令状の捜索・差押えが許される場合もある（35条、33条、刑事訴訟法220条）。

2－誤　34条により認められる。

3－正　判例は緊急逮捕（刑事訴訟法210条）を合憲としている。

4－誤　アメリカではそのような令状（ヘイビアス・コーパス）があるが、日本国憲法34条はそこまで要求するものではない。

5－誤　押収物の明示も必要である（35条1項）。

第1章

第2章

第3章

第4章

第5章

第6章

第7章

第8章

第9章

第10章

# Q53 被告人の権利

問 刑事被告人の権利に関する次の記述のうち、正しいものはどれか。 （地方上級）

1 公訴時効により訴追を受けるおそれのなくなった者は、もはやその供述内容については自己に不利にならないから、この者には黙秘権は認められない。

2 刑事裁判において有罪が確定した被告人に対し、その証人喚問に要した費用を負担させることは憲法に違反し許されない。

3 憲法37条の「迅速な裁判を受ける権利」は、法的権利ではなくプログラム規定にすぎない。

4 弁護人依頼権は被告人の権利であるから、被告人がこれを望まないのであれば、弁護人を依頼せずに裁判を行うことも認められる。

5 捜索・差押えの執行は捜査機関が行うのだから、捜索・差押え令状は、検察官もこれを発することができる。

# PointCheck

## ●公平な裁判所の迅速な公開裁判を受ける権利（37条1項） ……………………【★★★】

この権利は、刑事被告人の裁判に関する権利を明確にするため（32条、82条の一般的規定とは別に）保障されたものである。

「公平な裁判所」とは「構成その他において偏頗の惧なき裁判所」のことをいい（判例）、裁判官等の除斥・忌避・回避の制度（刑事訴訟法20条以下、377条）が法定されている。

「公開裁判」とは、その対審および判決が公開の法廷で行われる裁判のことをいう。

「迅速な裁判」の保障はプログラム規定ではなく、審理の著しい遅延の結果として被告人の権利が害されたと認められる異常な事態が生じた場合は、37条によって審理を打ち切るという非常手段（免訴の言渡し）も許される（高田事件・最大判昭47.12.20）。

## ●被告人の権利 ……………………………………………………………………………【★★☆】

### (1)証人審問権の保障（37条2項）

証人審問権とは、反対尋問を経ない供述証拠（伝聞証拠）の証拠能力を否定する（刑事訴訟法320条以下）ことである。

### (2)証人喚問権の保障（37条2項）

証人喚問権とは、自己に有利な証人を公費で強制的に喚問することができるということである。ただ、いかなる証人を採用するかについては裁判所の裁量である。また、公費とはいっても、有罪判決を受けた被告人に訴訟費用の負担を命じることはできる（最大判昭23.12.27）。

### (3)弁護人依頼権（37条3項）

被告人の弁護人依頼権は認められるが、被疑者の依頼権は34条ですでに保障されている。刑事被告人の場合は、被告人が貧困などの理由で自ら弁護人を依頼できないとき、国が

附する（国選弁護人）点で異なる。被疑者の国選弁護人依頼権は憲法で明示されていない。

**⑷自己負罪の拒否**（38条1項）

　自己負罪の拒否とは、刑事責任を問われる根拠となる事実について供述を強制されないということである。具体的には、被疑者・被告人に黙秘権が保障される（刑事訴訟法198条2項、291条2項）。判例は、氏名などは自己が刑事責任を問われるおそれのある事項にあたらないので、黙秘権の保障は及ばないとされた。また、道路交通法上の事故発生の報告義務については、事故の内容についての報告だけであり、事故原因などの刑事責任を問われる事項にまで義務を課したものではないので、38条1項に反するものではない（判例）。また、行政手続であっても、それが刑事責任追及のための資料の取得収集に直接結びつく作用を一般的に有する場合には、38条1項の保障が及ぶ。

**⑸自白の証拠能力の制限**（38条2項）

　拷問などの強制による自白や不当に長い抑留・拘禁の後になされた自白の証拠能力は否定される。

**⑹自白の証明力の制限**（38条3項）

　証拠能力のある自白でもそれが被告人に不利益な唯一の証拠である場合には有罪とされない（補強法則）。すなわち被告人を有罪とするには、補強証拠（自白以外の証拠）が必要である。

**⑺遡及処罰の禁止**（39条前段前半）

　遡及処罰の禁止とは、事後法の禁止ないし遡及処罰の禁止を定めたものである。

# A53 正解―1

1―正　「自己に不利益な供述」とは、自己の刑事上の責任に関する不利益な供述、すなわち、刑罰を科せられる基礎となる事実や量刑にかかわる不利益な事実などについての供述をいう。したがって、公訴時効により訴追を受けるおそれがなくなった場合は、もはや不利益な供述にはあたらない。

2―誤　憲法37条2項は公費による証人喚問権を保障するが、判例では、この趣旨は被告人の防禦権の保障であって、被告人が有罪の判決を受けた場合は、被告人に対し訴訟費用などを負担させてはならないということではない（最大判昭23.12.27）。

3―誤　判例は、憲法37条の迅速な裁判を受ける権利を、単なるプログラム規定ではなく、異常な事態が生じた場合に審理を打ち切るなどの非常救済手段なども認めた法的権利性を持つ規定であるとしている（高田事件・最大判昭47.12.20）。

4―誤　重大事件については必要的弁護事件として弁護人がなければ開廷できないとされているので（刑事訴訟法289条）、この場合、たとえ被告人が望まない場合でも、弁護人なしに裁判を行うことは許されない。

5―誤　捜索または押収は、権限を有する司法官憲が発する格別の令状によりこれを行う（35条2項）。ここにいう令状発布権者としての「司法官憲」とは、裁判官のことである。

第1章
第2章
第3章
第4章
第5章
第6章
第7章
第8章
第9章
第10章

# Q54 令状主義

**問** 憲法 35 条の規定する令状主義の原則に関する次の記述のうち、判例に照らし、正しいものはどれか。

(地方上級)

1 憲法 35 条はもっぱら刑事手続に関する規定であって、行政手続のように刑事責任追及を目的としていない手続きには適用されない。

2 無令状で捜索・押収が認められるのは、憲法 33 条に定める現行犯逮捕の際の捜索・押収の場合のみである。

3 証拠物の押収等の手続きに令状主義の精神を没却するような重大な違法があり、これを許容することが、将来における違法な捜査の抑制の見地からして相当でないと認められる場合には、証拠能力は否定される。

4 証拠物の押収手続に重大な違法があったとしても、証拠としての価値に変わりはない以上証拠能力が否定されるわけではない。それは民事訴訟での損害賠償の問題となるにすぎない。

5 押収令状には押収する物の記載が必要であり、この記載は押収対象を具体的かつ正確に特定してなされなければならない。

## PointCheck

◉**適正手続の保障と行政手続**‥‥‥‥‥‥‥‥‥‥‥‥‥‥‥‥‥‥‥‥‥‥‥‥【★★☆】

　行政手続にも、一定の範囲で 31 条以下の法定手続の保障が準用される余地はある。確かに法定手続の保障は刑事責任追及を目的とする活動を対象とするが、現代行政国家の下では行政手続の過程で人権が侵害される危険性も高い。ただし、手続きの性質が違うことを重視し、行政目的の達成と制限を受ける利益とを総合的に考察して、実際に準用される範囲・程度を決定していかなければならない。

### ❖判例

◉**川崎民商事件**（最大判昭 47.11.22）

　▶**事案**

　　X は、旧所得税法上の質問検査権に基づく調査を拒否したため起訴されたが、質問検査が令状主義（35 条）・黙秘権の保障（38 条）に違反するとして争った。

　▶**判旨**

　　憲法 35 条 1 項の趣旨は、主として刑事責任追及の手続きにおける強制を、司法権による事前抑制の下におくことにあるが、刑事責任追及を目的としない手続きにおける強制が当然に本条項の保障の枠外にあるとはいえない。しかし、旧所得税法 70 条 10 号・63 条所定の検査は、徴税権の確保という公益を実現するため、限定された人と物件を対象とするものなので、令状を一般的要件としていないからといって、本条の法意に反しない。憲法 38 条 1 項の保障は、純然たる刑事手続だけでなく、実質上

刑事責任追及のための資料の取得収集に直接結び付く作用を一般的に有する手続きにも及ぶ。

## ●違法収集証拠の排除………………………………………………………【★★☆】

証拠の収集手続において違法があった場合、その証拠を使用して被告人を有罪にできるかが問題となる。この点について判例は、令状主義の精神を没却するような重大な違法があり、これを証拠として許容することが、将来における違法な捜査の抑制の見地から相当でない場合は、証拠物の証拠能力を否定されるべきであるとしている（最判昭53.9.7）。たとえ決定的な有罪証拠であったとしても、裁判官の面前に提出することはできない。ただし、令状を呈示し忘れたくらいの軽微な違法では証拠能力が失われることはなく、さらに適法に収集された他の証拠の証拠能力に影響を及ぼすものではない。

### ❖判例
### ●成田新法事件（最大判平4.7.1）
#### ▶事案
新東京国際空港周辺の工作物使用禁止命令を発するにあたり事前手続を定めていない新東京国際空港の安全確保に関する緊急措置法の合憲性が争われた。
#### ▶判旨
行政手続については、刑事手続でないとの理由のみで、憲法31条の保障の枠外にあると判断するのは相当でない。しかし、本条の保障が及ぶと解すべき場合でも、行政手続は刑事手続と性質が異なり、多種多様なので事前の告知、弁解、防御の機会を与えるかどうかは、行政処分により制限を受ける権利利益の内容、性質、制限の程度、行政処分により達成しようとする公益の内容、程度、緊急性等を総合較量して決定され、常に必ずそのような機会を与えることを必要としない。

## A54 正解ー3

1ー誤　判例は、行政手続にも憲法35条が原則的に適用されることを認める（川崎民商事件・最大判昭47.11.22）。

2ー誤　無令状での捜索・押収が認められるのは、通常（令状による）逮捕、現行犯逮捕、準現行犯逮捕、緊急逮捕の場合がある。現行犯逮捕だけに限らない。

3ー正　判例は、違法に収集された証拠の証拠能力を否定した（最判昭53.9.7）。

4ー誤　証拠物の押収手続に重大な違法があった場合は、肢3の解説のように、証拠能力が否定されることがある。単なる民事訴訟での損害賠償の問題にとどまるものではない。

5ー誤　判例は、暴力団組員による恐喝被疑事件の捜索差押令状に差押えの目的として「暴力団を標章する状、バッチ、メモ等」と記載されている場合について、このような記載も適法であるとした（最判昭51.11.18）。

# Q55 生存権の法的性格

**問** 憲法第25条に関するア〜オの記述のうち、妥当なもののみを全て挙げているのはどれか。
(国家一般)

**ア** 生存権の法的性格については、学説上複数の見解が存在する。このうち、いわゆるプログラム規定説は、憲法第25条は、国民の生存を確保するための立法を行う法的義務を国に課しているが、国民の具体的権利を認めたものではないとする見解であり、同説によれば、立法府がその義務を履行しない場合であっても、個々の国民が裁判所に対して国の不作為の違憲訴訟を提起することはできない。

**イ** 平成元年改正前の国民年金法が、20歳以上の学生を、国民年金の強制加入被保険者として一律に保険料納付義務を課すのではなく、任意加入を認めて国民年金に加入するかどうかを20歳以上の学生の意思にゆだねることとした措置は、著しく合理性を欠くものとして憲法第25条に違反するとするのが判例である。

**ウ** 憲法第25条の定める健康で文化的な最低限度の生活を維持するために必要な生活費は経済学等の学問的知見によって容易に計量化が可能であり、所得税法における課税最低限を定めるに当たっては立法府の裁量を認める余地はないから、同法の定める課税最低限が健康で文化的な最低限度の生活を維持するための生計費を下回ることを立証すれば、当該課税最低限に基づく課税の憲法第25条違反を主張することができるとするのが判例である。

**エ** 社会保障上の施策における在留外国人の処遇については、国は、特別の条約の存しない限り、当該外国人の属する国との外交関係、変動する国際情勢、国内の政治・経済・社会的諸事情等に照らしながら、その政治的判断により決定でき、限られた財源下での福祉的給付に当たり自国民を在留外国人より優先的に扱うことも許され、障害福祉年金の支給対象者から在留外国人を除外することは、立法府の裁量の範囲に属する事柄であって、憲法第25条に違反するものではないとするのが判例である。

**オ** 社会保障法制上、同一人に同一の一性格を有する2以上の公的年金が支給されることとなるべき場合において、社会保障給付の全般的公平を図るため公的年金相互間における併給調整を行うかどうかは、立法府の裁量の範囲に属する事柄と見るべきであり、また、この種の立法における給付額の決定も、立法政策上の裁量事項であり、その給付額が低額であるからといって当然に憲法第25条に違反するものではないとするのが判例である。

**1** ア、イ　　**2** ア、ウ　　**3** イ、オ　　**4** ウ、エ　　**5** エ、オ

# PointCheck

**●生存権の法的性格**……………………………………………………………**【★★★】**

生存権の法的性格について、プログラム規定説では、生存権が個人の人権を定めたものではなく、単に政治的綱領ないし政策的指針を定めた規定にすぎないとする（判例）。純粋なプログラム規定説によれば、国が国民の生存権を実現するための方策を何ら行わなかったと

しても違憲とはいえないが、判例の立場では、生活保護法等の具体化立法があれば、それによって国民には「法的権利」が与えられるとするので、次の抽象的権利説との差は大きくない。

抽象的権利説（通説）とは、生存権は法的権利であるが、それが具体的権利となるためには具体化立法が必要である（憲法レベルでは抽象的な権利にとどまる）とする立場である。抽象的権利説によれば、国が国民の生存権を実現するための方策を十分に行わなかった場合には、違憲の問題が生じる可能性がある。

具体的権利説は、国が国民の生存権を実現する方策を行わない場合には、不作為の違憲確認訴訟を提起できるとする立場である。生存権が文字どおりの具体的権利だといっているわけではない（具体化立法がない状態での直接的な給付請求を認めない）。

❖判例
◉**朝日訴訟**（最大判昭 42.5.24）
　▶判旨
　　憲法 25 条 1 項は、国民が健康で文化的な最低限度の生活をおくることができるよう国政を運営すべきだということを国の責務として宣言したにとどまる。直接個々の国民に具体的権利を付与したものではなく、それは生活保護法によって与えられるが、同法に基づき厚生大臣の定める保護基準は、健康で文化的な最低限度の生活を維持するに足るものでなければならないとし、その具体的内容は多数の不確定的要素を総合衡量してはじめて決定できるものである。その認定判断は、厚生大臣の裁量に委ねられており、ただちに違法の問題を生ずることはない。
◉**学生無年金訴訟**（最判平 19.9.28）
　▶判旨
　　障害基礎年金等の受給に関し保険料の拠出に関する要件を緩和するか、どの程度緩和するかは、国民年金事業の財政及び国の財政事情にも密接に関連する事項である。立法府はこれらの事項の決定について広範な裁量を有するので、国民年金法の措置立法、および措置を講じなかった立法不作為は憲法 25 条、14 条 1 項に反しない。

# A55 　正解―5

**ア―誤**　憲法 25 条 1 項は国の責務を「宣言」したにとどまり、国に法的義務を課すものではない（朝日訴訟事件判決・最大判昭 42.5.24）。

**イ―誤**　「20 歳強制加入」制となる以前の国民年金任意加入制について、判例は憲法 25 条・14 条 1 項に違反しないとした（学生無年金訴訟・最判平 19.9.28）。

**ウ―誤**　「健康で文化的な最低限度の生活」の具体的内容は文化の発達の程度、経済的・社会的条件、国民生活の状況等との相関関係で判断決定される。また、国の財政事情や専門技術的な考察と政策的判断を必要とし、立法府の広い裁量に委ねられる。それが著しく合理性を欠き明らかに裁量の逸脱・濫用の場合を除き、裁判所が審査判断するのに適しない（所得税返還請求事件・最判平 1.2.7）。

**エ―正**　塩見訴訟（最判平 1.3.2）の要旨である。

**オ―正**　堀木訴訟（最大判昭 57.7.7）の判決内容である。

# Q56 労働基本権の具体的内容

**問** 憲法28条の労働基本権に関する次の記述のうち、正しいものはどれか。 (国家一般)

1 憲法28条にいう「勤労者」とは、私企業の勤労者を意味し、憲法15条において全体の奉仕者とされている公務員は、ここにいう「勤労者」とはいえない。

2 労働基本権を保障する憲法28条の規定は、国家と私人との関係においてのみ妥当するものであって、私人相互の関係においては直接効力を認めることはできない。

3 正当な争議行為の保障の意味は刑事上の免責にとどまり、争議行為によって他人の権利を侵害した以上、民事上の責任については免れることはできない。

4 労働基本権は、使用者対労働者の関係において労働者に与えられた権利であって、労働者以外の個人やその団体にまで与えられた権利ではない。

5 労働者の経済的地位の向上と直接結びつかない政治的要求の実現を目的とした争議行為であっても、暴力の行使を伴わない限り、憲法の保障する正当な争議行為にあたる。

# PointCheck

## ◉労働基本権の複合的性格 ……………………………………………………………【★☆☆】

### (1)自由権としての労働基本権

国家が労働基本権を侵害する行為をすることを禁ずる。

→争議行為の刑事免責など

### (2)社会権としての労働基本権

国は、労働者の労働基本権を保障する立法その他の措置を講ずる義務を負う。

→労働委員会による不当労働行為の救済など

### (3)私人間（使用者対労働者間）における労働基本権

使用者は労働者が労働基本権を行使するのを尊重すべき義務を負う。

→労働基本権を侵害する契約は無効、争議行為の民事免責

## ◉労働基本権（労働三権）の内容 ……………………………………………………【★★★】

### (1)団結権

団結権とは、労働組合を結成する権利である。労働組合は、組織の維持と目的の実現のため、組合員に対して一定の規制ないし制裁を加えることができる（労働組合の統制権）。ただし、政治資金のカンパ徴収を不利益制裁をもって強制することは、統制権の範囲を逸脱するものとして許されない。また、ユニオンショップ協定（非組合員となった労働者を解雇する義務を使用者が負う、使用者と労働組合の協定）は、勤労者の労働組合に加入しない自由を制限するものであるが、判例はこれを合憲とする。

### (2)団体交渉権

団体交渉権とは、労働組合を通じて賃金その他の労働条件について使用者と交渉する権利

である。

### ⑶団体行動権

　団体行動権とは、労働組合の活動に必要な行動をとる権利であるが、特に重要なのがストライキを中核とする争議権の保障である。ただし、いわゆる政治ストは本来の目的である経済的地位の向上と無関係であり 28 条で保障されない（判例）。正当な争議行為は、刑事責任が科されず、民事上の債務不履行・不法行為責任を免除される。

　※正当な争議行為の範囲

　　争議の目的：政治スト…×

　　争議の手段：生産管理…×、暴力の行使…×

◉労働組合の統制権の限界……………………………………………………………【★★☆】

　労働組合は、団結権を確保するための自律権を有しており、組合員に対する統制権を有している。しかし、統制権の限界を超えてなされた組合員の除名処分に対しては司法審査が及ぶ。判例は、特定の候補者を労働組合が支持することは認められるが、組合員の立候補に対抗して対立候補を推薦し立候補した組合員を除名することは許されないとした（三井美唄労組事件・最大判昭 43.12.4）。

◉公務員の労働基本権の制限……………………………………………………………【★★☆】

　公務員も勤労者であり労働基本権の保障を受けるが（判例）、実際には国家公務員法、地方公務員法などにより広汎な制限を受けており、そのような制限が許されるかが問題となる。判例は、全逓東京中郵事件判決以来、公務員の労働基本権を尊重する態度をとってきたが、全農林警職法事件判決（最大判昭 48.4.25）により態度を覆し、争議行為の一律禁止も合憲とした。

## A56 　正解一4

1—誤　判例は、「勤労者」には私企業労働者だけでなく、国家公務員や地方公務員も含まれるとした（全逓東京中郵事件・最大判昭 41.10.26）。

2—誤　労働基本権は国家に対してだけではなく、使用者との関係でも直接適用される。

3—誤　正当な争議行為の保障の意味は、刑事上の免責だけでなく、民事上の免責も含む。

4—正　労働基本権は、使用者対労働者の関係において労働者に与えられた権利である。労働者以外の個人やその団体については、信教や表現など他の基本的人権の問題である。

5—誤　本肢のような争議行為を政治スト（純粋政治スト）という。判例は、このようなストライキは 28 条の保障の対象とはならないとしている（全農林警職法事件・最大判昭 48.4.25、**Q59** 参照）。

# Q57 教育を受ける権利

**問** 日本国憲法に規定する教育を受ける権利に関する記述として、通説・判例に照らして妥当なのはどれか。 (国家一般類題)

1 教育を受ける権利は、義務教育の無償の保障を含み、授業料だけではなく教科書や学用品の無償配布がすべての国民に保障されている。
2 教育を受ける権利は、国の介入・統制を受けることなく自由に教育を受けることを意味する自由権の性質と、教育を受ける機会を現実に保障されなければならないという社会権の性質との両面をもつ。
3 教育を受ける権利は、教育の自由を前提にしているが、義務教育に関しては、全国的に一定の水準を確保するため、教師に教授の自由はなく、国がすべての教育内容について決定する権能を有する。
4 教育を受ける権利は、各人に等しく保障されなければならず、その能力の違いにより異なった内容の教育をすることは許されない。
5 教育を受ける権利は、すべての国民に保障されているが、学齢児童および生徒には、義務教育を受ける義務がある。

# PointCheck

**◉教育を受ける権利と教育内容の決定権**･････････････････････････････････････････【★★☆】

　教育を受ける権利は、国民が国に対し、教育の機会均等を実現するための積極的配慮を求める権利であり、社会権として位置付けられる。近時の学説は子どもの学習権(人格完成・実現のために学習する固有の権利)を基底に据えて「教育を受ける権利」を構成する傾向にあり、旭川学力テスト事件の判決でもこのような考え方がとられた。

　教育の自由(23条)は、教育の場において国の干渉が排除されることを要請するが、教育を受ける権利(26条)は、23条とは反対に国の干渉(配慮)を要求するものである。そこでどこまで国が干渉できるのか、すなわち、教育内容について国がどこまで決定できるのかが教育権の所在の問題として争われた。国家教育権説は、国に教育内容の決定権があり、文部科学省は細部にわたり教育内容を決定することができる(学習指導要領等)とするものである。国民教育権説は、国民(親・子ども)から信任されて実際に教育にあたる教師の側に教育内容の決定権があるとするものである。

　「教育の自由」ということを強調すれば、国の干渉を排する国民教育権説に分があるだろうが、教師集団のみに決定権があるとみる点で片面的であり、特に、教育を受ける権利主体が子どもであるという視点が欠落している。この点で、子どもの学習権を充足させるものとして、親・教師・国の教育権を認める旭川学力テスト事件判決は評価されている。

● 普通教育を受けさせる義務の意識 ……………………………………………………………【★★☆】

国民（親）は、その保護する子女に普通教育を受けさせる義務を負う（26条2項）。現行法上この義務に保護者（親・後見人）が違反すると罰則が科されることになっている（学校教育法17条、144条）。なお、義務教育の無償（26条2項）は授業料の不徴収を意味し、教科書や学用品等教育に必要な一切の費用まで無償とする趣旨ではない（最大判昭39.2.26）。

● その他の人権 ……………………………………………………………………………………【★☆☆】

**⑴国務請求権**

国に何らかのサービスを要求できる権利で、社会権以外の人権。

①裁判を受ける権利（32条）、②国家賠償請求権（17条）、③刑事補償請求権（40条）

**⑵国政に参加する権利**

①請願権（16条）

国などの機関に希望を述べる権利である。しかし、請願により具体的な法的効果が生じるものではなく、内容について拘束力が生じるわけではない。

②選挙権（15条1項）

被選挙権（立候補の自由）は、立候補することができる地位ないし資格であり、選挙権と被選挙権は表裏一体であることから、15条1項で保障される。

現状では国民投票制の可否について争いがあるが、憲法は国会を唯一の立法機関とし間接民主制を原則としているので、国会の立法権を拘束するような国民投票制は憲法改止が必要と考えられている（有力説）。

# A57 正解—2

1—誤 授業料の無償にとどまり、教科書等の無償配布までは保障されない（最大判昭39.2.26）。

2—正 国の干渉の排除と介入の要請の両面性を有する権利である。

3—誤 義務教育に関しても、教師に一定の限度で教授の自由は認められる（旭川学力テスト事件、**Q30**参照）。

4—誤 実質的平等を確保する見地から、能力の違いに応じた教育をすることも許される。

5—誤 学童・生徒に義務教育を受ける義務があるのではなく、親がその子女に義務教育を受けさせる義務を負う。

第1章
第2章
第3章
第4章
第5章
第6章
第7章
第8章
第9章
第10章

# Q58 参政権に関する重要判例

**問** 参政権に関するア～オの記述のうち、判例に照らし、妥当なもののみをすべて挙げているものはどれか。 (国家一般)

**ア** 選挙権の行使が不可能あるいは著しく困難となり、その投票の機会が奪われる結果となることは、これをやむをえないとする合理的理由の存在しない限り許されないから、在宅投票制度を廃止した立法行為は、立法目的達成の手段としてその裁量の限度を超え、これをやむを得ないとする合理的理由を欠き、憲法の規定に違反する。

**イ** 我が国に在留する外国人のうちでも永住者等であってその居住する区域の地方公共団体と特段に緊密な関係をもつに至ったと認められるものについて、その意思を日常生活に密接な関連を有する地方公共団体の公共的事務の処理に反映させるべく、法律をもって、地方公共団体の長、その議会の議員等に対する選挙権を付与する措置を講ずることは、憲法上禁止されているものではない。

**ウ** 初めて在外選挙制度を設けるにあたり、まず問題の比較的少ない比例代表選出議員の選挙についてだけ在外国民の投票を認めることとすることはまったく理由のないものということはできないので、本制度創設後に在外選挙が繰り返し実施されてきている事情を考慮することなく、在外選挙制度の対象となる選挙を両議院の比例代表選出議員の選挙に限定し続けることは、憲法の規定に違反しない。

**エ** 公職選挙法上、選挙運動の総括主宰者だけでなく、組織的選挙運動管理者等が買収等の悪質な選挙犯罪を犯し禁錮以上の刑に処せられた場合に連座の効果を生じさせることは、これを全体としてみたときに、立法目的を達成するための手段として必要かつ合理的なものであるとはいえないから、憲法の規定に違反する。

**オ** 労働組合は、その団結を維持し、その目的を達成するために、組合員に対する統制権を有しているが、地方議会議員の選挙において組合として統一候補を決定し組合を挙げて支持することとした場合に、統一候補以外の組合員で立候補しようとする者に対し、立候補を思いとどまるよう勧告または説得をすることは、組合の統制権の限界を超えるものとして、憲法の規定に違反する。

1 イ
2 ウ
3 ア、ウ
4 イ、オ
5 エ、オ

# PointCheck

❖判例

## ●在外日本人選挙権剥奪事件（最大判平17.9.14）

### ▶事案

公職選挙法が在外日本国民に対し比例代表選出議員の選挙権に限ることの合憲性。

### ▶判旨

在外国民に選挙公報を投票日前に届けることは実際上困難であるということを考えれば、はじめて在外国民の選挙制度を設けるにあたり、当分の間、比例代表選出議員の選挙についてだけ在外国民の投票を認めるのは、理由がないとはいえない。しかし、通信手段が地球規模で目覚しい発達を遂げていることなどを考えれば、各候補者の個人に関する情報を在外国民に適性に伝達することは著しく困難とはいえない。したがって、本判決言い渡し後にはじめて行われる国政選挙において、衆議院の小選挙区選出議員の選挙および参議院の選挙区選出の選挙について在外国民の投票を認めないことは、憲法15条1項・3項、43条1項、44条但書に反する。

**Level up Point！** 参政権をテーマとして、憲法全般にわたって選挙が問題となる判例をピックアップしており、学習の深度・定着度を測る良問である。最新判例にもできるだけあたっておきたい。

# A58 正解―1

**ア―誤** 選挙に関する事項の具体的決定は国会の裁量であるとして、在宅投票制度を廃止した立法行為は憲法に違反しないとした（最判昭60.11.21）。

**イ―正** 憲法15条1項の選挙権の保障は外国人には及ばず、また憲法93条2項にいう「住民」は日本国民を指すとしつつも、地方自治の本旨の1つである住民自治の趣旨に基づいて、本肢のように述べた（最判平7.2.28）。

**ウ―誤** 判決後は選挙区選挙選出議員の選挙においても、在外国民に投票を認めなければ違憲になるとした（最大判平17.9.14）。

**エ―誤** 悪質選挙犯罪について連座制を認めていることに関して、公明かつ適正な公職選挙の実現のために必要かつ合理的とした（最判平9.3.13）。

**オ―誤** 労働組合が団結権を維持するための統制権に基づいて、立候補を思いとどまるように勧告または説得することは当然行うことができる（三井美唄労組事件・最大判昭43.12.4）。よって本肢は誤り。なお、その組合員を統制違反者として処分するのは組合の統制権の限界を超えるものとしている。

# Q59 労働基本権の保障と公務員

**問** 憲法第 28 条(以下「本条」という)の労働基本権に関する次の記述のうち、妥当なのはどれか。 (国家一般類題)

1 人事院勧告は、憲法上の労働基本権が保障されていない国家公務員に対して、その代償措置として設けられた制度であり、この勧告が完全実施されないときは、国家公務員にも争議権が認められるとするのが判例である。
2 労働基本権は自由権であり、社会権ではないから、国は労働基本権を具体化する法律を制定する義務を負うものではない。
3 本条により保障されている労働基本権は、団結権と団体交渉権であり、争議権は保障されていないが、労働者の立場を保護するため、労働組合法により争議権が認められている。
4 本条により労働基本権が保障されていることから、国は正当な争議行為を刑事制裁の対象としてはならず、また、正当な争議行為は使用者に対する債務不履行または不法行為責任を生ぜしめることはない。
5 本条における勤労者とは、私企業の勤労者を指しており、憲法 15 条において全体の奉仕者とされている公務員は、ここにいう勤労者には含まれない。

# PointCheck

❖判例

## ◉全逓東京中郵事件 (最大判昭 41.10.26)

▶事案

春闘職場大会への参加呼びかけ行為を郵便法違反とされた事件で、公共企業体職員の労働基本権制限の限界が争われた。

▶判旨

公務員も憲法 28 条の勤労者にほかならず、労働基本権の保障を受けるのが原則である。ただ、職務の内容に応じて私企業労働者とは異なる国民生活全体の利益保障という内在的制約を内包する。したがって、労働基本権保障と国民生活の利益を比較衡量して、その制限は合理的必要最小限のものにとどめなければならず、勤労者の争議行為に対する刑事制裁は必要やむをえない場合に限られる。労働基本権制限がやむをえない場合には、これに見合う代償措置が講ぜられなければならない。

❖判例チェックポイント

①公務員の労働基本権制限の根拠を、「全体の奉仕者」(15 条)に求めず、国民生活全体の利益という内在的制約であるとした。
②合憲性判定基準を挙げ、必要最小限度の原則を明確にした。

第1章
第2章
第3章
第4章
第5章
第6章
第7章
第8章
第9章
第10章

### ❖判例

**◉都教組事件**（最大判昭 44.4.2）

▶**判旨**

　刑事罰をもってのぞむ争議行為は違法性の強いものであることが前提であり、そのような争議行為についての「あおり」行為自体も違法性が強いことで、はじめて刑事罰をもってのぞむ違法性が認められる。

### ❖判例チェックポイント

法律の合憲限定解釈（二重のしぼり論）のアプローチを採用。

### ❖判例

**◉全農林警職法事件**（最大判昭 48.4.25）

▶**事案**

　全農林労働組合役員の X らが、警察官職務執行法の改正に反対する争議につき、国家公務員法の争議あおり罪に問われた。

▶**判旨**

　労働基本権は、勤労者を含めた国民全体の共同利益の見地から制約されるが、公務員の争議行為は、担当する職務に関わらずその地位の特殊性と職務の公共性と相いれない。また、①公務の停廃をもたらし国民全体の共同利益に重大な影響を及ぼすこと、②勤務条件は法律と予算により決定されるので、議会制民主主義に背馳すること、③市場抑制力等の制約がないこと、④人事院をはじめ制度上整備された代償措置が講じられていることにかんがみれば、国公法 98 条は憲法 28 条に違反せず、国公法があおる等の行為をする者を処罰することには十分な合理性がある。従来の判例の合憲限定解釈は、犯罪構成要件の保障機能を失わせ変更を免れない。

### ❖判例チェックポイント

①公務員の地位の特殊性・職務の公共性。
②議会制民主主義に反する。
③歯止め（ロックアウトや市場の抑制力）がない。
④代償措置（人事院勧告など）がある。

**Level up Point!**　公務員の労働基本権に関し大きな判例変更がなされたのが全農林警職法事件。全逓東京中郵事件・都教組事件を誤答の選択肢として、現在の判例の立場を明確にする出題に注意。

## A59 正解—4

1—誤　争議行為は全面一律禁止で、人事院勧告の実施とは無関係である。
2—誤　労働基本権は社会権に分類され、国は具体化の責務を負う。
3—誤　労働三権の1つである団体行動をする権利は争議権を意味する。
4—正　正当な争議行為は、刑事・民事ともに免責される。
5—誤　公務員も勤労者にあたる。

# Q60 刑事被告人の権利

**問** 刑事被告人の権利に関するア〜オの記述のうち、妥当なもののみを全て挙げているものはどれか。
(国家一般)

**ア** 憲法第37条第1項にいう「迅速な」裁判とは、適正な裁判を確保するのに必要な期間を超えて不当に遅延した裁判でない裁判をいうと解されている。平成15年に制定された裁判の迅速化に関する法律では、裁判の迅速化の具体的な目標として、第一審の訴訟手続については2年以内のできるだけ短い期間内に終局させることが規定された。

**イ** 憲法第37条第1項にいう「公開裁判を受ける権利」とは、対審及び判決が公開法廷で行われる裁判を受ける権利をいうが、裁判の対審及び判決を公開の法廷で行うことは、刑事被告人の人権を擁護するために必要不可欠であることから、刑事手続上、いかなる例外も認められていない。

**ウ** 刑事裁判における証人尋問において、刑事訴訟法の規定に基づいて、被告人から証人の状態を認識できなくする遮へい措置が採られ、あるいは、同一構内の別の場所に証人を在席させ、映像と音声の送受信により相手の状態を相互に認識しながら通話する方法で尋問を行うビデオリンク方式によることとされ、さらにはビデオリンク方式によった上で遮へい措置が採られても、憲法第37条第2項前段に違反するものではないとするのが判例である。

**エ** 憲法第37条第2項の趣旨は、刑事被告人の防禦権を訴訟の当事者たる地位にある限度において十分に行使せしめようとするものだけではなく、有罪の判決を受けた場合にも、刑事被告人に対して証人尋問に要する費用を含めて訴訟費用を負担させてはならないという趣旨であるとするのが判例である。

**オ** 憲法第37条第3項は、刑事被告人の弁護人依頼権を保障し、これを実質的に担保するものとして国選弁護人の制度を設けているから、裁判所は、被告人から国選弁護人の選任請求があった場合には、被告人が国選弁護人を通じて権利擁護のため正当な防禦活動を行う意思がないことを自らの行動によって表明し、その後も同様の状況を維持存続させたときであっても、当該請求に応じなければならないとするのが判例である。

〔参考〕日本国憲法
第37条 すべて刑事事件においては、被告人は、公平な裁判所の迅速な公開裁判を受ける権利を有する。
② 刑事被告人は、すべての証人に対して審問する機会を充分に与へられ、又、公費で自己のために強制的手続により証人を求める権利を有する。
③ 刑事被告人は、いかなる場合にも、資格を有する弁護人を依頼することができる。被告人が自らこれを依頼することができないときは、国でこれを附する。

**1** ア、イ **2** ア、ウ **3** イ、オ **4** ウ、エ **5** エ、オ

# PointCheck

◉**裁判の迅速化に関する法律**……………………………………………………………【★☆☆】

　裁判の迅速化に関する法律は、裁判の迅速化に関し、第一審の訴訟手続については２年以内の短期間内に終局させ、裁判所の手続きもできるだけ短い期間内にこれを終局させることを目標とする。そのため、必要な施策を行う国の責務、弁護士体制を整備する日本弁護士連合会の責務、さらに訴訟当事者の責務、最高裁判所による検証を定める。

❖判例

◉**高田事件**（最大判昭 47.12.20）

　迅速な裁判受ける権利は、審理の著しい遅延の結果、迅速な裁判を受ける被告人の権利が害せられたと認められる異常な事態が生じた場合には、被告人に対する手続の続行を許さず、その審理を打ち切るという非常救済手段（免訴の言渡）がとられるべきことをも認めている規定である。

Level up Point !

　37 ～ 39 条が十分に準備できている受験生は少ない。イ以外の選択肢は初めて知ったという知識・判例もあるだろう。文章読解だと腹をくくって、あわてずにじっくり読み込んで、「考えながら解答する」訓練が大切。

# A60 正解－2

**ア―正**　平成 11 年以降の司法制度改革で、裁判期間の短縮は最重要施策とされ、裁判の迅速化に関する法律の制定や、刑事事件での公判前整理手続・即決裁判手続導入が行われ、制度的に迅速な裁判が実現している。

**イ―誤**　82 条１項は「裁判の対審及び判決は、公開法廷でこれを行ふ」とするが、２項で「裁判所が、裁判官の全員一致で、公の秩序又は善良の風俗を害する虞があると決した場合には、対審は、公開しないでこれを行ふことができる」と規定する。ただし、常に裁判を公開する場合として、「政治犯罪、出版に関する犯罪又はこの憲法第三章で保障する国民の権利が問題となつている事件の対審」を規定している。

**ウ―正**　ビデオリンク方式でも審理が公開されていることに変わりはなく、82 条１項、37 条１項に違反するものではない。また、弁護人による証人の供述態度等の観察は妨げられないから、被告人の証人審問権は侵害されず 37 条２項前段に違反するものでもない（最判平 17.4.14）。

**エ―誤**　「公費で」自己のために強制的手続により証人を求める権利とは、被告人に防禦権を充分に行使させるため、証人尋問に要する費用（証人の旅費、日当等）を国家が支給することであり、有罪の判決をうけた場合にも被告人に訴訟費用を負担させてはならないという趣旨ではない（最大判昭 23.12.27）。

**オ―誤**　被告人が正当な防禦活動を行う意思がないことが明白な場合、裁判所が国選弁護人の再選任請求を却下するのは相当であり、37 条３項に違反しない（最判昭 54.7.24）。

Level 1 p136～p149　　Level 2 p150～p155

# 1 国民主権と国会の地位

Level 1 ▷ **Q61**

## ⑴国民主権

　①民主主義の理念：国政のあり方を最終的に決定する権力や権威が国民にあること

　②主権の概念の持つ意味：⒜国家権力そのもの（統治権）、⒝国家権力の属性としての最高の独立性、⒞国政についての最高の決定権（「国民主権」）

## ⑵権力分立

　①自由主義の理念：国家権力の作用を異なる機関に担当させ、相互に抑制・均衡を保たせる

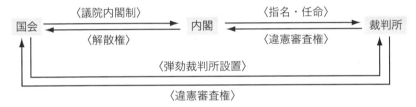

　②権力分立の現代的変容：⒜行政国家現象、⒝政党国家現象、⒞司法国家現象

## ⑶「国権の最高機関」の意味：政治的美称（通説）←→統括機関説 ▶p136

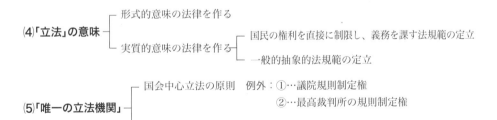

⑷「立法」の意味　┬ 形式的意味の法律を作る

　　　　　　　　└ 実質的意味の法律を作る ┬ 国民の権利を直接に制限し、義務を課す法規範の定立

　　　　　　　　　　　　　　　　　　　　└ 一般的抽象的法規範の定立

⑸「唯一の立法機関」┬ 国会中心立法の原則　例外：①…議院規則制定権

　　　　　　　　　　│　　　　　　　　　　　　②…最高裁判所の規則制定権

　　　　　　　　　　└ 国会単独立法の原則　例外：地方自治特別法

## ⑹国民の「代表」機関

　議員は、全国民の代表である（政治的委任）。

# 2 会期

Level 1 ▷ **Q62,Q67**　Level 2 ▷ **Q69**

(1)**会期の種類**　常会（延長1回）、臨時会（延長2回）、特別会（延長2回）　▶p148

(2)**会議の原則**　▶p138

　①定足数…総議員の3分の1（56条1項）、②表決数…出席議員の過半数（原則）

　　例外（表決が特別多数とされる場合）

　　　(a)出席議員の3分の2以上：議員の資格争訟裁判－議席喪失の場合（55条但書）、秘

　　　　密会（57条1項）、懲罰－除名の場合（58条2項）、法律案の再可決（59条2項）

　　　(b)総議員の3分の2以上：憲法改正の発議（96条1項）

# 3 国会の権能

Level 1 ▷ **Q63**　Level 2 ▷ **Q68**

(1)**憲法改正の発議権**（96条）

(2)**法律の議決権**（59条）　▶p140

(3)**条約の承認権**（条約の意義：文書による国家間の合意）　▶p150

　①国会の承認を要する条約：法律事項・財政事項を含むもの、政治的に重要な国際約束で

　　批准の必要なもの（政府見解）。

　②**事後の承認を得られなかった条約の効力**：国内法的には無効だが、国際法的には原則と

　　して有効。ただし手続違反が明白な場合、または重要な国内法に関する場合は無効。

(4)**内閣総理大臣の指名権**（67条）

(5)**弾劾裁判所の設置権**（64条）

(6)**財政の監督権**（60条、83条以下）

# 4 議院の権能

Level 1 ▷ **Q64**

(1)**法律案の提出権、議院規則の制定権**（58条2項）

(2)**国政調査権**（62条）　▶p142

　①国政調査権の本質：国会の諸権能行使のための補助的権能（通説・判例）。

　　調査権の範囲→立法・行政監督・予算審議など国会の諸権能の行使のために広く及ぶ。

　　調査の方法→憲法が規定した、証人の出頭・証言、記録の提出に限定される。

　②国政調査権の限界

　　対司法権：司法権の独立との関係で制限を受け、係属中の事件について訴訟指揮を調査

　　　　　　　したり、確定後であっても判決内容を批判調査はできない。しかし、裁判と

　　　　　　　は別の目的（立法の資料を得る目的など）であれば並行調査も可。

　　対行政権：議院内閣制により、妥当性の審査も可。

　　対国民　：人権（例：沈黙の自由）を侵害することはできない。

# 5 議員の特権

Level 1 ▷ **Q65,Q66**　Level 2 ▷ **Q70**

　歳費受領権、不逮捕特権、免責特権　▶p144　▶p146　▶p154

# Q61 国会の地位

**問** 次の文の四つの空欄に1〜5から一つずつ選んで当てはめていった場合、一つだけどの空欄にも当てはまらず、残るものはどれか。 (地方上級)

国会は、□□□□□とされている。その意味は、実質的意味の立法はすべて国会によって制定されなければならないとするものであり、それは国会以外の機関による立法を原則的に禁止する□□□□□と同義である。国会が立法その他の重要な活動を行い、国政の中枢の地位を占めていることに着目して、憲法は国会を□□□□□と呼んでいる。もっとも、それは法的意味を持つものではなく、その意味で、他の国家機関の全体を監督・批判する□□□□□としての役割までもが国会に認められるわけではない。

1 国会中心立法の原則
2 国民の代表機関
3 国権の最高機関
4 唯一の立法機関
5 国政の統括機関

# PointCheck

**第41条【国会の地位・立法権】**
国会は、国権の最高機関であつて、国の唯一の立法機関である。

### ● 41条の意義 ・・・・・・・・・・・・・・・・・・・・・・・・・・・・・・・・・・・・・・・・・・・・・・・【★★★】

「最高機関」を文字どおりにとらえる説（統括機関説）もあるが、通説は法的な意味を認めない（政治的美称説）。国会は主権者ではないし、統治権を総覧する立場にあるわけでもない。また、権力分立の観点（国会は内閣の解散権と裁判所の違憲審査権によりチェックされる位置にある）からいっても、「最高機関」という言葉に法的な意味を認めることはできないからである。

「立法」には、①形式的意味（国会が制定する法規範）と、②実質的意味（法規という特定の内容の法規範の定立）があるが、41条で規定される「立法」とは実質的意味である。

歴史的には「法規」というと、「国民の権利・義務に関連する法規範」を意味したが（狭義説）、現在では広く「一般的抽象的法規範」を意味する（広義説）と考えられている。

国会が「唯一」の立法機関であるというのは、具体的には、①国会中心立法の原則（国会が立法権を独占し他の機関による立法を認めない）と、②国会単独立法の原則（他の機関の関与なしに国会の議決のみで法律が成立すること）を意味する。議院規則・最高裁判所規則・政令・条例は、憲法自身が認めた①の例外である。また、地方自治特別法（95条）・憲法改正・条約は、②の例外といえる。

第1章
第2章
第3章
第4章
第5章
第6章
第7章
第8章
第9章
第10章

**第43条【両議院の組織】**
①両議院は、全国民を代表する選挙された議員でこれを組織する。
②両議院の議員の定数は、法律でこれを定める。

※公職選挙法第4条：衆議院議員の定数は465人（289人を小選挙区選出、176人を比例代表選出）、参議院議員の定数は248人（100人を比例代表選出、148人を選挙区選出）。

**第44条【議員及び選挙人の資格】**
両議院の議員及びその選挙人の資格は、法律でこれを定める。但し、人種、信条、性別、社会的身分、門地、教育、財産又は収入によつて差別してはならない。

※公職選挙法10条：被選挙権は、衆議院議員が25歳以上、参議院議員が30歳以上。

● 代表の意義‥‥‥‥‥‥‥‥‥‥‥‥‥‥‥‥‥‥‥‥‥‥‥‥‥‥‥【★☆☆】

「代表」といっても、代表者（国会議員）の行為が法的に被代表者（国民）の行為とみなされるわけではなく、議員は国民を政治的に代表するにすぎない。すなわち、議員は、出身選挙区の有権者の意思に拘束されず（命令委任の禁止）、全国民を代表する立場から自由に発言・表決する（自由委任の原則）。

**第45条【衆議院議員の任期】**
衆議院議員の任期は、4年とする。但し、衆議院解散の場合には、その期間満了前に終了する。

**第46条【参議院議員の任期】**
参議院議員の任期は、6年とし、3年ごとに議員の半数を改選する。

**第48条【両議院議員兼職の禁止】**
何人も、同時に両議院の議員たることはできない。

● 両議院の議員の兼職‥‥‥‥‥‥‥‥‥‥‥‥‥‥‥‥‥‥‥‥‥【★☆☆】

国会議員は、普通、地方公共団体の議会の議員との兼職も禁じられている（地方自治法92条1項）。また、国または地方公共団体の公務員との兼職も禁じられているが（国会法39条）、他の職業との兼職が一般的に禁止されているわけではない（国家公務員のように職務専念義務はない）。なお、両議院の議員の任期は憲法に明記されている（法律事項ではない）ことに注意しておこう。

# A61 正解―2

空欄には順に、4（唯一の立法機関）、1（国会中心立法の原則）、3（国権の最高機関）、5（国政の統括機関）が入る。

# Q62 会議の手続き

**問** 日本国憲法における国会の記述として、妥当なのはどれか。 （地方上級類題）

**1** 委員会の議事は、秘密会で秘密にすると決めたことのほかはすべて公開する。

**2** 通常の国会の会期は延長できるが、いかなる場合であっても、臨時国会の会期は延長できない。

**3** 戦後は、戦前の委員会中心主義から本会議中心主義へと変わった。

**4** 両院の本会議は、その総議員の2分の1以上が出席しなければ議事は開かれない。

**5** 本会議の議決は、出席議員の過半数以上の賛成が得られなければ可決されない。

# PointCheck

## ●国会の審議と議決 ……………………………………………………………【★★☆】

　国会中継の大半が予算委員会での答弁にあてられることからわかるように、実質的な討議の中心は委員会である（委員会中心主義）。しかし、法律を成立させるのは「国会」なのであり、各議院の本会議での表決や、両院協議会の開催もやはり重要な手続きといえる。ただし、議事が定足数に反してなされたとしても、「一見きわめて明白に違憲無効」でない限りは、議院の自主的判断が尊重される。

| | 本会議 | 委員会 | 両院協議会 |
|---|---|---|---|
| 定足数 | 総議員 | 委　員 | 協議委員 |
| | 1/3 以上 | 半数以上 | 2/3 以上 |
| 表決数 | 出席議員 | 出席委員 | 出席委員 |
| | 過半数 | 過半数 | 過半数 |
| 公開 | 原則　公開 | 議員以外 × | 傍聴禁止（国会97） |
| | 例外　秘密会 | 報道機関 | |

### 第55条【資格争訟の裁判】

　両議院は、各々その議員の資格に関する争訟を裁判する。但し、議員の議席を失はせるには、出席議員の3分の2以上の多数による議決を必要とする。

　たとえば、国会法39条（議員の兼職禁止規定）の場合などが、本条の資格争訟に該当する。この裁判の結果を司法裁判所に出訴することはできない。

### 第57条【会議の公開、会議録、表決の記載】

①両議院の会議は、公開とする。但し、出席議員の3分の2以上の多数で議決したときは、秘密会を開くことができる。

問題でPoint を理解する
Level 1 **Q62**

第1章
第2章
第3章
第4章
第5章
第6章
第7章
第8章
第9章
第10章

②両議院は、各々その会議の記録を保存し、秘密会の記録の中で特に秘密を要すると認められるもの以外は、これを公表し、且つ一般に頒布しなければならない。

③出席議員の5分の1以上の要求があれば、各議員の表決は、これを会議録に記載しなければならない。

**国会法第52条【傍聴と秘密会】**

①委員会は、議員の外傍聴を許さない。但し、報道の任務にあたる者その他の者で委員長の許可を得たものについては、この限りでない。

②委員会は、その決議により秘密会とすることができる。

③委員長は、秩序保持のため、傍聴人の退場を命ずることができる。

　会議の原則（定足数、表決数、会議の公開）につき、両議院の本会議と委員会の場合で異なることに注意する。

**第58条【役員の選任、議院規則・懲罰】**

①両議院は、各々その議長その他の役員を選任する。

②両議院は、各々その会議その他の手続及び内部の規律に関する規則を定め、又、院内の秩序をみだした議員を懲罰することができる。但し、議員を除名するには、出席議員の3分の2以上の多数による議決を必要とする。

　本条は、議院の自律権として、役員選任権、議院規則制定権、議員の懲罰権を定める。懲罰についての司法審査は除名も含め原則的に否定されるが、地方議員の除名については司法審査を肯定した判例がある（最大決昭28.1.16）。

# A62 正解一5

1―誤　委員会は、原則として非公開である（国会法52条1項）。委員長の許可を得た場合に、報道の任務にあたる者やその他の者が傍聴できるとされている。

2―誤　臨時会、特別会は2回まで会期延長できる（国会法12条）。常会は1回のみである。ちなみに、会期の決定、会期延長には、国会法上の衆院の優越がある。

3―誤　戦前の本会議中心主義から、アメリカにならって委員会中心主義へと変わった。議院の議長は、提出された法案を適切な委員会に付託し、委員会で質疑・応答の審議が行われる。その後に、委員会、本会議の表決となる。

4―誤　本会議の定足数は、総議員の3分の1以上とされる（56条1項）。2分の1以上の定足数は国会の委員会である（国会法49条）。

5―正　表決の原則は過半数である（56条2項）。憲法に特別の定めがある特別多数とは「出席議員の3分の2以上」で、ただ憲法改正発議のみ「各議院の総議員の3分の2以上」となる。

# Q63 衆議院の優越

**問** 衆議院の優越に関する次の記述のうち、最も適当なのはどれか。 （裁判所職員）

1 両議院の議決が異なる場合に、衆議院において再可決することで法律案とすることができる場合があるが、これは二院制に関する例外であるから、出席議員ではなく総議員の3分の2以上の多数が必要である。

2 参議院が、衆議院の可決した条約を受け取った後、60日以内に議決しないときは、衆議院は、参議院がその条約を否決したものとみなすことができるにとどまり、予算と同様に衆議院の議決を国会の議決とすることまで認められるわけではないから、衆議院において再可決が必要となる。

3 予算について、参議院で衆議院と異なった議決をしたときは、衆議院の議決を直ちに国会の議決とすることができ、両院協議会を開催する必要はない。

4 内閣総理大臣の指名については、衆議院のみが内閣不信任案を提出できることに鑑み、衆議院が先議することとされている。

5 参議院が、衆議院の可決した法律案を受け取った後、60日以内に議決しないときは、衆議院は、参議院がその法律案を否決したものとみなすことができるが、この60日間には国会休会中の期間を含まないものとされている。

---

# PointCheck

●**国会の機能と衆議院の優越**……………………………………………………………【★★★】

　国会の議決を要する法律等は、両議院で可決されて成立するのが普通だが、参議院を通過しない場合に備えて憲法は衆議院の優越を定めている。

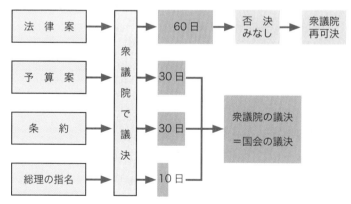

第 60 条【衆議院の予算先議、予算議決に関する衆議院の優越】

①予算は、さきに衆議院に提出しなければならない。

②予算について、参議院で衆議院と異なつた議決をした場合に、法律の定めるところにより、両議院の協議会を開いても意見が一致しないとき、又は参議院が、衆議院の可決した予算を受け取つた後、国会休会中の期間を除いて 30 日以内に、議決しないときは、衆議院の議決を国会の議決とする。

　衆議院と参議院とで異なった議決をした場合、両院協議会の開催が必要である（法律案の場合は任意）。予算の同一性を損なうような増額修正はできない（多数説）。

　内閣不信任決議権と予算先議権は、衆議院のみに認められる。

第 61 条【条約の承認に関する衆議院の優越】

　条約の締結に必要な国会の承認については、前条第 2 項の規定を準用する。

　条約の締結権者は、内閣である。ただ、条約が有効に成立するためには「事前に、時宜によつては事後に、国会の承認を経ること」が必要である（73 条 3 号）。事後に国会の承認が得られなかった条約の効力については争いがある（有効説・無効説・限定的無効説）。限定的無効説は、「国会の承認規定の具体的な意味が諸外国にも周知の要件と解されているような場合には国際的にも無効」とする立場である。

　なお、条約締結の承認について、衆議院の先議権はない（60 条 1 項は準用していない）。

# A63 　正解ー5

1ー誤　59 条 2 項は出席議員の 2 分の 3 以上による再議決が必要としている。各議院の総議員の 3 分の 2 は、憲法改正の発議の場合である。

2ー誤　条約における国会の承認の議決は予算の議決と同じであり、30 日以内に議決しないときには、再議決を要することなく衆議院の議決が優越する（60 条 2 項、61 条）。なお条約の場合、予算とは異なり衆議院の先議権は認められていない（61 条は 60 条 1 項を準用していない）。

3ー誤　衆参で議決が異なる場合は、両院協議会を開催しなければならない。60 条 2 項により必要的開催となるので、61 条で準用する予算も必要的開催となる。

4ー誤　憲法で要求される衆議院の先議は予算のみで(60 条 1 項)、法律案、条約の承認、内閣総理大臣の指名については、先に参議院が議決してもよい。

5ー正　59 条 4 項のとおり。法律案を「否決したとみなすことができる」点に注意。ちなみに、参議院が先議し否決した場合は、その旨が衆議院に通知され、法案は送付されない（国会法 83 条）。

第1章
第2章
第3章
第4章
第5章
第6章
第7章
第8章
第9章
第10章

# Q64 議院の権能・国政調査権

**問** 日本国憲法に規定する議院の国政調査権に関する記述として、判例、通説に照らして、妥当なのはどれか。 (地方上級)

1 国政調査権の行使に当たっては、議院は証人の出頭及び証言並びに記録の提出を要求することができるが、強制力を有する捜索、押収などの手段によることは認められない。

2 国政調査権は、議院が保持する権能を実効的に行使するためのものであり、その主体は議院であるから、議院は、調査を常任委員会に付託して行わせることはできない。

3 裁判所で審理中の事件について、議院が裁判と並行して調査することは、裁判所と異なる目的であっても、司法権の独立を侵すこととなるので許されないが、判決が確定した事件については、調査することができる。

4 検察事務は、行政権の作用に属するが、検察権が裁判と密接に関連する準司法作用の性質を有することから、司法権に類似した独立性が認められなくてはならないので、国政調査権の対象となることはない。

5 国政調査権は、国会が国権の最高機関であることに基づく、国権を統括するための補助的な権能であるが、立法、予算審議、行政監督など、国政調査権の及ぶ範囲は、国政のほぼ全般にわたる。

---

# PointCheck

◉国政調査権の性格······························································【★★★】

第62条【議院の国政調査権】
両議院は、各々国政に関する調査を行ひ、これに関して、証人の出頭及び証言並びに記録の提出を要求することができる。

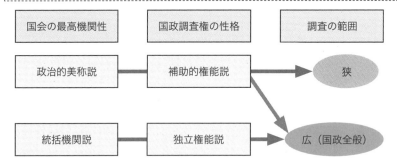

議院の国政調査権は、議院がその権能を実効的に行使することができるように認められた補助的な権能である（補助的権能説）。

国会の最高機関性につき統括機関説をとる立場から、国権統括のための独立の権能である

と説かれたこともあったが（独立権能説）、統括機関説自体が妥当でないと解されている。

国政調査権は議院の権能であり、国会の権能ではない。国会の最高機関性について政治的美称と解すると、国政調査権は補助的権能と解するほかないが、立法事項が広範に及ぶ以上、独立権能説との差は小さい。

もっとも、議院の権能は相当広いので、補助的権能説からも調査の範囲はほぼ国政の全般にわたるとされる。

調査の対象と方法には、権力分立と人権保障の観点から次のような制約がある。

### ①対司法権

司法権の独立を守るため、裁判に重大な影響を与えるような調査はできない。ただし、並行調査は許される。

※浦和事件：前途を悲観して親子心中を図ったが死に切れなかった母親に対し、裁判所が懲役３年・執行猶予３年の判決を下した。

→参議院の法務委員会が、軽すぎるので量刑が不当であるとの決議。

→最高裁は、法務委員会の措置が司法権の独立を侵害し、憲法上許された国政調査権の範囲を逸脱すると抗議（学説も最高裁を支持）。

### ②対一般行政権

公務員の職務上の秘密には及ばないという限界がある。ただし、国政調査権の重要性（行政の民主的統制、国民の知る権利に奉仕）を考えると、「秘密」は国家の重大な利益にかかわるものに限定すべきである。

### ③対検察権

検察は行政に属するが、刑事裁判の公正にかかわる場合には対司法権に準ずる限界がある。

# A64 正解—1

1—正 「証人の出頭及び証言並びに記録の提出」を求めることができるが、憲法に規定されていない捜索・押収などの強制手段は許されない。

2—誤 62 条は「両議院」の権能として規定するが、議院自体の活動に限定するものではなく、これを常任委員会に付託することも認められる。

3—誤 国政調査権も司法権の独立の観点から制限を受けるが、司法権の独立を害さない目的と態様によれば、現に裁判所で審理されている個々の事件についても国政調査は認められる。しかし、「裁判所と同じ目的」で「判決の確定前後を問わず」「当該裁判の内容の当否」を調査することは、司法の独立を害するものとして認められない。

4—誤 検察には準司法的独立性からの配慮が必要ではあるが、独立を害さない目的と態様で国政調査権の対象となりうることは、司法権と同じである。

5—誤 補助的権能説が通説であり、「国権の最高機関であることに基づく、国権を統括するため」という根拠（独立権能説）が妥当ではない。

第1章

第2章

第3章

第4章

第5章

第6章

第7章

第8章

第9章

第10章

# Q65 国会議員の権能

問 日本国憲法に規定する国会議員の地位または権能に関する記述として、妥当なのはどれか。 (国家一般類題)

1 国会議員は、院内の秩序を乱した場合、懲罰として、一定期間の登院停止を受けることがあるが、除名されることはない。

2 国会議員は、国会の会期中に被選挙権を失った場合であっても、その会期中は、国会議員の身分を失うことはない。

3 国会議員は、全国民の代表者としてその職責を全うするため、単独でも国会において議案を発議する権限を有している。

4 国会議員は、議員として行った演説や討論について、院外で刑事上の責任に問われることはないが、民事上の損害賠償責任は問われることがある。

5 国会議員は、院外において現行犯罪を犯した場合には、国会の会期中であるか否かにかかわらず逮捕される。

## PointCheck

●議員の特権‥‥‥‥‥‥‥‥‥‥‥‥‥‥‥‥‥‥‥‥‥‥‥‥‥‥‥‥‥‥‥‥‥‥【★★☆】

　国会議員の特権は、歳費受領権・不逮捕特権・免責特権の3つである。現実の国会活動はともかく、国会議員は国民の利益を実現すべく国民が議会に送り込んだ代表である。議会での活発な討論の前提を作ることが民主主義のために重要になってくる。国会議員にいい仕事をしてもらうには、ある程度の年俸を提示することはもちろん、身体の安全を保障し、さらに自由な言動も国家国民のためなら大目に見るなどの特権は必要である。

---

**第50条【議員の不逮捕特権】**

　両議院の議員は、法律の定める場合を除いては、国会の会期中逮捕されず、会期前に逮捕された議員は、その議院の要求があれば、会期中これを釈放しなければならない。

**国会法33条【不逮捕特権】**

　各議院の議員は、院外における現行犯罪の場合を除いては、会期中その院の許諾がなければ逮捕されない。

---

　本条の趣旨は、①行政府による逮捕権の濫用から議員の身体の自由を守り、②議院の自由な活動（審議）を保障することにある。

　「法律の定める場合」とは、①院外における現行犯の場合（逮捕権濫用の可能性が小さい）、②議員の所属する議院の許諾のある場合（議院の自律性を害さない）である。逮捕の許諾を議院が与える場合に条件または期限を付けることができるか争われているが、消極的に解した判例がある（東京地決昭29.3.6）。なお、院内における現行犯罪は、議院の内部警察権に

よって自主的に取り扱われる（国会法114条）。

　「逮捕」は、刑事訴訟法上の逮捕・勾引・勾留のみに限られず、他の手続きによる身体の拘束（精神保健法上による保護拘束・警察官職務執行法上の保護措置など）をも含む。また、不逮捕特権は、訴追されない権利を保障するものではない。不逮捕特権が認められる期間は国会の会期中のみであり、参議院の緊急集会が開かれている期間も「会期」に含まれる（国会法100条1項）。国会閉会中の委員会における継続審議中は「会期」に含まれない。これに対して免責特権（51条）は必ずしも「会期中」に限られず、閉会中でも委員会活動が行われていれば免責特権は及ぶ（**Q66**参照）。

　「会期前に逮捕された議員」には、現行犯や前会期中に院の許諾があった者も含まれる。

# A65 正解—5

1—誤　58条2項ただし書は、「議員を除名するには、出席議員の3分の2以上の多数による議決を必要とする」と規定しているので除名もありうる。懲罰には、戒告・陳謝・登院停止・除名の4種類が規定されている（国会法122条）。

2—誤　法律に定めた被選の資格を失ったときは、退職者となる（国会法109条）。会期中でも国会議員の地位を失う。

3—誤　衆議院では20人以上、参議院では10人以上の賛成がないと議員は議案を発議できない（国会法56条1項）。さらに、予算を伴う法律案の場合は、衆議院では50人以上、参議院では20人以上の賛成が必要となる。

4—誤　国会議員は、議院で行った演説、討論または表決について、院外で民事・刑事・懲戒の責任を問われることはない（51条、**Q66**参照）。

5—正　院外における現行犯罪の場合は会期中でも逮捕される（国会法33条）。院の許諾は必要なく、参議院の緊急集会中の参議院議員も同じである（国会法100条）。

# Q66 国会議員の免責特権

問 憲法 51 条の国会議員の免責特権に関する次の記述のうち、正しいものはどれか。

（国家一般）

1 国会議員の免責特権は、議員の国会での職務執行の自由を保障することを目的とするから、もっぱら国会の会期中の行為のみが対象とされ、会期外の行為には免責特権の保障は及ばない。

2 国会議員の免責特権は、広く議員の院内での活動全般を対象とするから、国会議員が国務大臣を兼ねている場合において、その者が院内で国務大臣として行った発言にも免責特権の保障は及ぶ。

3 国会議員の免責特権は、議員が議院で行った演説、討論または表決のみを対象とするから、議員が院外で行った行為については、もはや免責特権の保障は及ばない。

4 免責特権にいう院外で問われない「責任」とは、一般国民ならば負うべき法的な責任をいうから、免責特権の保障は、刑事上の責任のほか民事上の責任も含む。

5 政党が、その政党員である国会議員の議院における発言・表決について、除名等によりその責任を問うことは、憲法が免責特権を保障した趣旨に反し許されない。

## PointCheck

●議員の免責特権……………………………………………………………………【★★☆】

> **第 51 条【議員の発言・表決の無責任】**
> 両議院の議員は、議院で行つた演説、討論又は表決について、院外で責任を問はれない。

本条は、議員が職務を遂行する際、自由に発言・表決できるように、院外で民事責任・刑事責任・懲戒責任を問われないとしたものである。

免責特権を認められる主体は「議員」に限られ、国務大臣には認められない。地方議会の議員には免責特権の保障が及ばないとする判例もある（最大判昭 42.5.24）。

「議院で行つた」とは、議事堂内部でという意味ではなく、議院の活動として職務上行ったという意味である。したがって、地方公聴会における発言も免責特権の対象となる。もちろん、野次や私語は「議院の活動」とはいえない。

免責を受ける行為の範囲については争いがあるが、判例は、演説・討論・表決に限られるわけではなく職務に付随した行為にも及ぶとする(広義説)。しかし、暴力行為(国会での乱闘)までは含まれず、その訴追に議院の告発は不要である（判例）。

院外での責任とは、一般国民なら負うべき、民事責任・刑事責任・懲戒責任のことである。政党や所属団体からの制裁は、私的関係に基づく責任であるので免責特権とは関係がない。

第49条【議員の歳費】
　両議院の議員は、法律の定めるところにより、国庫から相当額の歳費を受ける。

国会法第35条【歳費】
　議員は、一般職の国家公務員の最高の給与額より少なくない歳費を受ける。

　「歳費」とは、1年を基準としての金額を定める支給金のことであるが、必ずしも1年単位で支給しなければならないわけではなく、実際には各月分に分けて支給されている。裁判官の報酬と異なり「法律事項」とされているが、裁判官のように在任中減額されない権利が保障されているわけではない（79条6項、80条2項参照）。

❖判例

◉**国会議員の免責と国の賠償責任**（最判平9.9.9）

▶**判旨**

　国会議員が国会の質疑、演説、討論等の中でした個別の国民の名誉又は信用を低下させる発言につき、国家賠償法1条1項の規定にいう違法な行為があったものとして国の損害賠償責任が肯定されるためには、当該国会議員が、その職務とはかかわりなく違法又は不当な目的をもって事実を摘示し、あるいは、虚偽であることを知りながらあえてその事実を摘示するなど、国会議員がその付与された権限の趣旨に明らかに背いてこれを行使したものと認め得るような特別の事情があることを必要とする。

※国会議員個人が免責され国の賠償責任が肯定されることはあるが、特別の事情が必要である。

# A66 正解—4

1—誤　免責特権の保障は、院の内外を問わず、およそ議院の活動の一環として議員が職務上行った発言を対象とする。会期中であれ会期外であれ、議員の職務活動であれば保障の対象となる。会期外か否かを問題とするのは、不逮捕特権である（50条）。

2—誤　免責特権は「議員」の特権であるので、国会議員が国務大臣を兼ねている場合において、その国務大臣として行った発言には免責特権の保障は及ばない。

3—誤　肢1の解説で述べたように、議院の活動の一環として議員が職務上行った発言であれば、例えば地方公聴会での発言などのように院外で行ったものであっても免責特権の保障は及ぶ。

4—正　免責特権にいう「責任」とは、一般国民ならば負うべき法的な責任、すなわち、刑事上・民事上の責任をいう。なお、ほかに議員が公務員を兼職する場合の懲戒責任も含む。

5—誤　免責特権により免除される責任とは、法的手段による責任のことなので、政党がその所属議員の発言・表決について、除名等により責任を問うことは禁止されていない。

# Q67 国会・会期の種類

国会に関するア～オの記述のうち、妥当なもののみを全て挙げているのはどれか。

(国家一般)

**ア** 常会は、法律案等の議決のために毎年1回召集される。常会の会期は150日間と定められているが、両議院一致の議決により、何度でも会期を延長することができる。

**イ** 内閣は、臨時の必要により臨時会を召集することができる。この場合の召集は、内閣の自由な判断によるため、内閣は、国会の閉会中新たに生じた問題についてのみならず、前の国会で議決されなかった問題の処理のためにも臨時会を召集することができる。

**ウ** 特別会は、内閣総理大臣の指名のみを目的として、衆議院の解散による総選挙の日から30日以内に召集される国会であり、常会と併せて召集することができない。

**エ** 法律案の議決について、衆議院と参議院が異なった議決をした場合において、両院協議会を開いても意見が一致しないときは、衆議院が出席議員の4分の3以上の多数で再可決することによって、当該法律案は法律となる。

**オ** 内閣総理大臣の指名の議決について、衆議院と参議院が異なった議決をした場合には、両院協議会が開かれることになるが、それでも意見が一致しないときは、衆議院の議決が国会の議決とされる。

**1** ア、イ　**2** ア、ウ　**3** イ、オ　**4** ウ、エ　**5** エ、オ

## PointCheck

**◉会期の種類（常会・臨時会・特別会）** ・・・・・・・・・・・・・・・・・・・・・・・・・・・・・・【★★★】

憲法は、常会、臨時会、特別会の3つの会期を定めており、日本国憲法は会期制を採用していると解されている。会期制では、「会期不継続」や「一事不再議」が原則とされるが、前者については国会法に規定がある。なお、召集は内閣の助言と承認に基づき天皇によって行われる（7条2号）。

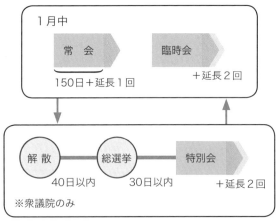

第1章
第2章
第3章
第4章
第5章
第6章
第7章
第8章
第9章
第10章

　臨時会は、常会の閉会後から次の常会までの間に、国会の活動が必要とされる場合に召集される臨時の国会である。

## ⑴臨時会が召集される場合

　①内閣が必要と判断した場合、②いずれかの議院の総議員の４分の１以上の要求、③衆議院の任期満了による総選挙の後、任期開始より 30 日以内、④参議院の任期満了による通常選挙の後、任期開始より 30 日以内

## ⑵特別会の招集

　衆議院が解散された場合、参議院は同時に閉会となり、解散から 40 日以内に衆議院議員総選挙が行われ、総選挙から 30 日以内に特別会が召集される。特別会が召集されると、従前の内閣は総辞職し（70 条）、新たな内閣総理大臣が指名される（67 条１項）。

## ◉参議院の緊急集会（54 条２項・３項）

　①衆議院解散中に臨時の必要に基づき国会を代行する。
　②召集権は内閣にのみ属する（議員の召集要求権は認められていない）。
　③緊急集会で議決可能なもの。

　　法律案……○　　　内閣総理大臣の指名……×
　　予算案……○　　　憲法改正の発議…………×
　　　　　　　　　　　内閣不信任決議…………×
　　　　　　　　　　　条約締結の承認…………×

　④緊急集会で採られた措置は臨時のものであって、次の国会開会の後 10 日以内に衆議院の同意を要する。ただし、同意がなくても遡って無効とはならない。

# A67 正解—3

**ア—誤**　常会における会期（150 日）の延長は、両議院一致の議決で、１回のみと規定されている（国会法 12 条）。

**イ—正**　臨時会は、内閣が必要と判断すれば召集することができる。国会は会期制がとられ、会期不継続により議決に至らない議案は廃案になるのが原則だが、継続審議の議決（閉会中審査）により後会で議案とすることもできる。

**ウ—誤**　特別会は常会と併せて召集することもできる（国会法２条の２）。内閣総辞職後に、特別会では内閣総理大臣の指名選挙がすべての案件に先立ち行われるとされるが（67 条）、それ以前に議長選挙や常任委員専任等が行われ、それ以後に重要議案審議も可能である。

**エ—誤**　衆参で異なる議決をした法律案は、衆院で出席議員の２分の２以上の多数で再可決したときに法律となる。法律案の場合は両院協議会は任意開催である。

**オ—正**　予算・条約・内閣総理大臣の指名の場合の両院協議会は必要的開催である。また、衆院の再議決は必要とされず、両院協議会で成案が得られなければ衆院の議決が国会の議決となる。

# Q68 条約の憲法上の位置付け

**問** 条約に関する次の記述のうち、妥当なものはどれか。 （地方上級）

1 文書による国家間の合意のうち、条約という名称を有するものの成立には国会の承認が必要であるが、協定や協約という名称を有するものの成立には、国会の承認を必要としない。

2 内閣が国会に条約案を提出するにあたっては、衆議院の先議は必要とされていないが、条約の承認の議決に関しては、衆議院の優越が認められている。

3 国会は、条約を一括して承認するかしないかだけでなく、修正付きの承認をすることもでき、その場合には、修正された内容で条約が確定する。

4 条約の国内法としての効力は、内閣が公布することにより発生し、条約と法律が抵触する場合には、条約の効力が法律の効力に劣るものとされている。

5 砂川事件判決で最高裁判所は、日米安全保障条約が、一見極めて明白に違憲無効の場合にあたるとしつつも、同条約が高度の政治性を有することを理由に、違憲審査を回避した。

# PointCheck

## ◉条約と法律の関係……………………………………………………………【★★★】

国内法と国際法の関係について、両者を別次元の問題として互いに影響しないという二元論もある。しかし、通説は、条約も国会の承認（73条）や天皇の公布（7条）が規定され、98条が誠実な遵守をうたっていることから、法律と条約は同一の法体系の中で成立し関係を有するものと考える。したがって、条約は国家間の合意ではあるが、公布されれば国内法として国内的効力を有し、国民も拘束される（公布がなくても遵守義務はある）。その場合には、法律との抵触が生ずる場合もあることになり、その優劣が問題となるが、98条2項で「誠実に遵守する」とした趣旨からは条約の効力が法律に優越すると解されている。したがって、内容の矛盾する既存の法律の規定は、条約の公布によって効力を失う。また、条約に矛盾する法律が後に制定されたとしても、条約はただちにその効力を失うものではない。

## ◉条約と違憲審査……………………………………………………………【★★☆】

81条（違憲審査）と98条1項（最高法規）が条約をあげていないことから、条約に対する違憲審査権の有無が問題となるが、条約も国内法との関連が生じることから憲法適合性の判断がなされなければならない。ただ、統治行為論によって司法権が判断を差し控える場合も生じることがある。判例も、憲法判断の可能性を前提として日米安保条約に関して、一見きわめて明白に違憲無効と認められなければ司法審査は及ばないとした。

## ◉国会による条約の修正について……………………………………………【★★☆】

予算の場合には国会の修正権を肯定すれば、修正された内容の予算がそのまま成立することになる。しかし、条約の場合にはこれと様相がかなり異なる。条約は外国との間の合意で

あるので、仮に国会に条約修正権を認めたとしても、修正された条約がただちに法的効果を持つことにはならない。すなわち、批准前の事前承認における修正では、それは内閣にいったん署名した条約の内容変更の再交渉を義務付けるというだけのことにすぎない。また、批准後の事後承認における修正では、すでに有効に成立している条約の改定を内閣に義務付けるというだけのことにすぎない。したがって、国会による条約修正を肯定する立場に立ってもその意義はあまり大きくない。なお、政府見解は、国会が希望を述べるのは自由であるが、法的な効果を持つ条約修正はまったくできないとしている。

**❖判例**

**◉砂川事件**（最大判昭 34.12.16）

▶**事案**

米軍立川飛行場の抗議デモで基地内に進入した参加者が安保条約特別法違反とされた。

▶**判旨**

安全保障条約は、わが国の存立に極めて重大な関係をもつ高度の政治性を有し、違憲性の判断は締結した内閣と承認した国会の高度の政治的自由裁量的判断である。この憲法判断は、純司法的機能を使命とする司法裁判所の審査には原則としてなじまないものであり、一見極めて明白に違憲無効であると認められない限りは、裁判所の司法審査権の範囲外のものである。第一次的には、条約締結権を有する内閣と承認権を有する国会の判断に従い、終局的には主権を有する国民の政治的批判に委ねられる。

**Level up Point！** 　条約の問題といっても、内閣の批准や国会の修正、違憲審査権など統治全般から知識を総動員することが要求されている。逆に考えると、地方自治以外のどの単元でも条約とからめた出題が可能である。憲法全体を見渡し対応することがポイント。

# A68 正解－2

1—誤　国会の承認を必要とするか否かは、合意につけられた名称ではなくその内容によって定まる。政府の見解では、法律事項・財政事項を含むものや、政治的に重要な国際約束で批准が要件とされるものが、国会の承認が必要となる条約であるとされている。

2—正　条約の承認は参議院から審議することもかまわない。しかし、衆議院の意思と参議院の意思が一致しない場合には、最終的には衆議院の意思が優先される。

3—誤　条約は相手国との合意なので、たとえ国会に修正権を認めるという立場に立ったとしても、その修正された内容について相手国との合意が成立しない限りそれが条約の内容になることはありえない。

4—誤　条約は内閣ではなく、天皇によって公布される（7条1号）。また、条約の効力は法律の効力に優先する。

5—誤　砂川事件で判例は、日米安全保障条約は一見極めて明白に違憲無効の場合にあたらないとして、憲法判断をしなかった。

第1章

第2章

第3章

第4章

第5章

第6章

第7章

第8章

第9章

第10章

# Q69 衆議院の解散

**問** 国会に関するア～オの記述のうち、妥当なもののみをすべて挙げているものはどれか。

（国家一般）

**ア** 衆議院が解散されたときは、解散の日から40日以内に衆議院議員の総選挙を行い、その選挙の日から30日以内に国会を召集しなければならない。

**イ** 衆議院で可決し、参議院でこれと異なった議決をした法律案は、衆議院で総議員の3分の2以上の多数で再び可決したときに法律となる。

**ウ** 両議院は、その各々の議院の会議その他の手続および内部の規律に関する規則を定めることができ、また、院内の秩序を乱す議員を懲罰することができるが、議員を除名するには出席議員の3分の2以上の多数による議決が必要である。

**エ** 衆議院が解散されたときは、参議院は同時に閉会となる。ただし、参議院は、その出席議員の3分の2以上の多数により緊急の必要があると認めたときには、緊急集会を開くことができる。

**オ** 内閣総理大臣は、国会の臨時会の召集を決定することができる。また、いずれかの議院の総議員の4分の1以上の要求があれば、内閣総理大臣は、その召集を決定しなければならない。

1　ア、ウ
2　ア、エ
3　イ、ウ
4　イ、オ
5　エ、オ

## PointCheck

**●衆議院の解散・特別会の召集**………………………………………………………【★★☆】

　54条は、衆議院が解散されたときは、解散から40日以内に総選挙を行い、選挙の日から30日以内に特別会を召集しなければならないとしている。任期満了による総選挙については、公職選挙法31条が議員の任期が終わる日の前30日以内に行うと規定している（参議院議員通常選挙も30日以内、同法32条）。選挙の公示は、いずれも少なくとも12日前に公示しなければならない。

　特別会の特徴は憲法上召集が義務付けられていることだけで、その性質は臨時会と変わらない。解散が年末であれば、特別会と常会が重複することもありうる。なお、任期満了による総選挙の場合に選挙後に召集される国会は、54条の特別会ではなく臨時会であり、任期が始まる日から30日以内に臨時会を召集しなければならないとされる（国会法2条の3）。

第1章

第2章

第3章

第4章

第5章

第6章

第7章

第8章

第9章

第10章

衆議院解散　→（後40日以内）→　総選挙　→（選挙後30日以内）　→　特別会

衆議院任期満了前の30日以内　→　総選挙　→（任期始30日以内）　→　臨時会

### ❖特別な表決数（まとめ）

| 出席議員の３分の２以上 | 議員の資格争訟裁判で議席を失わせる<br>秘密会の決定<br>懲罰で議員除名<br>衆議院での法律案再議決 |
|---|---|
| 出席議員の５分の１以上 | 表決の会議録への記載 |
| いずれかの議院の総議員の４分の１以上 | 臨時会の召集 |
| 各議院の総議員の３分の２以上 | 憲法改正の発議 |

**Level up Point!**　定定数・表決数や、日数について一度しっかり暗記しておくべきだが、ここまでならLEVEL1である。国会法・内閣法の規定にも注意を払いつつ、エのような、規定自体が存在しないような場合にも、原理原則から考えていけることがLEVEL2である。

# A**69**　正解─1

**ア─正**　憲法54条1項。解散されたままの状態が続かないようにとの配慮である。

**イ─誤**　「総議員の」3分の2以上ではなく、「出席議員の」3分の2以上である。

**ウ─正**　議員の自律権として、議院規則制定権・議員懲罰権などの自主運営権と議長その他の役員選任権・議員の資格争訟裁判権・逮捕された議員の釈放請求権などの自主組織権が認められる。

**エ─誤**　緊急集会は、国に緊急の必要がある場合に内閣が閣議決定のうえ内閣総理大臣から参議院議長に集会の請求をして開くことができるのであり、参議院自身でこれを開くことは認められない。

**オ─誤**　「内閣総理大臣は」という部分が間違い。臨時会の召集を決定するのは「内閣」である（53条）。

# Q70 国会・議院・議員の権能

国会に関するア～オの記述のうち、妥当なもののみをすべて挙げているものはどれか。
(国税専門官)

**ア** 両議院の議員は、議院で行った演説、討論または表決について、院外で責任を問われないが、この責任には、民事上の責任は含まれるが、刑事上の責任は含まれない。

**イ** 裁判所で審理中の事件の事実について、国政調査権により議院が裁判所と並行して調査をすることは、たとえ裁判所と異なる目的であっても、司法権の独立を侵害し、国政調査権の範囲を逸脱するものとなる。

**ウ** 各議院の議員は、院外における現行犯罪の場合を除いては、会期中その議員の所属する院の許諾がなければ逮捕されない。

**エ** 両議院の会議は、原則公開とされるが、当該議院の出席議員の3分の2以上の多数で議決したときには秘密会を開くことができ、その秘密会の記録は、事柄の性質上、国政に多大な影響を及ぼすこともあるから、公表することはできない。

**オ** 国会の権能として弾劾裁判所の設置権があり、弾劾裁判所の裁判員は、同時に、裁判官の罷免事由の調査等を行う訴追委員となることができる。

1 ア
2 ウ
3 ア、エ
4 イ、オ
5 ウ、オ

## PointCheck

**●不逮捕特権のまとめ**……………………………………………………………【★★☆】

| | 範囲 | 規定 | 警察による逮捕 | |
|---|---|---|---|---|
| 令状逮捕 | 会期中 | 原則　不逮捕特権（50条） | × | →許諾逮捕<br>→国会法33条：院外現行犯 |
| | | 例外　院の許諾があるとき | ○ | |
| | | 　　　法律の定める場合 | ○ | |
| | | 院の要求があれば会期中釈放 | × | |
| | 会期外 | 逮捕可 | ○ | →通常の令状逮捕<br>※国務大臣の例外（75条） |
| 現行犯逮捕 | 院外 | 例外　院外における現行犯逮捕（国会法33条） | ○ | 会期中・会期外ともに院の許諾は不要 |
| | 院内 | 原則に戻り不逮捕特権あり | × | 院内への介入を許さず、議院の自律的判断に委ねる |
| | | ただし、各院の規則による逮捕（議長の命令が必要） | | |

第1章

第2章

第3章

第4章

第5章

第6章

第7章

第8章

第9章

第10章

① 「逮捕」は刑事訴訟法上の逮捕・勾引・勾留に限らない（警職法の保護措置など）。

② 参議院の緊急集会中も会期中にあたる。

③ 国会閉会中の常任委員会での継続審議・活動は、会期中にあたらない。

④ 刑事責任を免除するものではないので、会期中訴追することは可能。

⑤ 身柄の拘束なしに起訴することは可能。

◉ 国務大臣の不訴追特権との差異‥‥‥‥‥‥‥‥‥‥‥‥‥‥‥‥‥‥‥‥【★☆☆】

① 国務大臣は在任中は訴追されない（75 条）が、「訴追」には逮捕・勾留も含まれる。

② 訴追の同意は内閣総理大臣の権限であり、閣議にかける必要はない。

③ 「在任中」の不訴追であり、その他の例外はない。現行犯の例外や会期中の制限はなく、法律で規定することも認められない。

◉ 免責特権の注意点‥‥‥‥‥‥‥‥‥‥‥‥‥‥‥‥‥‥‥‥‥‥‥‥‥‥【★★★】

① 国会議員である国務大臣の発言は、議員としての発言だけが免責される。

② 地方議会の議員や、議院の政府委員には免責特権はない。

③ 「議院で行った」とは、議院の活動としての職務行為を指し、議事堂以外の発言（地方公聴会など）も含まれる。ただし、野次・私語は議員の職務行為にあたらない。

④ 院外の責任とは「法的」責任であり、民事・刑事責任に加え、公務員や弁護士の場合の懲戒責任も含まれる。当然、院内での責任（懲罰）は問うことができる。また、所属政党や企業からの責任追及は免責されない。

**Level up Point!** 国会・内閣等の権限の範囲については、具体例を含めて細かい点まで問われてくる。本問でも、国会と司法、議院と警察など、国家権力間の範囲・限界が問題の中心になっている。

# A70 正解―2

**ア―誤** 院外で問われない責任とは、一般国民が負うべき民事責任（損害賠償責任）、刑事責任（名誉毀損罪など）および議員が公務員との兼職を認められている場合の公務員としての懲戒責任を指す。

**イ―誤** 議院が裁判所とは異なる目的（処罰規定の改正など）から、裁判所で審理中の事件を並行的に調査すること（並行調査）は、調査方法が司法権の独立を侵害するものでない限り許される。

**ウ―正** 憲法は議員の会期中の不逮捕特権を規定しつつ、例外的に会期中逮捕される場合を法律に委ねている（50 条）。国会法は「院外における現行犯の場合」と「その院の許諾を得た場合」に逮捕されるとしている（国会法 33 条）。

**エ―誤** 秘密会であってもその記録がすべて非公開となるわけではなく、「特に秘密を要すると認められるもの」だけである（57 条 2 項）。

**オ―誤** 国会法は、弾劾裁判所の裁判員と訴追委員との兼職を禁じている（国会法 127 条）。訴追する者と裁く者が同一人であっては公正を欠くことになる。

## 1 行政権と議院内閣制

Level 1 ▷ **Q71,Q72,Q74,Q75**

### ⑴行政権の意義 ▶p158

すべての国家作用から、立法作用と司法作用を除いた残りの作用（通説・控除説）。

### ⑵議院内閣制 ▶p159

議会と内閣が一応分立しているが、内閣の存立と存続が議会の信任に依拠している制度（責任本質説）。

※内閣に議会解散権のあることも議院内閣制の要素に含める立場もある（均衡本質説）。

### ⑶日本国憲法における議院内閣制の現れ ▶p160

①内閣は行政権の行使について、国会に対し、連帯して責任を負う（66条3項）。

②内閣総理大臣は、国会議員の中から国会の議決で指名する（67条）。

　（内閣総理大臣は、国会議員であり続けなければならない）

③内閣総理大臣が欠けたときや衆議院議員の総選挙後に初めて国会の召集があったときは、内閣は総辞職する（70条）。

④国務大臣は、内閣総理大臣が自由に任命・罷免できる（68条2項）。

⑤国務大臣の過半数は、常に国会議員で占められていなければならない（68条1項）。

⑥国務大臣は、国会に出席する権利と義務がある（63条）。

⑦衆議院が内閣不信任を可決したとき、内閣は10日以内に解散しない限り、総辞職をしなければならない（69条）。

## 2 独立行政委員会

Level 2 ▷ **Q78**

### ⑴独立行政委員会の意義 ▶p172

内閣から独立して行政を担当する機関（人事院・公正取引委員会・国家公安委員会など）。

特色：①法律上は内閣の下にあるが、職務執行にあたっては内閣の指揮監督を受けない、

　　　②合議制の機関、③準立法権・準司法権を有する。

### ⑵合憲性肯定の仕方（憲法65条との関係）

①内閣のコントロールを認める説：内閣に委員の任命権があり、独立行政委員会の予算は内閣が作成することから、独立行政委員会といえども内閣のコントロール下にある。

②65条の例外とする説：65条は、すべての行政権が内閣のコントロール下になければならないとするものではない。

## 3 内閣総理大臣の権能

Level 1 ▷ **Q73,Q76**　Level 2 ▷ **Q80**

### ⑴国務大臣の任免権（68条）▶p162 ▶p166

※内閣総理大臣の一身専属的権限で、副総理も代行できない。

(2)内閣を代表して議案を国会に提出する権限（72条）
(3)一般国務および外交関係について国会に報告する権限（72条）
(4)行政各部に対する指揮監督権（72条）
　　内閣法6条：内閣総理大臣は、閣議で決定した方針に基づいて行政各部を指揮監督する。
(5)法律・政令への連署（74条）
(6)国務大臣の訴追に対する同意権（75条）

## 4 内閣の権能　　　　　　　　　　　　　　　　Level 1 ▷ **Q74〜Q77**

(1)法律の誠実な執行と国務の総理（73条1号）▶p166　▶p170
(2)外交関係の処理（73条2号）
(3)条約の締結（73条3号）
(4)官吏に関する事務の掌理（73条4号）
(5)予算の作成と国会への提出（73条5号）
(6)政令の制定（73条6号）
(7)恩赦の決定（73条7号）
(8)その他の一般行政事務（73条本文）
(9)天皇の国事行為に対する助言と承認（3条、7条）
(10)最高裁判所長官の指名（6条2項）
(11)その他の裁判官の任命（79条1項、80条1項）
(12)国会の臨時会の召集（53条）
(13)予備費の支出（87条）
(14)決算審査および財政状況の報告（90条1項、91条）

## 5 衆議院の解散　　　　　　　　　　　　　　　Level 2 ▷ **Q79**

(1)解散の意義 ▶p152　▶p174
　┌民主主義的側面：解散後の総選挙に民意が反映される
　└自由主義的側面：議会の不信任に対する内閣の反発
(2)解散をなしうる場合
　①69条の場合に限る（少数説）。
　②69条の場合だけに限らない（通説）→解散の民主主義的側面を重視。
　③衆議院の決議でなす自律的解散は認められない（通説）。
(3)解散権の根拠
　①69条説→解散を69条の場合に限定する立場の帰結。
　②65条説→行政の概念についての控除説による。
　③7条3号説（通説）→内閣の「助言と承認」権の中に実質的決定権が含まれる。
　④制度説→均衡本質説における議院内閣制を憲法は採用していることを前提にする。

第1章
第2章
第3章
第4章
第5章
第6章
第7章
第8章
第9章
第10章

# Q71 議院内閣制の意義

**問** 議院内閣制に関する次の記述のうち、妥当なのはどれか。　　　　　　（国家一般類題）

**1** 日本国憲法においては、議会による内閣の民主的コントロールを重視した議会優位型の議院内閣制が採用されており、内閣による議会の解散権は、議会の内閣不信任決議のあった場合にのみ行使しえるものと解されている。

**2** 議院内閣制は、元来、立憲君主制の下で君主と議会の権力の均衡をねらって成立した政治形態であり、18世紀から19世紀初頭にかけてフランスにおいて自然発生的に成立したものである。

**3** 成立した当初の議院内閣制は、①行政権が君主と内閣に分属し、内閣は君主と議会の双方に対して責任を負うこと、②議会の内閣不信任決議と君主の議会解散権という手段によって議会と君主とが抑制と均衡の関係にあることを主要な特徴とするものであった。

**4** 19世紀半ば以降、君主の権限が名目化し、行政権が内閣に一元化する傾向が強まった結果、議院内閣制は議会優位の政治制度へと変容し、現在のイギリスにおいては、議会の解散権が制限された議会優位型の議院内閣制が採用されている。

**5** 国民によって直接選挙される大統領と議会が対抗関係にあって、大統領は議会の解散権を有し、首相は大統領によって任命されるが議会の信任をも在職の要件とするという体制は、大統領制的議会制ともいわれ、現在のドイツにおいて採用されている。

## PointCheck

●内閣の地位と議院内閣制･････････････････････････････････････････････【★★★】

| | 国会 | | | 内閣 | | | 裁判所 | | |
|---|---|---|---|---|---|---|---|---|---|
| 形式 | 立法 | | | 行政 | | | 司法 | | |
| 実質 | 立法 | 行 | 司 | 立 | 行政 | 司 | 立 | 行 | 司法 |

実質的意義の行政　＝　国家作用　−　立法　−　司法

**(1)行政権の意義**

　憲法は、内閣を行政権の主体とする。明治憲法下では、内閣は憲法上の制度ではなく、勅令（内閣官制）に基づく機関であった。しかも、内閣は行政権の主体ではなく、天皇の行政権を補弼する位置にあったにすぎない。行政権（実質的意義）の意味については、すべての国家作用から立法と司法を除いた残りの作用であると解されている（控除説）。

**(2)議会と政府の関係（諸外国の例）**

　①アメリカ型（大統領制）

　②ワイマール期ドイツ型（超然内閣制）…政府は君主に対し責任を負い、議会には負わない。

③スイス型（会議制）…政府が議会に選任され、その指揮に服する。
④イギリス型（議院内閣制）…議院内閣制の発祥地。

**⑶議院内閣制の本質**
　①議会と政府が一応分立（スイス型の会議制と異なる点）
　②政府が議会に対して連帯責任を負う…責任本質説
　　（アメリカ型の大統領制と異なる点）
　③内閣が議会の解散権を有する…均衡本質説
　　（古典的なイギリス型の権力の均衡を重視）

**●解散権の根拠と限界**

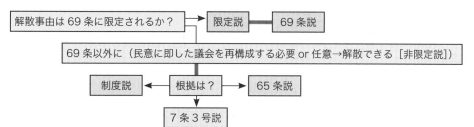

**⑴解散権の根拠**
　①解散事由を69条に限定
　　69条説：内閣不信任決議の効果
　②解散事由を69条に限定しない
　　(a)　65条説：行政権の作用　　(b)　制度説：議院内閣制　　(c)　7条3号説（通説）
**⑵解散権の限界**
　①限界なし　任意の解散を認める。
　②限界あり（有力説）

# A71 正解—3

1—誤　解散は69条所定の事由に限定されない（通説、**Q79**参照）。
2—誤　議院内閣制の発祥地はイギリスである。
3—正　古典的権力分立、議院内閣制では、未だ君主制を基盤としていた。
4—誤　議会優位ではなく行政権優位となった。また、解散権が制限された議会優位型の議院内閣制という記述も誤りである。
5—誤　このような大統領制はフランス（半大統領制）のそれに近く、ドイツの大統領は名目的元首である。

第1章
第2章
第3章
第4章
第5章
第6章
第7章
第8章
第9章
第10章

# Q72 議院内閣制の根拠規定

> 問 日本国憲法における議院内閣制に関係のないものは、次のうちどれか。　　（地方上級）

1 内閣総理大臣は、国会議員の中から国会の議決に基づいて指名される（憲法67条1項）。
2 内閣総理大臣が国務大臣を任命するにあたっては、その過半数は国会議員でなければならない（憲法68条1項）。
3 内閣総理大臣は、内閣を代表して予算案や法律案を国会に提出する（憲法72条）。
4 衆議院で内閣不信任案が可決されると、10日以内に衆議院が解散されない限り、内閣は総辞職しなければならない（憲法69条）。
5 内閣は国会に対して連帯して責任を負う（憲法66条3項）。

# PointCheck

●日本国憲法の議院内閣制‥‥‥‥‥‥‥‥‥‥‥‥‥‥‥‥‥‥‥‥‥‥‥‥‥‥‥‥【★★★】

　日本国憲法の諸規定から、憲法は議院内閣制を採用していると解されている。議院内閣制の本質について、内閣からの解散権を重視する均衡本質説もあるが、民主的責任行政の確保に重きを置き解散権は重視しない責任本質説が有力とされる。

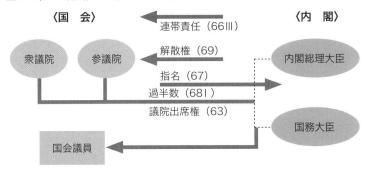

　議院内閣制とは、一般に議会の信任を内閣（政府）の存立の基礎とする制度をいう。内閣は議会に対して政治的責任を負い、閣僚の過半数は議会に議席をもつ。議会の信任に内閣の基礎を置くことは、議会を通じての内閣に対する民主的コントロールを及ぼすことを目的としているからである。なお、内閣による議会解散権を不可欠の要素とするかについては争いがあり、これを要するとする説も有力である。

---

**第66条【内閣の組織、国会に対する連帯責任】**
①内閣は、法律の定めるところにより、その首長たる内閣総理大臣及びその他の国務大臣でこれを組織する。
②内閣総理大臣その他の国務大臣は、文民でなければならない。

③内閣は、行政権の行使について、国会に対し連帯して責任を負ふ。

**内閣法第2条【組織、連帯責任】**

①内閣は、国会の指名に基づいて任命された首長たる内閣総理大臣及び内閣総理大臣により任命された国務大臣をもつて、これを組織する。

②前項の国務大臣の数は、14人以内とする。ただし、特別に必要がある場合においては、3人を限度にその数を増加し、17人以内とすることができる。

**国家行政組織法第5条【行政機関の長】**

①各省の長は、それぞれ各省大臣とし、内閣法にいう主任の大臣として、それぞれ行政事務を分担管理する。

③各省大臣は、国務大臣のうちから、内閣総理大臣が命ずる。ただし、内閣総理大臣が自ら当たることを妨げない。

内閣は、内閣総理大臣とその他の国務大臣からなる合議体の機関であり、内閣総理大臣は内閣の首長である。内閣総理大臣を含むすべての国務大臣は、「文民」（**Q75**参照）でなければならない。

内閣は国会に対し連帯して責任を負うが、これは国民とは直接の関係を持たない内閣が、国民の代表機関である国会に対する責任を通じて、国民に対する政治責任を明確にさせる、という趣旨である。ここでの責任の内容は、法的責任ではなく政治的責任とされる。連帯責任は、国務大臣の単独責任を免れさせるものではない。

# A72 正解—3

1—誤　関係がある。議会による民主的コントロールを表す趣旨である。

2—誤　関係がある。これも議会による民主的コントロールを表す趣旨である。

3—正　関係がない。これは内閣総理大臣の首長的地位を表したものであり、議院内閣制とは直接の関係はない。

4—誤　関係がある。議会による信任を基礎とする趣旨の現れである。なお、これを内閣による議会解散権を示したものととらえるとしても、やはり議院内閣制を表す規定ということができる。

5—誤　関係がある。議会による民主的コントロールを表す趣旨である。

# Q73 内閣と内閣総理大臣の地位

**問** 内閣及び内閣総理大臣に関する次の記述のうち、正しいものはどれか。 （地方上級）

1 内閣は首長たる内閣総理大臣および20人以内の国務大臣により組織され、各大臣は必ず主任の大臣として行政事務を分担管理し、行政事務を分担管理しない大臣は認められない。

2 内閣は、衆議院の解散中、国に緊急の必要があるときは参議院の緊急集会を求めることができ、そこでは内閣の提出案件およびそれと関連する事項についてのみ審議が認められる。

3 国務大臣は、内閣総理大臣の同意がなければ、その在任中はもちろん、退任後も訴追されない。

4 権力分立の観点から、内閣総理大臣は最高裁判所の長たる裁判官を指名し、その他の最高裁判所の裁判官および下級裁判所の裁判官を任命する権限を有する。

5 内閣総理大臣は、国務大臣を任意に任命・罷免することができるから、これを閣議にかける必要はなく、また天皇の認証も要しない。

## PointCheck

**●内閣総理大臣の指名**･････････････････････････････････････････【★★★】

### 第67条【内閣総理大臣の指名、衆議院の優越】

①内閣総理大臣は、国会議員の中から国会の議決で、これを指名する。この指名は、他のすべての案件に先だつて、これを行ふ。

②衆議院と参議院とが異なつた指名の議決をした場合に、法律の定めるところにより、両議院の協議会を開いても意見が一致しないとき、又は衆議院が指名の議決をした後、国会休会中の期間を除いて10日以内に、参議院が、指名の議決をしないときは、衆議院の議決を国会の議決とする。

内閣総理大臣は「国会議員の中から」指名される。衆議院議員の中から指名されているのが実際であるが、それは慣行にすぎない。なお、任命は天皇が行う。内閣総理大臣に指名された国会議員が議員の資格を失った場合は、内閣総理大臣の地位にとどまることはできない、とするのが通説である（国会議員であることは内閣総理大臣の在任要件でもある）。

**●国務大臣と主任の大臣**･････････････････････････････････････【★★☆】

### 第68条【国務大臣の任命及び罷免】

①内閣総理大臣は、国務大臣を任命する。但し、その過半数は、国会議員の中から選ばれなければならない。

②内閣総理大臣は、任意に国務大臣を罷免することができる。

### 内閣法３条【行政事務の分担管理、無任所大臣】
①各大臣は、別に法律の定めるところにより、主任の大臣として、行政事務を分担管理する。
②前項の規定は、行政事務を分担管理しない大臣の存することを妨げるものではない。

　国務大臣とは、内閣を組織する大臣のことである。これに対し、主任の大臣とは、法務省や財務省など各省のトップに座る大臣のことである。国家行政組織法は主任の大臣を各省大臣と呼んでいる。各省大臣は、国務大臣の中から内閣総理大臣によって選任され、国務大臣を兼ねる。これにより、内閣は閣議に基づき行政各部をコントロールすることができる。国務大臣の中には、各省の大臣ではない単なる国務大臣もいる（無任所大臣）。国務大臣の数は原則として14人以内だが、特別に必要がある場合には、3人を限度にその数を増加し、17人以内とすることができる（復興庁設置の特例で、現在は原則15人から18人以内となる）。国務大臣の任免権は、内閣総理大臣の専権によって任意に行うことができる（閣議一致の意見に基づく必要はない）。

## A73 正解－2

1―誤　内閣は内閣総理大臣と原則14人以内の国務大臣により組織されるが（66条、内閣法2条1・2項）、この場合、行政事務を分担管理しない大臣（無任所大臣）をおくことは妨げられない（内閣法3条2項）。

2―正　内閣は、衆議院の解散中、国に緊急の必要があるときは参議院の緊急集会を求めることができる。そこでは内閣の提出案件およびそれと関連する事項についてのみ審議が認められる（国会法99条1項、101条、102条）。

3―誤　国務大臣の訴追は、その在任中のみ内閣総理大臣の同意を要する（75条）。

4―誤　最高裁判所の長たる裁判官は「内閣」の指名により天皇が任命し（6条2項）、その他の最高裁判所の裁判官は、「内閣」が任命し（79条1項）、天皇が認証する（7条5号、裁判所法39条3項）。

5―誤　内閣総理大臣は国務大臣を任命・罷免することができる（68条）。これは内閣総理大臣の専権であり、閣議にかける必要はない。しかし、天皇の認証は必要である（7条5号）。

# Q74 内閣の権能

内閣に関するア～オの記述のうち、妥当なもののみをすべて挙げているのはどれか。

(国税専門官・労働基準監督官)

**ア** 内閣の職務の一つに、外交関係を処理することがあるが、条約の締結に当たっては、必ず事前に国会の承認を経なければならないことが憲法で規定されている。

**イ** 内閣総理大臣は、衆議院議員の中から国会の議決で指名され、衆議院と参議院で異なった指名の議決をした場合に、両議院の協議会を開いても意見が一致しないときは、衆議院の議決が国会の議決となることが憲法で規定されている。

**ウ** 内閣総理大臣が欠けたとき、又は衆議院議員総選挙の後に初めて国会の召集があったときは、内閣は、総辞職をしなければならないことが憲法で規定されている。

**エ** 憲法第7条が定める天皇の国事行為の一つとして、衆議院の解散が挙げられており、内閣には実質的な衆議院の解散権があるとされているが、衆議院自身にも解散決議による自律的な解散権があるとする点で学説は一致している。

**オ** 内閣総理大臣が行政各部に対し指揮監督権を行使するためには、閣議にかけて決定した方針が存在することを要するが、閣議にかけて決定した方針が存在しない場合においても、内閣総理大臣は、少なくとも、内閣の明示の意思に反しない限り、行政各部に対し、その所掌事務について一定の方向で処理するよう指導、助言等の指示を与える権限を有するとするのが判例である。

**1 ウ　2 エ　3 オ　4 ア、イ　5 ウ、オ**

# PointCheck

◉**内閣が総辞職しなければならない場合**‥‥‥‥‥‥‥‥‥‥‥‥‥‥‥‥‥‥‥‥【★★☆】
　①衆議院で不信任の決議が可決または信任の決議が否決された場合
　②衆議院の総選挙後、新国会が召集された場合
　③内閣総理大臣が欠けたとき

◉**内閣総理大臣が欠けたときにあたる場合**‥‥‥‥‥‥‥‥‥‥‥‥‥‥‥‥‥‥‥‥【★★☆】
　①内閣総理大臣の死亡・失踪
　②内閣総理大臣となる資格の喪失
　　→国会議員の地位を失う（除名・資格争訟・選挙訴訟などによる場合）
　③内閣総理大臣を辞職

第1章

第2章

第3章

第4章

第5章

第6章

第7章

第8章

第9章

第10章

❖内閣総理大臣が欠けた場合の流れ

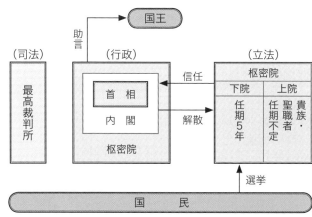

●参考：イギリス議院内閣制

　イギリスで発達した議院内閣制は、日本と同様に内閣が議会の信任によって組織され、内閣は連帯して議会に責任を負うというものである。また、議会が内閣を信任しない場合、内閣は総辞職するか、下院を解散して国民の信を問わなければならない。このような内閣の連帯責任制は、1742 年下院の不信任にしたがってウォルポール内閣が総辞職したことに始まる。議会は上院と下院の二院制をとるが、1911 年の議会法によって下院優越の原則が確立した。

# A74 正解—5

**ア—誤**　国会の承諾は事後でもよい（73 条 3 号）。

**イ—誤**　内閣総理大臣は衆参両院の「国会議員の中から」指名される（67 条 1 項）。

**ウ—正**　70 条のとおり。

**エ—誤**　衆議院の多数派が少数派の地位を奪える不都合が生じ、自律解散説は少数説。

**オ—正**　内閣総理大臣の職務権限が争点となったロッキード事件丸紅ルート（最大判平
7.2.22）の判旨である。閣議で決定された方針が存在しない場合であっても、
運輸大臣に対する働きかけは、一般的には内閣総理大臣の指示として、職務権
限に属するとされた。

# Q75 内閣と内閣総理大臣の関係

**問** 内閣に関する次の記述のうち、正しいものはどれか。 （地方上級）

1 内閣は、内閣総理大臣とその他の国務大臣からなり、国務大臣は内閣総理大臣により任命されるが、その過半数は衆議院議員の中から選ばなければならない。

2 内閣は、行政権の最高機関であり、すべての行政機関を統括する権能を有することとされているから、内閣から独立した行政機関を設けることは憲法に違反する。

3 内閣の意思決定は閣議によるが、その決定は多数決により行うのを原則とし、可否同数の場合には内閣総理大臣がその決定を行う。

4 内閣は、予見しがたい予算の不足にあてるため、国会の議決に基づかずに予備費を設け、内閣の責任でこれを支出することができる。

5 内閣は、条約を締結する権能を有するが、条約を締結する場合には、事前あるいは事後のいずれかに国会の承認を経なければならない。

## PointCheck

**◉内閣総理大臣の地位と内閣の関係**…………………………………………………………【★★★】
　内閣総理大臣は、次にあげる権限に基づいて内閣をコントロールし、以下の内閣の権能を行使していくこととなる。

**⑴内閣の構成に関する権限**（内閣総理大臣⇔国務大臣）
　①国務大臣の任免権（68条）
　②国務大臣の訴追に対する同意権（75条）

**⑵内閣を主導する権限**（内閣総理大臣⇔内閣）
　①内閣の代表（72条）
　②閣議の主宰（内閣法4条2項）…全員一致・非公開
　③内閣がその職権を行うのは、閣議によるものとする（内閣法4条1項）。
　④法律・政令への国務大臣の署名と内閣総理大臣の連署（74条）

**◉内閣の権能**…………………………………………………………………………………………【★★☆】
　①法律の誠実執行・条約締結・政令制定・予算の作成提出（73条各号）
　②最高裁長官の指名（6条2項）
　③長たる裁判官以外の裁判官の任命（79条）
　④臨時会の召集の決定（53条）
　⑤国事行為への助言と承認（7条）
　　※以上の権能は、内閣総理大臣の権能と混同しやすいので特に注意すること。

●「文民」について ……………………………………………………………【★☆☆】

　憲法 66 条 2 項は、内閣総理大臣その他の国務大臣は文民でなければならないと規定している。この文民の意義については、次の見解がある。

　①現在職業軍人でない者　②過去に職業軍人でなかった者　③現在自衛官でなく、また過去に職業軍人の経歴を持っていても軍国主義思想を持たない者

　①の見解は、自衛隊を軍隊ではないと解釈する以上規定の意味がないことになる、と批判される。②の見解も、時の経過とともに次第に無意味な規定となる。

　③の見解が政府見解であり、試験対策としてはこの見解を覚えておこう。

●明治憲法の内閣・内閣総理大臣…………………………………………………【★☆☆】

　現憲法では内閣は憲法上の制度（5 章）であるが、戦前は内閣官制にすぎなかった。内閣総理大臣も「国務各大臣」の一人として他の国務大臣と対等の地位にあり、内閣官制上、「各大臣の首班」（同輩中の首席）と規定されるのみであった。他の大臣の任免権はなく、各省大臣に対する統制権限は弱いものであった。

# A75 正解─5

1─誤　内閣は内閣総理大臣とその他の国務大臣からなり、国務大臣は内閣総理大臣により任命される。ただし、議院内閣制の趣旨から、その過半数は「国会議員」の中から選ばなければならない（68 条 1 項）。しかし、「衆議院議員」である必要はない。

2─誤　行政権は内閣に属するとされている（65 条）が、これは内閣から独立した行政機関を設けることを許さないという趣旨ではない。その例として、人事院や公正取引委員会などの独立行政委員会がある（**Q78** 参照）。

3─誤　内閣の意思決定は閣議によるが（内閣法 4 条）、その決定は明治憲法以来の慣例により全員一致によるとされている。

4─誤　内閣は、予見しがたい予算の不足に充てるため予備費を設けることができるが、その場合、国会の議決は必要である（87 条 1 項）。なお、支出については事前に議決の必要はないが、事後に議決が必要である（同条 2 項）。

5─正　内閣は、条約を締結する権能を有する。この場合、事前にあるいは時宜によっては事後に国会の承認を経ることが必要である（73 条 3 号）。

# Q76 内閣と内閣総理大臣の権能

**問** 内閣および内閣総理大臣の権能に関する次の記述のうち、正しいものはどれか。

（国家一般）

1 内閣が締結権限を有する条約は、国家間の権利義務に関する法的な合意をすべて意味し、必ずしも「条約」という名称を有するものに限られず、また、文書によるものに限られない。

2 内閣が事務を掌理する官吏とは、国の行政作用に従事する公務員をいうから、立法作用または司法作用に従事する公務員を含まず、また、地方公共団体の公務員も含まない。

3 内閣は、憲法および法律の規定を実施するために、政令制定権を有するとされているから、憲法の規定を直接実施するための政令を制定することも内閣の権能として認められる。

4 大赦・特赦・減刑については内閣の権能と認められているが、刑の執行の免除・復権については司法作用に属するものであるから、これを行うのは最高裁判所である。

5 内閣総理大臣は国務大臣を任意に罷免することができるが、当該罷免は天皇により認証されるべきこととされていることから、認証があるまでは罷免の効力は生じない。

---

# PointCheck

## ●政令について ･･････････････････････････････････････････････････････【★★☆】

政令とは、内閣の制定する命令である。これには、執行命令と委任命令がある。

### (1)執行命令

憲法および法律の規定を実施するために制定されるもの。法律の実施のための細目的・手続的事項が定められる。なお、憲法を直接に実施する政令は認められない。

### (2)委任命令

法律の委任（授権）に基づいて、法律の所管事項を定めるもの。

憲法73条6号は、罰則の制定について法律の委任が必要なことを規定したものであるが、これから、法律の所管事項一般についての委任命令も認められると解されている。法律による委任（授権）の仕方は、個別的・具体的になされたものでなければならない。したがって、一般的・包括的な委任は認められない。

## ●再委任の可否 ････････････････････････････････････････････････････【★☆☆】

再委任とは、法律により授権された政令が、さらに府令・省令・告示などに委任することをいう。再委任は、根拠となった法律が認めている場合は別として、原則として許されない。しかし、やむをえない合理的理由があり、かつ再委任の範囲が相当に絞られていて裁量の余地が厳しく限定されているならば許されると解されている。

第1章
第2章
第3章
第4章
第5章
第6章
第7章
第8章
第9章
第10章

●参考：アメリカ大統領制

　アメリカの大統領制は権力分立を厳格に規定しており、議会と大統領がそれぞれ国民によって選挙されるため独立性が強い。行政府の長である大統領は議会に議席はなく、議会への法案提出権や解散権を持たないが、議会に政策を示す「教書」を送る権限があり、議会が可決した法案に拒否権が認められる。

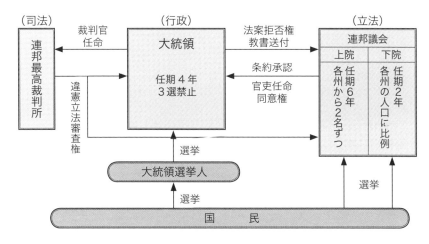

# A76 正解—2

1—誤　内閣が締結権限を有する条約とは、広く国家間の文書による合意をいう。したがって、文書によらないものはここにいう条約ではない。また、内閣が締結権を有し国会の承認を要する条約には、条約を実施する細則や条約の委任に基づくものは含まれない。

2—正　73条4号により、内閣がその事務を掌理する「官吏」とは、行政権の活動に従事する国家公務員をいうものと解するのが通説である。したがって、立法作用または司法作用に従事する公務員および地方公共団体の公務員等はここにいう「官吏」ではない。

3—誤　内閣は政令制定権を有するが（73条6号）、立法権は国会に属するので、内閣が憲法を直接実施する政令を定めることはできない。

4—誤　大赦・特赦・減刑のみならず、刑の執行の免除・復権も含めた恩赦の決定は、内閣の権能とされている（73条7号）。

5—誤　内閣総理大臣が国務大臣を罷免したときに罷免の効果が生じる。天皇の認証は形式的行為にすぎず、認証されるまでその効力が生じないのではない。

# Q77 内閣と内閣総理大臣の職務

**問** 次のA～Gは、内閣の職務または内閣総理大臣の職務を挙げたものであるが、後者に属するものの組み合わせとして正しいものはどれか。

(地方上級)

A 法律を誠実に執行し、国務を総理すること
B 行政各部を指揮監督すること
C 議案を国会に提出すること
D 予算を作成して国会に提出すること
E 参議院の緊急集会を求めること
F 一般国務および外交関係について、国会に報告すること
G 恩赦を決定すること

1 A B E
2 A D G
3 B C F
4 C E F
5 D E G

# PointCheck

**●内閣の職務と内閣総理大臣の職務で注意すべきもの**………………………………【★★★】
　①議案を国会に提出→内閣総理大臣（内閣を代表。72条）
　②一般国務並びに外交関係について国会に報告→内閣総理大臣（内閣を代表。72条）
　③行政各部を指揮監督→内閣総理大臣（内閣を代表。72条）
　④国会・国民に対し、国の財政状況について報告→内閣（91条）
　⑤予算を作成・提出→内閣（73条5号）
　⑥決算を国会に提出→内閣（90条1項）
　⑦法律・政令に連署→内閣総理大臣（74条）

**第72条【内閣総理大臣の職務】**
　内閣総理大臣は、内閣を代表して議案を国会に提出し、一般国務及び外交関係について国会に報告し、並びに行政各部を指揮監督する。
**内閣法第6条【行政各部の指揮監督】**
　内閣総理大臣は、閣議にかけて決定した方針に基いて、行政各部を指揮監督する。
**内閣法第7条【権限疑義の裁定】**
　主任の大臣の間における権限についての疑義は、内閣総理大臣が、閣議にかけて、これを裁定する。

第73条【内閣の職務】
　内閣は、他の一般行政事務の外、左の事務を行う。
一　法律を誠実に執行し、国務を総理すること。
二　外交関係を処理すること。
三　条約を締結すること。但し、事前に、時宜によつては事後に、国会の承認を経ることを必要とする。
四　法律の定める基準に従ひ、官吏に関する事務を掌理すること。
五　予算を作成して国会に提出すること。
六　この憲法及び法律の規定を実施するために、政令を制定すること。但し、政令には、特にその法律の委任がある場合を除いては、罰則を設けることができない。
七　大赦、特赦、減刑、刑の執行の免除及び復権を決定すること。
内閣法第4条【閣議】
①内閣がその職権を行うのは、閣議によるものとする。
②閣議は、内閣総理大臣がこれを主宰する。この場合において、内閣総理大臣は、内閣の重要政策に関する基本的な方針その他の案件を発議することができる。
③各大臣は、案件の如何を問わず、内閣総理大臣に提出して、閣議を求めることができる。

　73条は、内閣が行う一切の行政事務のうち、特に重要なものを例示列挙したものである。
　一号については、内閣には法律の合憲性審査権はないことが重要である。裁判所が違憲と宣言した法律について「誠実に執行」すべきか問題となるが、違憲判決の効力に関する個別的効力説（9章参照）の立場をとったとしても、一応法律の執行は控えて、改正案を議会に提出するよう努力すべきとされる（通説）。
　六号については、執行命令のほか委任命令も認められることが重要である。ただし、憲法を直接に実施する政令は不可とされる。委任の範囲は具体的・個別的に限定されなければならず、一般的・包括的な委任（白紙委任）は許されない。

# A77 　正解－3

　Aの法律を誠実に執行し、国務を総理することは内閣の職務である（73条1号）。Bの行政各部を指揮監督することは、内閣総理大臣の職務である（72条）。Cの議案を国会に提出することは、内閣総理大臣の職務である（72条）。Dの予算を作成して国会に提出することは、内閣の職務である（73条5号）。Eの参議院の緊急集会を求めることは、内閣の職務である（54条2項）。Fの一般国務および外交関係について、国会に報告することは、内閣総理大臣の職務である（72条）。Gの恩赦を決定することは、内閣の職務である（73条7号）。
　したがって、内閣総理大臣の職務を挙げているものは、BとCとFであり、正解は3となる。

# Q78 行政権と独立行政委員会

**問** 独立行政委員会には、現行法上、人事院、公正取引委員会などがあるが、これらは、職権行使につき独立で、委員の身分が保障されているところに共通性があり、行政組織上、一般行政権からの独立性が認められた存在である。そのため、「行政権は、内閣に属する」(65条)という憲法の建前と矛盾しないかが問題となる。次の記述は、独立行政委員会の合憲性の根拠となるものであるが、1つだけ理由付けの視点が異なるものがある。それはどれか。

(地方上級)

1 65条には「すべての行政権は」というような行政権の帰属を限定付ける文言がない。

2 内閣は、独立行政委員会の委員任命権や予算権を掌握している。

3 65条にいう行政権は政治的作用としての執政を意味し、独立行政委員会が行うような非政治的作用は、そもそも行政権には含まれない。

4 65条が行政権を内閣に帰属させているのは、国会に対する責任行政を確保しようとする趣旨であるから、独立行政委員会が直接国会のコントロールを受けるのであれば、同条に反しない。

5 権力分立は、元来、行政府に対する抑制設定にその目的があるから、国会が内閣とは独立の行政機関を設けて、そこに行政権の一部を帰属せしめることも可能である。

## PointCheck

**◉独立行政委員会の問題点**··················································【★★☆】

### (1) 65条との関係

内閣の指揮監督下にない行政機関を認めることは、「行政権は、内閣に属する」とする65条に反しないか。この点が本問で問題となっている。

### (2) 41条との関係

独立行政委員会の持つ準立法権は41条の国会中心立法の原則に反しないか。

→この点は、委任命令と同様に考えてよい。

### (3) 76条との関係

独立行政委員会の持つ準司法権(公正取引委員会のなす審決など)は、76条のすべて司法権は裁判所に属するという規定に反しないか。

→この点については、前審としてであれば認められる(76条2項後段)。

●独立行政委員会の分類…………………………………………………………【★☆☆】

(1)国の独立行政委員会

| 目的・任務 | 代表的委員会 |
|---|---|
| 行政における政治的中立性・政策的一貫性を確保する | 人事院、国家公安委員会、公正取引委員会 |
| 専門的知識・技術・経験を必要とする | 公害等調整委員会、原子力規制委員会 |
| 準司法的手続によって行政処分を行う | 人事院、中央労働委員会、公正取引委員会 |
| 利害調整を目的とし利益代表者が参加し行政上の処理を行う | 中央労働委員会 |
| 国家的行政責任を明確にする | 国家公安委員会 |

※会計検査院は、内閣から独立した地位を有する行政機関であるが、憲法自らが認めた憲法機関と解され、独立行政委員会に含めない。

(2)普通地方公共団体に置かれる独立行政委員会
　　教育委員会、選挙管理委員会、人事委員会

(3)都道府県に置かれる独立行政委員会
　　公安委員会、都道府県労働委員会、収用委員会

**Level up Point!**
　　独立行政委員会の合憲性について、2つのアプローチからの理由付けを区別させるものである。本問のような出題形式には、判例の少ない統治の分野で特に注意したい。たとえば、議院内閣制の均衡本質説・責任本質説、違法審査の付随的審査制・抽象的審査制、予算の国法形式説・法律説など、各説の根拠や論理的帰結を判定させるものである。独立行政委員会については、人事院や公正取引委員会の具体的機能がイメージできると理解が早い。

# A78 正解－2

　　独立行政委員会とは、内閣から独立した地位において特定の行政を行う合議制の行政機関をいう。独立行政委員会が合憲であるための理由には種々あり、大別すると①独立行政委員会もあくまで内閣の指揮・監督下にあるから合憲である、②憲法は内閣から独立した行政機関を設けることを禁止してはいないから合憲である、とするものである。肢2は①に属する内容であり、残りの肢は②に属する内容である。したがって、視点を異にするのは肢2である。

# Q79 解散権の根拠

問 衆議院の解散権の根拠に関しては、7条説、65条説、69条説、制度説、自律解散説の学説がある。次の記述中のA〜Eの5つの説は、前記の1つの説のいずれかに対応している。Dの説に該当する説はどれか。 (地方上級)

* 解散権がどの機関に帰属するかという見地から分類すると、A、B、C、Dの各説からなるグループと、E説とに分類される。
* 解散をなしえるのはいかなる場合かという見地からA、B、C、Dを分類すると、B、C、Dの各説からなるグループと、A説に分類される。
* B説は、天皇の国事行為は、本来、形式的な行為であるわけではなく、内閣の助言と承認を通じて実質的決定がなされる結果、形式的儀礼的なものになると考える。
* C説は、いわゆる控除説を前提としている。

1 7条説　　2 65条説　　3 69条説　　4 制度説　　5 自律解散説

## PointCheck

◉衆議院の解散と解散権の根拠‥‥‥‥‥‥‥‥‥‥‥‥‥‥‥‥‥‥‥‥‥‥‥‥‥【★★★】
　衆議院の解散とは、衆議院議員の任期満了前に議員全員の議員の資格を失わせる行為であり、解散事由が69条に限定されるのか、解散権の根拠とともに争われている。

> **第69条【内閣不信任決議の効果】**
> 　内閣は、衆議院で不信任の決議案を可決し、又は信任の決議案を否決したときは、10日以内に衆議院が解散されない限り、総辞職をしなければならない。

　衆議院が内閣の不信任決議を行った場合には、10日以内に内閣が衆議院を解散するか、内閣が総辞職をするか、どちらかを選択することになる（なお、解散・総選挙となった場合でも、その後の特別会で内閣は総辞職することになる）。
　衆議院の解散は69条の場合に限らない（非限定説）とするのが通説である。69条所定の場合以外にも、民意に即した議会を再構成する必要がある場合（選挙の際に直接の争点とはならなかった重大な問題が生じ、任期満了を待たずに民意を問う必要がある場合など）には解散が必要となるからである。この場合、解散権の根拠は7条3号説に求められ、解散は天皇の国事行為として行われるが、「助言と承認」を与える内閣に実質的決定権があると考えられている（通説）。

◉内閣の解散権の根拠についての学説の整理‥‥‥‥‥‥‥‥‥‥‥‥‥‥‥‥‥‥‥【★★★】
　7条3号説は、本来政治的な行為である「衆議院の解散」が形式的・儀礼的な行為になるのは、内閣が「助言と承認」をするにあたり実質的決定を行うからであるとしている。天皇

問題でPoint を理解する

Level 2 Q79

第1章

第2章

第3章

第4章

第5章

第6章

第7章

第8章

第9章

第10章

の国事行為の条文に解散権の根拠を求めるのは無理があるが、これが通説となっている。

65条説は、行政とは国家作用から立法作用と司法作用を除いた残りであり、衆議院の解散はこの残余に入っているとする見解である。この見解に対しては、解散権という重要な権限を残余の中に入れて考えるというのは安易すぎるという批判がある。

制度説は、議院内閣制とは議会と内閣が抑制し合い均衡する仕組みであるとし、内閣の解散権を議会を抑制する手段として位置付けている。そのうえで、憲法はこのような議院内閣制を採用しているので、内閣には解散権があるとしている。この見解に対しては、憲法が内閣に解散権を付与した議院内閣制を採用しているという前提から出発している点で、循環論法に陥っているとの批判がある。

自律解散説は、69条所定の場合の解散のほか、衆議院による自律解散を認める見解である。この見解に対しては、憲法上明文もないのに、議会の多数派の意思で少数派の議員の地位を奪うことを認めることになるという批判がある。

❖議院内閣制の本質についての学説
　・均衡本質説…内閣の解散権の存在が議院内閣制の本質。
　　　　権力分立を前提とした自由主義的原理から、国家と内閣の均衡を重視する立場。
　・責任本質説（通説）…内閣が国会に対して責任を負うことが議院内閣制の本質。
　　　　国会と内閣の分立を重視し、内閣の民主的コントロールを強調する立場。

Level up Point!　条件の1、2番目から、特別なE説と限定的なA説を決定して、3、4番目の条件からB説とC説を絞り込んでいく。まるで、一般知能の判断推理のような問題だが、憲法については今後特にこのような出題が増えると予想される。学説の知識に拘泥せず、まずはどんな意図で学説が主張されているのかを考えて、根拠・批判を整理すること。

## A79 　正解ー4

まず、各説のうちで、解散権の帰属主体が異なるのが自律解散説であることは「自律」という言葉からすぐにわかり、E説が自律解散説であることが判明する。次に、自律解散説（E説）を除外した残りの説のうち、解散することができる場合を限定するのは、内閣の不信任を規定した69条に根拠を求める69条説なので、A説が69条説であることが判明する。3番目に、天皇の国事行為と関係するのは7条説であることは明らかなので、B説は7条説であることが判明する。4番目に、控除説とは65条の行政の概念に関する見解なので、C説が65条説であることが判明する。以上の結果、残った説は制度説であり、これがD説となる。したがって、肢4が正解となる。

# Q80 内閣総理大臣と国務大臣

**問** 内閣総理大臣および国務大臣に関するア〜オの記述のうち、妥当なもののみをすべて挙げているものはどれか。 （国家一般）

**ア** 内閣総理大臣は、衆議院議員の中から国会の議決によって指名されるので、衆議院が解散された場合には、解散の時点で内閣総理大臣は当然に失職し、それに伴い内閣も総辞職するが、解散後の衆議院議員総選挙の後の最初の国会において新たに内閣総理大臣が任命されるまで引き続きその職務を行う。

**イ** 内閣総理大臣を指名する必要が生じた場合、国会は他のすべての案件に先立ってこれを行うものとされているが、議長の選挙や会期の議決等のいわゆる院の構成に関する事項については、内閣総理大臣の指名の前に行うことができる。

**ウ** 内閣総理大臣は、国務大臣の中から行政事務を分担管理する主任の大臣を命じる。また、主任の大臣の間における権限についての疑義がある場合には、内閣総理大臣は、閣議にかけてこれを裁定する。

**エ** 国務大臣のうち主任の大臣に任命された者は、各省の大臣として行政事務を分担管理するから、閣議への議案提出はその分担管理する行政事務の範囲に限られる。

**オ** 内閣総理大臣は、裁判所による行政処分の執行停止の決定に対し異議を述べることができるが、行政各部の処分または命令を中止させることはできない。

1　ア、ウ
2　ア、エ
3　イ、ウ
4　イ、オ
5　エ、オ

# PointCheck

## ●内閣法重要ポイント・・・・・・・・・・・・・・・・・・・・・・・・・・・・・・・・・・・・・・・・・・・・・・・・・・・・・・・・・・・・・・・・・・・・・【★★☆】

①内閣は、首長たる内閣総理大臣および内閣総理大臣により任命された国務大臣をもって、これを組織する。国務大臣の数は 14 人以内とする。ただし、特別に必要がある場合は、3 人を限度にその数を増加し 17 人以内とすることができる（復興庁の特例あり。**Q73** 参照）。

②各大臣は、別に法律の定めるところにより、主任の大臣として行政事務を分担管理する。行政事務を分担管理しない大臣の存することを妨げない。

③内閣がその職権を行うのは閣議による。閣議は、内閣総理大臣がこれを主宰する。

④各大臣は案件の如何を問わず、内閣総理大臣に提出して閣議を求めることができる。

⑤内閣総理大臣は、閣議にかけて決定した方針に基づいて行政各部を指揮監督する。

問題でPointを理解する

Level 2 **Q80**

第1章

第2章

第3章

第4章

第5章

第6章

第7章

第8章

第9章

第10章

⑥主任の大臣の間における権限についての疑義は、内閣総理大臣が閣議にかけてこれを裁定する。

⑦内閣総理大臣は、行政各部の処分または命令を中止せしめ、内閣の処置を待つことができる。

⑧内閣総理大臣に事故のあるとき、または内閣総理大臣が欠けたときは、そのあらかじめ指定する国務大臣が、臨時に内閣総理大臣の職務を行う。

**Level up Point！**　内閣総理大臣・内閣の権能については、内閣法や国家行政組織法からの出題も多い。行政法の学習とリンクする部分もあるが、すべての法令にあたっている時間はないので、ポイントを効率的にまとめておきたい。ただ、本問は、内容は内閣法に関するものだが、憲法の原理原則から考えるだけで十分正解に達することができる問題になっている。細かい条文に気をとられずに、「考えさせる問題」に対して「試験場で考えられる態度」を養っておきたい。

# A80 正解—3

**ア—誤**　まず、内閣総理大臣は国会議員の中から指名されるのであって、衆議院議員の中からだけ指名されるのではない。次に、本肢のように衆議院が解散された結果、内閣総理大臣が国会議員の地位を失うことになったという場合には、内閣の総辞職は必要ないと解されている。なぜなら、解散→総選挙→選挙後の新国会召集のときに内閣総辞職ということがすでに決まっているからである。

**イ—正**　議長の選挙や会期の決定等については、これらは議院が有効に活動しうるための前提なので、内閣総理大臣の指名よりも先に行うことができると解されている。

**ウ—正**　行政事務を分担管理する主任の大臣（各省大臣）は、国務大臣の中から内閣総理大臣によって選ばれる（国家行政組織法5条）。よって、本肢前半は正しい。また、各省大臣の間の権限についての疑義は、内閣総理大臣が閣議にかけてこれを裁定する（内閣法7条）ので、本肢後半も正しい。

**エ—誤**　国務大臣は、案件の如何を問わず内閣総理大臣に議案を提出して、閣議を求めうる（内閣法4条3項）。

**オ—誤**　前半は正しいが（国家行政組織法27条1項）、後半は正しくない。内閣総理大臣は、行政各部の処分または命令を中止せしめ、内閣の処置を待つことができる（内閣法8条）からである。

Level 1 p180〜p193　Level 2 p194〜p199

## **1** 司法権の範囲

Level 1 ▷ **Q81〜Q83,Q87**　Level 2 ▷ **Q88**

**⑴司法の意義（76条1項）** ▶p182 ▶p188

　具体的な争訟について、法を適用し宣言することによって、これを裁定する国家の作用。

**⑵法律上の争訟（裁判所法3条）**

　「法律上の争訟」＝具体的な争訟(事件性の要件)＋法の適用による解決

**⑶法律上の争訟にあたらず司法権の範囲外とされるもの** ▶p183 ▶p184

　①抽象的法令の解釈または効力についての争い（具体的事件性なし）

❖判例

◉**警察予備隊事件判決**（最大判昭 27.10.8）

　→裁判所は具体的事件を離れて抽象的に法令等の合憲性を判断する権限を有さない。

　②単なる事実の存否、個人の主観的意見の当否、学問上・技術上の論争など
　　→国家試験における合格・不合格の判定は、試験実施機関の最終判断に任せられ、裁判
　　　の対象にならない（最判昭 41.2.8）。
　③純然たる信仰の対象の価値または宗教上の教義に関する判断自体を求める訴えや、単な
　　る宗教上の地位（住職たる地位など）の確認の訴え
　　→◉**板まんだら事件**（最判昭 56.4.7）

## **2** 司法権の限界

Level 1 ▷ **Q82,Q83,Q85,Q86**　Level 2 ▷ **Q89**

**⑴憲法上の例外**

　議員の資格争訟の裁判（55条）、裁判官の弾劾裁判（64条）

**⑵国際法上の制限**

　国際法上の治外法権、条約による裁判権の制限

**⑶自律権に属する行為**

　自律権：懲罰や議事手続など、国会または各議院の内部事項については自主的に決定でき
　　　　　る権能。

❖判例

◉**警察法改正無効事件**（最大判昭 37.3.7）

　→警察法が両院において議決を経たものとされ適法な手続きによって公布されている
　　以上、裁判所は両院の自主性を尊重すべく同法制定の議事手続に関する事実を審理
　　してその有効無効を判断すべきではない。

**⑷自由裁量行為**

　社会経済政策立法、社会権の問題、選挙に関する立法など——立法府の裁量は広い。

**⑸統治行為** ▶p189

①衆議院解散の効力

**❖判例**

◉**苫米地事件**（最大判昭 35.6.8）→解散の効力は裁判所の司法審査権の範囲外。

②条約の合憲性

**❖判例**

◉**砂川事件**（最大判昭 34.12.16）→条約の合憲性は裁判所の司法審査権の範囲外。

**⑹団体の内部事項に関する行為**（部分社会の法理）

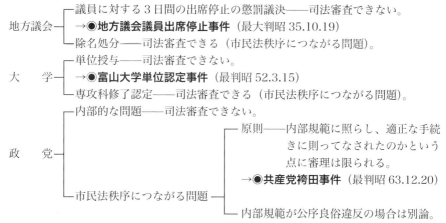

- 地方議会
  - 議員に対する３日間の出席停止の懲罰議決――司法審査できない。
    →◉**地方議会議員出席停止事件**（最大判昭 35.10.19）
  - 除名処分――司法審査できる（市民法秩序につながる問題）。
- 大　学
  - 単位授与――司法審査できない。
    →◉**富山大学単位認定事件**（最判昭 52.3.15）
  - 専攻科修了認定――司法審査できる（市民法秩序につながる問題）。
- 政　党
  - 内部的な問題――司法審査できない。
  - 市民法秩序につながる問題
    - 原則――内部規範に照らし、適正な手続きに則ってなされたのかという点に審理は限られる。
      →◉**共産党袴田事件**（最判昭 63.12.20）
    - 内部規範が公序良俗違反の場合は別論。

## 3 違憲審査制

Level 1 ▷ **Q84,Q85**　Level 2 ▷ **Q89,Q90**

**⑴裁判所による違憲審査制の類型** ▶p186

①抽象的違憲審査制…特別に設けられた憲法裁判所が、具体的な争訟と関係なく、抽象的に違憲審査を行う方式。

②付随的違憲審査制…通常の裁判所が、具体的な訴訟事件を裁判する際に、その前提として事件の解決に必要な限度で、適用法条の違憲審査を行う方式（通説・判例）。

※付随的審査制とする根拠

(a) 81 条は第６章「司法」の章にある。

(b)抽象的審査制であるなら、提訴権者・裁判の効力等に関する規定等が憲法上定められている必要がある（しかし、そのような規定はない）。

**⑵違憲判決の効力** ▶p186 ▶p196

①一般的効力説→違憲の法令は客観的に無効。

②個別的効力説（通説）→個別事件に違憲法令の適用を排除。

# Q81 司法権と裁判所

**問** 司法権に関するア〜オの記述のうち、妥当なもののみをすべて挙げているのはどれか。

(国家一般)

**ア** 憲法は、すべての司法権は、最高裁判所及び法律の定めるところにより設置する下級裁判所に属することを定めており、特別裁判所の設置を禁止しているが、特定の専門的な事件だけを扱う裁判所であっても、最高裁判所を頂点とする通常裁判所の系列に属する裁判所であるならば、特別裁判所に当たらない。

**イ** 最高裁判所は、最高裁判所長官1名及び最高裁判所判事14名で構成されるが、三権相互の抑制・均衡の見地から、最高裁判所長官は国会の指名に基づいて天皇が任命し、最高裁判所判事は内閣の指名に基づいて天皇が任命することとされている。

**ウ** 最高裁判所の裁判官については、下級裁判所の裁判官と同様に両議院の議員で組織される弾劾裁判所の弾劾の対象となり得るほか、特に国民審査の制度が設けられており、国民審査の結果、投票者の多数が裁判官の罷免を可とするときは、その裁判官は罷免される。

**エ** 司法権の独立を確保するため、裁判官を懲戒する権限は裁判所自身に与えられており、裁判所は、法律で定められた手続により、非行を行った裁判官に対し、免職、停職、減給又は戒告の処分をすることができる。

**オ** 憲法第3章で保障する国民の権利が問題となっている事件の対審は、原則として、公開の法廷で行わなければならないが、裁判官の全員の一致で、公の秩序又は善良の風俗を害するおそれがあると決定した場合には、例外的に、公開しないでこれを行うことができる。

**1** ア、ウ　　**2** ア、オ　　**3** イ、ウ　　**4** イ、エ　　**5** エ、オ

# PointCheck

●司法の独立と裁判所……………………………………………………………【★★★】

**第76条【司法権・裁判所、特別裁判所の禁止、裁判官の独立】**

①すべて司法権は、最高裁判所及び法律の定めるところにより設置する下級裁判所に属する。

②特別裁判所は、これを設置することができない。行政機関は、終審として裁判を行ふことができない。

③すべて裁判官は、その良心に従ひ独立してその職権を行ひ、この憲法及び法律にのみ拘束される。

　裁判所の組織は、最高裁判所と下級裁判所（高等裁判所、地方裁判所、家庭裁判所、簡易裁判所）に分かれる。三審制がとられており、一般的には、地裁→高裁→最高裁の順に上訴される。

　司法権の独立とは、司法府の独立（立法権・行政権からの独立）と、裁判官の職権行使の独立、の2つを内容とする。前者は三権分立に基づき、後者は裁判官の職権行使に際し司法部内の指示・命令も排除するということである。

76条3項にいう「良心」とは、裁判官個人の主観的な良心ではなく、裁判官としての客観的な良心のことをいう。

●特別裁判所‥‥‥‥‥‥‥‥‥‥‥‥‥‥‥‥‥‥‥‥‥‥‥‥‥‥‥‥‥‥‥【★★☆】

　最高裁判所を頂点とする通常裁判所の系列の外にあるものを指し、明治憲法時代の皇室裁判所や軍法会議が特別裁判所にあたる。日本国憲法では特別裁判所は認められていないが（76条2項）、弾劾裁判所だけは憲法自身が認めた例外である（64条）。

　家庭裁判所は、通常裁判所の系列の中にあり特別裁判所ではない。また、行政機関は終審として裁判をすることはできないが（76条2項）、前審としてなら裁判を行うことができる（独立行政委員会、**Q78** 参照）。

●規則制定権‥‥‥‥‥‥‥‥‥‥‥‥‥‥‥‥‥‥‥‥‥‥‥‥‥‥‥‥‥‥‥‥【★☆☆】

**第77条【最高裁判所の規則制定権】**
**①最高裁判所は、訴訟に関する手続、弁護士、裁判所の内部規律及び司法事務処理に関する事項について、規則を定める権限を有する。**
**②検察官は、最高裁判所の定める規則に従はなければならない。**
**③最高裁判所は、下級裁判所に関する規則を定める権限を、下級裁判所に委任することができる。**

　本条は、裁判所の専門性を尊重し、独立性を配慮する観点から、憲法41条（国会が唯一の立法機関であるという原則）の例外を定めたものである（規則事項は例示ではなく、制限列挙である）。

　ここに列挙された規則事項については、国会の立法権との権限関係が問題となるが、同時に法律でも定めることができるとするのが通説である（競合的管轄説）。競合的管轄説に立つと、法律と裁判所規則が矛盾した場合には法律が優位するとされる（法律優位説）。

# A81 正解―1

**ア―正**　通常裁判所の組織・系列に属しない特別裁判所（明治憲法時代の軍法会議など）は禁止されている（76条2項）。家事審判、少年審判などを扱う家庭裁判所は通常裁判所の系列に属し、特別裁判所にはあたらない。

**イ―誤**　長官は内閣の指名に基づき天皇が任命する（6条2項）。長たる裁判官以外の裁判官は内閣が任命する（79条1項）。ちなみに、裁判所法39条3項で、最高裁判所判事の任免は、天皇が認証すると規定される。

**ウ―正**　弾劾裁判所は憲法自身が例外として認めた特別裁判所である（64条）。

**エ―誤**　裁判官の懲戒権限は裁判所にあるが、「裁判官は、裁判により、心身の故障のために職務を執ることができないと決定された場合を除いては、公の弾劾によらなければ罷免されない（78条前段）」とされ、懲戒による罷免はできない。

**オ―誤**　82条を確認しておくこと。①原則－公開法廷、②例外－裁判官全員一致で非公開、③ただし政治犯罪・出版犯罪・第三章国民の権利の事件は常に公開、という構造である（**Q87** 参照）。

181

# Q82 司法権の意義と限界

**問** 司法権の限界に関する記述として、最高裁判所の判例に照らして、妥当なのはどれか。

(地方上級)

1 裁判所は、法令の形式的審査権をもつので、両院において議決を経たものとされ適法な手続によって公布されている法について、法制定の議事手続に関する事実を審理してその有効無効を判断することができる。

2 衆議院の解散は、極めて政治性の高い国家統治の基本に関する行為であって、その法律上の有効無効を審査することは、衆議院の解散が訴訟の前提問題として主張されている場合においても、裁判所の審査権の外にある。

3 大学における授業科目の単位授与行為は、一般市民法秩序と直接の関係を有するので、大学が特殊な部分社会を形成しているとしても、当該行為は、大学内部の問題として大学の自主的、自律的な判断に委ねられるべきではなく、裁判所の司法審査の対象になる。

4 自律的な法規範をもつ社会ないしは団体にあっては、当該規範の実現を内部規律の問題として自治的措置に任せ、必ずしも、裁判にまつを適当としないものがあり、地方公共団体の議会の議員に対する除名処分はそれに該当し、その懲罰議決の適否は裁判権の外にある。

5 政党は、議会制民主主義を支える上で重要な存在であり、高度の自主性と自律性を与えて自主的に組織運営をなしうる自由を保障しなければならないので、政党が党員に対してした処分には、一般市民法秩序と直接の関係を有するか否かにかかわらず、裁判所の審判権が及ばない。

# PointCheck

## ●司法権の意義 ・・・・・・・・・・・・・・・・・・・・・・・・・・・・・・・・・・・・・・・・・・・・・・・・・・・・・・・・・・・・・・・・・・・・・【★★☆】

司法とは、具体的な争訟について法を適用し宣言することにより、これを裁定する国家作用をいう。司法権は歴史的概念であるという立場が有力であり、実際、大陸法系の司法権概念は刑事および民事の裁判権を意味するが、英米法系の司法権概念は、民事・刑事事件のみならず行政事件を含めて一切の具体的争訟の裁判権を意味する。明治憲法では大陸法系の司法権の概念をとったが、日本国憲法においては英米法系の司法権の概念がとられた。

## ●事件性の要件 ・・・・・・・・・・・・・・・・・・・・・・・・・・・・・・・・・・・・・・・・・・・・・・・・・・・・・・・・・・・・・・・・・・・・・・・・・・・【★☆☆】

司法権を発動するための要件としては、「事件性の要件」(裁判所法3条にいう法律上の争訟にあたる)が必要とされる。したがって、

①抽象的な法令の効力・解釈をめぐる争い

②政策の当否を争うなど直接自己の具体的権利義務に関係のない紛争

③当事者の主観的権利ないし利益にかかわらない訴訟(客観訴訟)

は、事件性を欠き、当然には司法審査の対象とならない。

問題でPoint を理解する

Level 1 **Q82**

第1章
第2章
第3章
第4章
第5章
第6章
第7章
第8章
第9章
第10章

また、学問的・科学的論争のように法的基準を欠く紛争は「法律上」の争訟ではない（板まんだら事件)。

●**司法権の限界**‥‥‥‥‥‥‥‥‥‥‥‥‥‥‥‥‥‥‥‥‥‥‥‥‥‥‥‥‥‥‥‥‥【★★★】
「法律上の争訟」に該当しても、その裁判を憲法自身が他の部門に委ねている場合（議員の資格争訟の裁判、裁判官の弾劾裁判)、他の機関に最終的判断権が委ねられている場合（自律権・自由裁量に属する行為)は、司法審査の対象とはならない。また、統治行為（直接国家統治の基本に関する高度に政治性のある行為）については問題が多いが、安保条約の合憲性が問題となった砂川事件判決（最大判昭 34.12.16)は、「一見極めて明白に違憲無効であると認められない限りは、裁判所の司法審査権の範囲外」とした。なお、団体の内部事項の場合にも、当該団体の自治を尊重し司法審査を控えるべき場合がある（部分社会の法理)。

| (a) | 地方議会 | ×懲罰 | ○除名 |
|---|---|---|---|
| (b) | 大　学 | ×単位授与 | ○専攻科修了の認定 |
| (c) | 政　党 | ×内部的な問題 | |

# A82 正解－2

1―誤　法制定の「議事手続に関する事実」は、国会または両議院の自主性を尊重し、裁判所が有効無効の判断をすべきではない事項である（警察法改正無効事件・最大判昭 37.3.7)。

2―正　高度の政治性を有する国家行為（統治行為）は、たとえそれが法律上の争訟となり、これに対する有効無効の判断が法律上可能である場合であっても、裁判所の審査権の外にある。その判断は主権者たる国民に対して政治責任を負うところの政府、国会等の政治部門の判断に委ねられている（苫米地事件・最大判昭 35.6.8)。

3―誤　大学の単位授与行為は、一般市民法秩序と直接の関係を肯定するに足りる特別の事情がない限り、純然たる大学内部の問題である。大学は特殊な部分社会を形成しており、大学における法律上の係争すべてが、当然に裁判所の司法審査の対象とはならず、一般市民法秩序と直接の関係のない内部的問題は、司法審査の対象から除かれ、大学の自主的、自律的な判断に委ねられる（富山大学単位認定事件・最判昭 52.3.15)。

4―誤　議員の除名処分は、身分の喪失に関する重大事項で、単なる内部規律にとどまらない市民法秩序につながる問題であるから、司法審査が及ぶ（最大判昭 35.10.19)。

5―誤　政党の内部的自律権に属する行為は、原則として自律的な解決に委ねられる。党員に対する除名その他の処分の当否については、「一般市民法秩序と直接の関係を有しない内部的な問題にとどまる限り」において、裁判所の審判権は及ばない（日本共産党袴田事件・最判昭 63.12.20)。

# Q83 法律上の争訟

問 司法権に関する次の記述のうち、判例に照らして、正しいものはどれか。 （地方上級）

1 宗教上の教義に関する判断が訴訟を左右する前提となっている場合でも、訴訟が具体的な権利義務ないし法律関係に関する紛争の形式をとるときには、法律上の争訟にあたる。

2 大学や政党のような一般市民社会とは異なる部分社会の内部関係についても、内部構成員の権利保護のため、原則として、これを司法審査の対象としなければならない。

3 国会両議院において議決を経たものとされ適法な手続きによって公布された法律についても、その制定手続に瑕疵があるとの訴訟が提起された以上、裁判所は制定手続について判断しなければならない。

4 家庭裁判所は特別裁判所ではあるが、家庭内の事件を扱うという特殊な職務上の性格から、やむをえず設置されたものであるため、特別裁判所の設置を禁ずる憲法の例外として、合憲とされる。

5 裁判官が良心に従うというのは、裁判官の主観的個人的良心ではなく、裁判官が有形無形の外部の圧力や誘惑に屈しないで、自己内心の良識と道徳感に従うという意味であり、裁判官が有効な法の範囲内で自ら正しいと信じるところに従って裁判すれば、良心に従った裁判といえる。

## PointCheck

◉**法律上の争訟にあたらず、司法権の範囲外とされるもの**……………………………【★★☆】
①抽象的法令の解釈または効力についての争い

**❖判例**

◉**警察予備隊事件判決**（最大判昭27.10.8）
→わが現行の制度においては、特定の者の具体的な法律関係につき紛争の存する場合においてのみ裁判所にその判断を求めることができる。裁判所がかような具体的事件を離れて抽象的に法律命令等の合憲性を判断する権限を有するとの見解には、憲法上および法令上何等の根拠も有しない。

※客観訴訟の可否…民衆訴訟や機関訴訟のように、法律により、具体的事件性を前提としないで出訴する制度が認められている。これについては、①行政の適法性確保のために、法律で例外的に認められた制度として許されるとする見解と、②何らかの具体的な国の行為を争う点では、法律の純粋な抽象的審査ではないとする見解がある。

②単なる事実の存否、個人の主観的意見の当否、学問上・技術上の論争など
国家試験における合格・不合格の判定は、試験実施機関の最終判断に任せられ、裁判の対象にならないとする（最判昭41.2.8）。

③純然たる信仰の対象の価値または宗教上の教義に関する判断自体を求める訴えや、単なる宗教上の地位（住職たる地位など）の確認の訴え

❖判例
◉**板まんだら事件**（最判昭 56.4.7）
　▶**事案**
　某宗教団体の正本堂に安置された「板まんだら」が偽物であるとして、正本堂建立の寄付金の返還を求めた事件。
　▶**判旨**
　本件請求は、具体的な権利義務に関する紛争の形式をとっており、板まんだらが本物かどうかという宗教上の教義に関する判断は、寄付金の返還請求の当否を判断するための前提問題になっているにすぎない。しかし、本件においては、信仰の対象の価値または宗教上の教義に関する判断が訴訟の帰すうを左右する必要不可欠なものになっている。したがって、実質的には、法律の適用による終局的な解決の不可能なものといえる。よって、裁判所法３条の法律上の争訟にはあたらない。

# A83 正解ー5

1ー誤　判例は、宗教上の教義に関する判断が訴訟を左右する前提となっている場合には、当該訴訟は法令の適用による終局的解決が不可能なものであり、法律上の争訟にあたらないとしている（板まんだら事件・最判昭 56.4.7）。
2ー誤　判例は、政党のなした党員への処分に関し、政党が党員に対してした処分が一般市民法秩序と直接関係を有しない内部的な問題にとどまる限り、裁判所の審判権は及ばないとしている（共産党袴田事件・最判昭 63.12.20）。
3ー誤　判例は、両院において議決を経たものとされ適法な手続きによって公布されている以上、裁判所は両院の自主性を尊重すべく議事手続に関する事実を審理してその有効無効を判断すべきではないとしている（警察法改正無効事件・最大判昭 37.3.7）。
4ー誤　家庭裁判所はあくまで通常裁判所の系列に属する下級裁判所として、裁判所法により設置されたものである（最大判昭 31.5.30）。特別裁判所とは、通常裁判所の系列外にあるものをいうので、それは、特別裁判所禁止の例外として認められたものではない。
5ー正　判例は裁判官の良心（76 条３項）について、本肢のように判断した（最大判昭 23.11.17）。ここでいう「良心」とは、裁判官としての客観的良心を意味する。ちなみに、裁判官が陪審の評決に拘束されないものである限り陪審制も認められる（通説）。また、現行の裁判員制度について判例は、「刑事裁判における国民の司法参加を許容しており、憲法の定める適正な刑事裁判を実現するための諸原則が確保されている限り、その内容を立法政策に委ねている」として、憲法上認められるとした（最大判平 23.11.16）。

第1章
第2章
第3章
第4章
第5章
第6章
第7章
第8章
第9章
第10章

# Q84 違憲審査制の法的性格

> 問　日本国憲法に規定する違憲審査権に関する記述として、通説に照らして、妥当なのはどれか。 (地方上級)

1 違憲審査制には、憲法裁判所が争訟と関係なく違憲審査を行う付随的違憲審査制と、通常の裁判所が訴訟事件を裁判する際に違憲審査を行う抽象的違憲審査制があり、日本は抽象的違憲審査制を採用している。

2 日本国憲法では、最高裁判所は、一切の法律、命令、規則又は処分が憲法に適合するかしないかを決定する権限を有する終審裁判所であると規定しているが、下級裁判所も違憲審査権を行使することができる。

3 最高裁判所がある事件である法律を違憲無効と判示した場合、当該事件に関する限りでその法律の適用が排除されるだけでなく、当然にその法律は一般的に無効とされる。

4 日本では、条約優位説を採っているため、違憲審査の対象は、法律、命令、規則又は処分だけに限られ、条約は一切その対象とならない。

5 裁判所が憲法上の争点に触れずに事件を解決することができるならば、憲法判断をしないとする憲法判断回避の準則は、日本では採用されていない。

---

# PointCheck

## ◉違憲審査権 ……………………………………………………………………………【★★★】

> **第81条【法令審査権と最高裁判所】**
> 　最高裁判所は、一切の法律、命令、規則又は処分が憲法に適合するかしないかを決定する権限を有する終審裁判所である。

　わが国の違憲審査制の法的性格については、アメリカ型の付随的審査制（通常の司法裁判所が、具体的な争訟の解決にあたりその前提問題として、当該事件に適用される法令その他の国家行為の合憲性を、事件の解決に必要な限度で審査する制度）であるとされている。それは、もしわが国が憲法保障型の抽象的審査制（ドイツの憲法裁判所制度など大陸型）をとっているとするならば、それを積極的に明示する規定（提訴権者、裁判の効力に関する規定など）が憲法上必要であるのに、そのような規定がないということが主な理由である。以上の議論は憲法レベルのものなので、付随的審査制と解しても立法で抽象的審査制を定めることは可能といわれる。

　違憲審査権は、最高裁判所だけでなく、下級裁判所も行使できる（判例）。

　違憲審査の対象は、法文によれば「一切の法律、命令、規則または処分」であるが、「処分」には裁判所の裁判も含まれる。また、条約も違憲審査の対象となりえる。

## ◉違憲判決の効力 ……………………………………………………………………【★★★】

　違憲判決の効力の問題、すなわち、裁判所が違憲と判断した法律の効力がどうなるかにつ

いては、客観的に無効となるとする一般的効力説もあるが、当該事件に限って適用が排除されるとする個別的効力説が通説である。これは違憲審査制の法的性格が付随的審査制と解されることや、一般的効力を認めると一種の消極的立法作用となり41条に抵触することなどが主な理由である。ただ、個別的効力説からも、他の国家機関が裁判所の違憲判決を尊重すべき（国会なら速やかに改廃し、政府なら執行を控え、検察なら起訴をしない）とされているので、一般的効力説との差は大きなものではない。

# A84 正解ー2

1―誤　わが国の違憲審査制の法的性格について、判例は、付随的審査制を前提に裁判所が具体的事件を離れて抽象的に法律命令等の合憲性を判断する権限を有するものではないとしている（警察予備隊事件訴訟・最大判昭27.10.8）。

2―正　81条は第6章「司法」に規定され、76条で司法権は下級裁判所に属するとされることから、下級裁判所も違憲審査権を行使できる。

3―誤　違憲判決の効力については争いがあるが、判例は本肢のような立場（一般的効力説）を採用しているわけではない（尊属殺重罰規定判決・最大判昭48.4.4など参照）。

4―誤　判例は、安保条約の合憲性をめぐる争いについて、条約の違憲審査の可能性自体を否定していない（砂川事件・最大判昭34.12.16）。

5―誤　抽象的違憲審査制の母国であるアメリカ連邦裁判所の準則を、そのまま採用する例は少ないが、司法消極主義の表れとしての憲法判断回避（合憲限定解釈、適用違憲）は、下級審を含むわが国の裁判例でも採用しているといえる（Q10、Q90参照）。

187

# Q85 抽象的違憲審査と司法の限界

**問** 日本国憲法に規定する違憲審査権に関する記述として、判例に照らして、妥当なのはどれか。 (地方上級類題)

1 刑法の尊属殺重罰規定の違憲判決は、法律が訴訟の対象となった事件に適用される限りにおいて、その適用が違憲とされる法令違憲の判決である。

2 最高裁判所の違憲審査権は、日本国憲法の最高法規性の規定および裁判所の憲法遵守義務に関する規定から認められるのではなく、日本国憲法に直接の規定があることにより、初めて認められる。

3 最高裁判所は、国民の基本的人権を侵害すると認められる法律について、具体的な事件の有無にかかわらず違憲審査権を行使することができる。

4 一切の法律または命令が日本国憲法に適合するかしないかを決定する権限である違憲審査権は、最高裁判所および高等裁判所、地方裁判所に認められているが、簡易裁判所および家庭裁判所には認められていない。

5 衆議院の解散は、極めて政治性の高い国家統治の基本に関する行為であるので、最高裁判所の違憲審査の対象外である。

---

# PointCheck

**◉司法権の意義と具体的事件性**‥‥‥‥‥‥‥‥‥‥‥‥‥‥‥‥‥‥‥‥‥‥‥‥‥‥【★★☆】
**(1)司法権**
　具体的な争訟について、法を適用し、宣言することによって、これを裁定する国家の作用。
**(2)法律上の争訟**（裁判所法3条）
　①当事者間の具体的権利義務ないし法律関係の存否に関する紛争であって、②法律を適用することにより終局的に解決可能なもの。

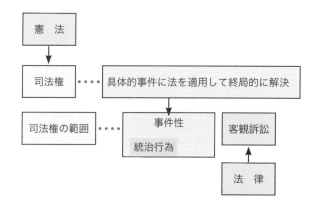

◉統治行為と司法権の限界‥‥‥‥‥‥‥‥‥‥‥‥‥‥‥‥‥‥‥‥‥‥‥‥‥‥‥‥【★★★】
❖判例
◉苫米地事件（衆議院解散の効力、最大判昭35.6.8）
▶事案
　1952年の衆議院解散が69条の場合（衆議院による不信任決議の場合）にあたらないのに、7条3号を根拠に行われたことは違憲無効であるとして、議員の地位の確認と歳費の請求をした事件。
▶判旨
　直接国家統治の基本に関する高度に政治性のある国家行為は、たとえそれが法律上の争訟となり、これに対する有効無効の判断が法律上可能である場合であってもかかる国家行為は裁判所の審査権の外にある。その判断は主権者たる国民に対して政治的責任を負うところの政府、国会等の政治部門の判断に委され、最終的には国民の政治判断に委ねられている。この司法権に対する制約は、結局、三権分立の原理に由来し、当該国家行為の高度の政治性、裁判所の司法機関としての性格、裁判に必然的に随伴する制約等にかんがみ、司法権の憲法上の本質に内在する制約である。
　衆議院の解散はきわめて政治性の高い国家統治の基本に関する行為にあたる。よって、その有効無効を審査することは司法裁判所の権限の外にある。

❖判例チェックポイント
　裁判所の審査権の外にあり、その判断は主権者たる国民に対して責任を負うところの政府、国会等の政治部門の判断に任され、最終的には国民の政治判断に委ねられている。

◉安保条約の合憲性‥‥‥‥‥‥‥‥‥‥‥‥‥‥‥‥‥‥‥‥‥‥‥‥‥‥‥‥‥‥‥【★★☆】
❖判例
◉砂川事件（最大判昭34.12.16）
　一見きわめて明白に違憲無効であると認められない限りは、裁判所の司法審査権の範囲外である。

# A85 正解―5

1―誤　尊属殺重罰規定の違憲判決は法令違憲の判決であるが、本肢は適用違憲についての説明がなされている。
2―誤　仮に81条が存在しないとしても、憲法の最高法規性（98条、99条）から違憲審査権は不可欠であるし、司法権（76条）に違憲審査権を読み込むことも可能である。
3―誤　わが国は付随的審査制（通説）。
4―誤　簡易裁判所も家庭裁判所も、違憲審査権を持つ。
5―正　苫米地事件の判例は本肢の立場である。

# Q86 裁判官の身分保障と弾劾裁判

**問** 裁判官に関する次の記述のうち、正しいものはどれか。 (地方上級)

1 下級裁判所の裁判官は、心身の故障による執務不能の裁判があった場合を除いては、公の弾劾によらなければ罷免されない。
2 最高裁判所裁判官の国民審査制度は、国民解職制度であるとともに、政府の裁判官任命行為を追認する国民の公務員任命権の一種であるというのが判例である。
3 最高裁判所の裁判官も下級裁判所の裁判官も、ともに任期を10年とし、再任されることができるとされている。
4 弾劾裁判所で罷免された裁判官が、その裁判を不服とするときは、その取消しを求めて通常裁判所に出訴することが認められる。
5 裁判官の報酬は、その在任中減額することはできないから、懲戒処分として過料を科すことも報酬の減額につながるものとして許されない。

# PointCheck

## ●裁判官の身分保障 ………………………………………………………………【★★☆】

**第78条【裁判官の身分の保障】**
　裁判官は、裁判により、心身の故障のために職務を執ることができないと決定された場合を除いては、公の弾劾によらなければ罷免されない。裁判官の懲戒処分は、行政機関がこれを行ふことはできない。

**裁判官弾劾法第2条【弾劾による罷免の事由】**
　弾劾により裁判官を罷免するのは、左の場合とする。
　一　職務上の義務に著しく違反し、又は職務を甚だしく怠つたとき。
　二　その他職務の内外を問わず、裁判官としての威信を著しく失うべき非行があつたとき。

　裁判官の罷免事由は、①裁判により、心身の故障のために職務を執ることができないと決定された場合、②公の弾劾による場合（弾劾裁判所による裁判）の2つに限られる。
　懲戒処分は裁判所が行うのであり、行政機関だけでなく立法機関による懲戒処分も禁止される。一般の公務員の懲戒処分には罷免も含まれるが、本条の懲戒処分に罷免は含まれない。

**第64条【弾劾裁判所】**
①国会は、罷免の訴追を受けた裁判官を裁判するため、両議院の議員で組織する弾劾裁判所を設ける。
②弾劾に関する事項は、法律でこれを定める。

　弾劾裁判所は国会によって設けられる（議院が設けるのではない）。ただ、職権の上で国会とは別の機関であり、国会閉会中でも活動できる。法律の定める罷免事由は、①職務上の

義務に著しく違反し、または職務を甚だしく怠ったとき、②その他職務の内外を問わず、裁判官としての威信を著しく失うべき非行があったときである（裁判官弾劾法 2 条）。

---

**第 79 条【最高裁判所の裁判官、国民審査、定年、報酬】**

①最高裁判所は、その長たる裁判官及び法律の定める員数のその他の裁判官でこれを構成し、その長たる裁判官以外の裁判官は、内閣でこれを任命する。

②最高裁判所の裁判官の任命は、その任命後初めて行われる衆議院議員総選挙の際国民の審査に付し、その後 10 年を経過した後初めて行われる衆議院議員総選挙の際更に審査に付し、その後も同様とする。

③前項の場合において、投票者の多数が裁判官の罷免を可とするときは、その裁判官は、罷免される。

④審査に関する事項は、法律でこれを定める。

⑤最高裁判所の裁判官は、法律の定める年齢に達した時に退官する。

⑥最高裁判所の裁判官は、すべて定期に相当額の報酬を受ける。この報酬は、在任中、これを減額することができない。

---

　最高裁判所の裁判官は、任命後最初に行われる衆議院議員総選挙の際に国民審査を受け、その審査の日から 10 年ごとに同様の審査を受ける。そこで、投票者の多数が罷免すべきだとされた裁判官は罷免されることになっている。実際の方式は、○×方式ではなく罷免すべきだと思う裁判官に×をつける方式である（最高裁判所裁判官国民審査法 15 条）。この国民審査制度の性質については、任命行為の完成とみるのは無理があり、解職（リコール）としての性質を持つ制度であるとされる（判例・通説）。

# A86 正解―1

1―正　下級裁判所の裁判官の罷免事由は、心身の故障による執務不能の裁判があった場合と公の弾劾による場合の 2 つである（78 条）。最高裁判所の裁判官とは異なり国民審査はない。

2―誤　最高裁判所裁判官の国民審査制度の法的性質については争いがあるが、判例は、もっぱら国民解職制度（リコール制）であると解している（最大判昭27.2.20）。

3―誤　下級審の裁判官は、任期を 10 年とし再任されることができるとされているが（80 条 1 項）、最高裁判所の裁判官にはこのような任期の定めはない。

4―誤　弾劾裁判所による裁判は、憲法自身が認めた特別の裁判所であり（64 条）、その判断は終局的であって、これを不服として通常裁判所に救済を求めることは認められない。

5―誤　裁判官は定期に相当額の報酬を受けとり、その報酬は在任中減額されないことが保障されている（79 条 6 項、80 条 2 項）。しかし、懲戒処分としての過料は、それが報酬の減額とは異なる性質のものであることから、裁判官分限法により認められている（同法 2 条）。

# Q87 裁判の公開

日本国憲法に規定する裁判の公開に関する記述として、最高裁判所の判例に照らし、妥当なものはどれか。

(地方上級)

1　公判廷における写真撮影、録音または放送は、裁判所の許可を受けなければ行うことができないとする刑事訴訟規則の規定について、審判の秩序維持と訴訟関係人の正当な利益保護を理由に、合憲であるとした。

2　夫婦間の協力扶助に関する処分の審判は、家庭裁判所が後見的立場から裁量権を行使してその具体的内容を形成するものであり、公開法廷における対審および判決によらなければならないとした。

3　刑事裁判については、刑罰権の存否並びに範囲を定める手続きだけでなく、再審を開始するかどうかを定める手続きについても、公開法廷における対審および判決によらなければならないとした。

4　裁判所が終局的に事実を確定し、当事者の主張する実体的権利義務の存否を確定することを目的とする性質上純然たる訴訟事件について、公開法廷における対審および判決によらなくても違憲ではないとした。

5　裁判の公開は制度的保障ではなく、各人に裁判所に対して傍聴することを権利として要求できることを認めたものであり、さらに傍聴人に対して法廷においてメモを取ることも権利として保障したものであるとした。

# PointCheck

●裁判の公開‥‥‥‥‥‥‥‥‥‥‥‥‥‥‥‥‥‥‥‥‥‥‥‥‥‥‥‥‥‥‥‥‥‥‥【★★☆】

> **第82条【裁判の公開】**
> ①裁判の対審及び判決は、公開法廷でこれを行ふ。
> ②裁判所が、裁判官の全員一致で、公の秩序又は善良の風俗を害する虞があると決した場合には、対審は、公開しないでこれを行ふことができる。但し、政治犯罪、出版に関する犯罪又はこの憲法第3章で保障する国民の権利が問題となつてゐる事件の対審は、常にこれを公開しなければならない。

　本条は、裁判を受ける権利（32条）、刑事被告人の公平・迅速な公開裁判を受ける権利（37条1項）の保障と相まって、裁判の公正を確保するために設けられた規定である。

　「対審」とは、裁判官の面前で当事者が口頭でそれぞれの主張を述べることをいい、民事訴訟では口頭弁論手続、刑事訴訟では公判手続と呼ばれる。「判決」とは、原告（民事訴訟・行政訴訟の場合）ないし検察官（刑事訴訟の場合）の申立てに対して、裁判所がいい渡す判断のことをいう。対審と判決は、訴訟手続の最も重要な部分であり、裁判に対する国民の監督を保障するため、これらの公開を規定した。なお、対審の公開には例外があるが、判決の公開は絶対的である。

　「公開」とは、傍聴と報道の自由を意味する。しかし、①設備上の制約、②法廷秩序維持のための制約、③訴訟当事者のプライバシーなど人権保障の観点からの制約を受けることは当然である。また法廷内のメモ採取に関して判例は、人権ではないが十分に尊重されなければならないとしている（レペタ事件・最大判平 1.3.8）。

　「憲法第 3 章で保障する国民の権利が問題となっている事件」とは、第 3 章で保障されている国民の基本的人権に対して法律によって制限が課され、その制限に違反したことが犯罪の構成要件とされている犯罪の事件、と限定的に解釈されている（人権の行使が犯罪になっている場合ということ）。

# A87 　正解ー1

1—正　判例は、取材活動であっても、公判の秩序を乱し被告人その他訴訟関係人の正当な利益を不当に害するものは許されないので、写真撮影の許可を裁判所の裁量に委ねても憲法に反しないとした（北海タイムス事件・最大決昭 33.2.17）。

2—誤　判例は、憲法 82 条の規定する公開法廷で対審・判決をしなければならない裁判とは、実体法上の権利義務の存否を確定する裁判（訴訟事件）をいうとし、実体法上の権利義務の存在を前提にしたうえでその具体的内容を形成するだけの裁判はこれに入らないとした（最大決昭 40.6.30）。本肢の夫婦間の協力扶助に関する処分は、実体法上の権利義務である夫婦の同居義務自体を確定するものではなく、それを前提としたうえでその具体的内容を形成するだけのものである。したがって、この裁判は公開法廷で行う必要はないことになる。

3—誤　判例では、82 条は刑事事件に関しては、刑罰権の存否並びに範囲を定める手続きの対審・判決の公開を定めたものであり、再審を開始するか否かの手続きはこれに含まれないとしている（最大決昭 42.7.5）。

4—誤　判例によれば、本肢のような純然たる訴訟事件がまさに公開法廷での対審・判決が必要な事件である（最大決昭 35.7.6）。

5—誤　判例では、82 条 1 項は、裁判が公開されることを制度として保障しただけであって、同条項は国民の傍聴する権利も法廷においてメモをとる権利も定めてはいないとしている。ただし、傍聴人が法廷でメモをとる権利については、憲法 21 条 1 項の精神に照らして尊重に値するとしている（法廷メモ訴訟・レペタ事件・最大判平 1.3.8）。

# Q88 裁判官の身分保障

**問** 裁判官の身分の保障に関する次の記述のうち、妥当なものはどれか。 （地方上級）

1 最高裁判所の裁判官が、その任命後はじめて行われる衆議院議員総選挙の際に国民審査に付された後、最高裁判所長官に任命された場合には、次の衆議院議員総選挙の際に、改めて国民審査に付されなければならないと解されている。

2 憲法は、裁判官に対する相当額の報酬の保障およびその減額禁止を定めており、懲戒処分により、これを減額することはできないが、過料を科すことはできる。

3 最高裁判所の裁判官は、罷免すべきか否かを決定する国民審査に付されることになっているため、職務を著しく怠った場合でも、弾劾裁判で罷免されることがない。

4 公の弾劾による罷免の事由は、職務上の義務に著しく違反し、または職務をはなはだしく怠った場合と、回復の困難な心身の故障のために職務をとることができない場合に限定されている。

5 裁判官も私人としては一市民として表現の自由が保障されているから、個人的意見の表明としてであれば、積極的に政治運動をすることも許容される。

## PointCheck

**◉裁判官が退官・失職する場合**･････････････････････････････････････････････････【★★☆】

**(1)任期・定年**

　最高裁判所裁判官には、憲法上任期の定めはないが、裁判所法で定年（70歳）はある。下級裁判所裁判官は任期10年で再任ができると80条に規定されている（65歳定年、簡裁のみ70歳）。

**(2)罷免**

　・執務不能の裁判による場合（78条、裁判所法48条）

　・公の弾劾による場合（78条、裁判所法48条、裁判官弾劾法2条）

**(3)国民審査（79条）－最高裁判所裁判官のみ**

　※国民審査で罷免を可とされた裁判官は当然に失職するが、最高裁判所裁判官の資格を失うだけで、現行法上、下級裁判所に任官される可能性はある。

**◉弾劾裁判所の設置**･･････････････････････････････････････････････････････････【★★★】

**第64条【弾劾裁判所】**

①国会は、罷免の訴追を受けた裁判官を裁判するため、両議院の議員で組織する弾劾裁判所を設ける。

②弾劾に関する事項は、法律でこれを定める。

　弾劾裁判所は国会によって設けられる。弾劾裁判所は両議院の議員で組織するので、衆議院解散中は組織できない。しかし、弾劾裁判所は職権の上で国会とは別の機関であり、国会

閉会中でも活動はできる。

　　国会→弾劾裁判所（各院から7人ずつ計14人の裁判員）

　　　　　　訴追委員会（各院から10人ずつ計20人の訴追委員）

　法律の定める罷免事由は、①職務上の義務に著しく違反し、または職務をはなはだしく怠ったとき、②その他職務の内外を問わず、裁判官としての威信を著しく失うべき非行があったときである（裁判官弾劾法2条）。訴追請求は「何人も」（裁判官弾劾法15条1項）とされ、一般国民でも行える。ただし、憲法自身が認めた例外としての特別裁判所なので、裁定に不服があっても通常裁判所に上訴することはできない。

　弾劾裁判は法律事項であり、裁判官弾劾法に規定される。公開の法廷で行われ、罷免の裁判は審理した裁判員の3分の2以上の多数でなされる（裁判官弾劾法26条）。

### ❖判例

### ◉寺西判事補事件（最大決平10.12.1）

#### ▶事案

　寺西裁判官が、盗聴法（犯罪捜査のための通信傍受に関する法律）についての新聞投書や反対集会での発言が「積極的な政治運動」にあたるとして懲戒処分になった事件。

#### ▶判旨

　裁判官が「積極的に政治運動をする」ことは、裁判官の独立および中立・公正や裁判に対する国民の信頼を損なうおそれが大きい。これを禁止することと禁止目的との間に合理的関連性があり、また禁止によって得られる利益は禁止によって失われる利益よりも大きい。よって裁判所法52条1号が裁判官に「積極的に政治運動をする」ことを禁じているのは憲法21条1項に反しない。

Level up Point! 　裁判官の身分保障については、条文を中心に、本問のレベルまでを押さえておきたい。

# A88 正解−2

1―誤　本肢のような見解もないではないが、先例では再度の国民審査には付されておらず、本肢は妥当とはいえない。

2―正　過料はいったん報酬として払った上で徴収するものであり、報酬の減額とは異なる。

3―誤　最高裁判所の裁判官も下級裁判所の裁判官と同様に弾劾裁判で罷免されることがある。

4―誤　回復の困難な心身の故障のために職務を遂行することができない場合というのは、分限裁判の事由である。弾劾による罷免の事由として残るものは、「職務の内外を問わず裁判官としての威信を著しく失うべき非行」があった場合である。

5―誤　裁判所法は、裁判官が積極的に政治活動をすることを禁止している。たとえ個人的意見の表明であっても、それが「積極的に政治運動をする」こととなれば禁止の対象となる（寺西判事補事件・最大決平10.12.1）。

# Q89 違憲審査制と違憲判決の効力

**問** 最高裁判所が、ある法律の条項が憲法違反であると判断した場合に、その判決の効力をどのように理解すべきかについては、次の2説がある。

Ⅰ説 当該条項は、一般的かつ確定的に無効となり、当該条項が失われたのと同様の効果を有する。

Ⅱ説 当該条項は、その適用が問題となった事件に限り適用が排除され、違憲判断はあくまで裁判の当事者にのみ及ぶ。

次のア～カは、上記2説のうちのいずれかの論拠に関する記述であるが、Ⅰ説の論拠として妥当なものの組合せはどれか。 (国家一般)

**ア** 憲法41条は、国会は国の唯一の立法機関であると規定している。

**イ** 憲法98条1項は、憲法は国の最高法規であって、これに反する法律はその効力を有しないと規定している。

**ウ** 他方の説によれば、法的安定性や予見可能性を損なうことになる。

**エ** 行政機関及び司法機関と比べて、立法機関は、その構成員たる議員が国民の直接選挙によって選出されるという意味で、最も民主的基盤を有する機関である。

**オ** 他方の説によれば、憲法14条第1項の平等原則に反するおそれがある。

**カ** 最高裁判所が憲法判断を行う場合であっても、その判決が通常の訴訟法上の効力以上に特別な効力を有すると考えることは困難である。

1 イ、エ
2 ウ、カ
3 ア、エ、カ
4 イ、ウ、オ
5 ア、エ、ウ、オ

## PointCheck

◉**違憲審査の性格と違憲判決の効力**‥‥‥‥‥‥‥‥‥‥‥‥‥‥‥‥‥‥‥‥‥【★★★】

　違憲審査制について、これを抽象的審査制であると解すれば、違憲判決の効力としては常に一般的効力説をとることとなる。これに対し、付随的審査制であるという立場に立てば、付随的審査制では当該事件の解決に必要な限りでのみ審査が行われるので、違憲判決の効力についても個別的効力説になりやすい。しかし、付随的審査制であると解しても、法的安定性、予見可能性、公平の原則などを理由に一般的効力説をとることも可能である。

| 違憲審査権の性格 | 違憲判決の効力 |
| --- | --- |
| 付随的違憲審査制説（判例・通説） | 個別的効力説（判例）または一般的効力説 |
| 抽象的違憲審査制説 | 一般的効力説 |

| 違憲審査権の性格 | 根拠 |
|---|---|
| 付随的違憲審査制 | 司法は具体的事件を前提にそれを解決する作用であり、第6章「司法」の中に81条（違憲審査権）が規定されている。 |
| 抽象的違憲審査制 | 特に81条を規定したのは抽象的審査を有することを明らかにしたものであり、憲法裁判所も可能。 |

| 違憲判決の効力 | 根拠 |
|---|---|
| 個別的効力説 | 具体的事件を解決する付随的審査の限度で効力も及ぶ。一般的効力とすると裁判所が消極的立法作用を持つことになる。 |
| 一般的効力説 | 法的安定性や適用の平等から違憲法令は一般的に効力を失うべき。98条は違憲法令は「効力を有しない」としている。内閣が違憲法令を「誠実に執行」（73条1号）となるのはおかしい。 |

**Level up Point!** 付随的審査制と個別的効力説が通説的見解だが、他説の批判だけでなく、他説の積極的な根拠を考えておくことは、より一層通説の理解を深めることになる。本問については、ア・イ・ウはLEVEL1であり、エ・オ・カを十分に理解することを目標にしよう。

# A89 正解―4

　I説は一般的効力説であり、II説は個別的効力説である。

**ア**―II説の個別的効力説からの主張で、一般的効力を認めることは消極的立法であり、41条に抵触するというものである。

**イ**―I説の一般的効力説からの主張で、憲法が最高法規である以上、憲法に反する法律は一般的に無効となるべきだとする。

**ウ**―I説の一般的効力説からの主張で、違憲判決の効力が当該事件にしか及ばないとすると、他の事件では合憲とされる可能性があるので、国民は行動の予測を立てることができなくなり、不安を抱くことになると個別的効力説を批判する。

**エ**―II説の個別的効力説からの主張で、立法機関が最も民主的な機関なのだから、立法機関がその法律を廃止しない限り、司法機関の判断で法律を廃止すべきではないとする。

**オ**―I説の一般的効力説からの主張で、個別的効力説によれば違憲判決を得た者とそうでない者との間に不平等が生ずるとしている。

**カ**―II説の個別的効力説からの主張で、違憲判決の効力を通常の判決の効力の枠内でとらえていこうとするものである。

第1章
第2章
第3章
第4章
第5章
第6章
第7章
第8章
第9章
第10章

# Q90 違憲審査と憲法判断

**問** 憲法に定める違憲審査制に関する次の記述のうち、妥当なものはどれか。 （地方上級）

1 違憲審査権とは、最高裁判所が、終審裁判所として、一切の法律、命令、規則または処分の憲法適合性を審査・決定する権限であるとされており、下級裁判所には違憲審査権が認められていない。
2 条約は、国内法としての効力の点で憲法に優越しているため、違憲審査の対象とはならないと解されている。
3 違憲審査の方式には、抽象的違憲審査制と付随的違憲審査制とがあるが、わが国の憲法は、具体的な争訟とは関係なく抽象的に違憲審査を行う抽象的違憲審査制を採用している。
4 違憲判決には、法令そのものを違憲とする法令違憲の判決と、法令自体は合憲でも、それが当該事件の当事者に適用される限りにおいて違憲とする適用違憲の判決とがある。
5 最高裁判所が違憲審査権を行使し、ある法律を違憲であると判示した場合は、国会による廃止手続をまたずに、その法律は当然に無効となると解されている。

# PointCheck

◉**法令違憲と適用違憲**……………………………………………………………………【★★☆】
　法令の合憲性が問題となった場合でも、付随的違憲審査制を採用する裁判所は、具体的事件の解決に必要な限りで憲法判断すればよいことになる（司法消極主義・憲法判断回避）。そこで、憲法判断をしないで当該事件を処理してしまう場合として、①単純な法令違反として憲法判断を一切行わない場合（狭義の憲法判断回避）と、②法令に限定解釈を加えることで憲法判断を回避する場合（合憲限定解釈）がある。また、法令そのものを違憲とする「法令違憲」の判断をしなくてもすむ場合は、必要な限度で違憲判断をすればよいという考えに基づく判断の手法もある。
　「適用違憲」は、当該具体的事件に適用される限りで、適用される法令を違憲とする手法をもって法令自体の違憲判断を回避するものである。法令の解釈を限定的に行う「合憲限定解釈」が法令の解釈によって違憲判断を回避する方法だとすれば、「適用違憲」は具体的な事件に着目して、その限度での違憲判断にとどめようとするものである。しかし適用違憲の手法では、どのような権利の行使が保護されるのかが明確にはならず、特に精神的自由権の侵害が問題となる事件では、積極的に法令違憲がなされるべきとの主張もある。

◉**付随的審査制について**…………………………………………………………………【★★☆】
　司法とは、法を適用して具体的な争訟事件を解決する作用なので、裁判官は事件を前にして適用すべき法を考える。その場合、法の効力の上下関係から、命令や条例であれば法律に抵触していないか、法律であればそれが憲法に抵触していないかをチェックする。その結果、憲法に反する法令があれば、憲法に反することを理由にその法令の適用を排除する。日本国

憲法の違憲審査制をこのようなものとしてとらえると（付随的審査制、通説）、たとえ81条の規定がなくても裁判所には当然に違憲審査権があることになる。したがって81条の存在意義は、最高裁判所は違憲審査に関する終審裁判所だという点にあることになる。

◉**最高裁判所における主な違憲判決**
　◉**法令違憲**
　　尊属殺人重罰規定（最大判昭48.4.4）→通達により死文化、平成7年刑法改正で削除
　　薬事法距離制限規定（最大判昭50.4.30）→薬事法改正（距離制限廃止）
　　衆議院議員定数配分規定（最大判昭51.4.14）→事情判決（選挙は有効）
　　衆議院議員定数配分規定（最大判昭60.7.17）→事情判決、公職選挙法定数是正
　　森林法共有林分割制限規定（最大判昭62.4.22）→森林法改正
　　郵便法免責規定（最大判平14.9.11）→郵便法改正
　　在外邦人の選挙権制限規定（最大判平17.9.14）→公職選挙法改正
　　非嫡出子の国籍取得制限規定（最大判平20.6.4）→国籍法改正
　　非嫡出子法定相続分規定（最大決平25.9.4）→民法900条4号ただし書前半削除
　　女性の6か月再婚禁止規定（最大判平27.12.16）→期間を100日に短縮する民法改正
　◉**適用違憲**
　　第三者所有物没収事件（最大判昭37.11.28）→関税法没収手続の見直し
　　高田事件（最大判昭47.12.20）→免訴判決
　　愛媛玉串料訴訟（最大判平9.4.2）→知事の違法な公金支出についての損害賠償責任
　　砂川空知太神社訴訟（最大判平22.1.20）→神社への市有地無償貸与は違憲、差戻し

**Level up Point!**　典型的な出題パターンの1つで、正解肢が難しくなっている場合である。誤答の4つについて迷わず切れるのであれば、出題者の要求する合格ラインはクリアしているといえる。ただ、「法令違憲・適用違憲」や「合憲限定解釈」の用語は、憲法で合格確実圏に入るためには重要。

# A**90** 正解－4

1—誤　判例・通説は、日本国憲法の違憲審査制を付随的審査制ととらえており、当然に下級裁判所にも違憲審査権はあると解している（最大判昭25.2.1）。

2—誤　通説は、条約の国内法としての効力は憲法に劣ると解している。判例も条約に対する違憲審査のありうることを否定してはいないから通説と同様である。

3—誤　判例・通説は、わが国の憲法の違憲審査権を付随的違憲審査制であると解している（警察予備隊訴訟・最大判昭27.10.8）。

4—正　法令自体を違憲とした判決としては、旧刑法200条を違憲とした尊属殺重罰規定違憲判決などがある。これに対し適用違憲の判決としては、愛媛玉串料訴訟（最大判平9.4.2）などがある。

5—誤　通説は違憲判決の効力について、当該事件についてだけその法令を適用できなくなるという個別的効力説をとっている。

# 第10章 財政・地方自治

第10章

Level 1 p202～p215　　Level 2 p216～p221

## 1 租税法律主義（84条）

Level 1 ▷ **Q93**

### (1)意義 ▶p220

租税：国または地方公共団体が、その課税権に基づいて、その使用する経費に充当するために、強制的に徴収する金銭給付。

※狭義の「租税」ではないが、84条が及ぶものには、専売品の価格、営業許可に対する手数料、各種の検定手数料。

### (2)「法律」による議決が必要な事項

課税要件（納税義務者、課税物件、課税標準、税率等）、手続き（税の賦課・徴収手続）

❖判例

◉**通達課税パチンコ玉遊器事件**（最判昭33.3.28）

→本件の課税がたまたまいわゆる通達を機縁として行われたものであっても、通達の内容が法の正しい解釈に合致するものである以上、本件課税処分は法の根拠に基づく処分と解する。

## 2 予算と法律の不一致

Level 1 ▷ **Q91～Q93**　　Level 2 ▷ **Q100**

### (1)予算は成立したのに、その支出を命じ認める法律が制定されない場合 ▶p202 ▶p204

内閣は法案を提出して国会の議決を求めるしかないが、国会には法律制定義務はない。

### (2)法律は制定されたのに、その執行に必要な予算がない場合

内閣は、補正予算、経費流用、予備費支出、法律の施行の延期等の方法で対処すべき（内閣は法律を誠実に執行する義務を負う。憲法73条1号）。

## 3 地方自治の本旨

Level 1 ▷ **Q94,Q95,Q97**

(1)**団体自治**…国から独立した団体（地方公共団体等）を設け、この団体が自己の事務を自己の機関により自己の責任において処理すること（自由主義の理念）。

→地方公共団体の自治権（94条）　　　　　　　　　　　　　▶p208 ▶p214

(2)**住民自治**…地域の住民が地域的な行政需要を自己の意思に基づき自己の責任において充足すること（民主主義の理念）。

→地方公共団体の議会の設置・執行機関の直接公選制（93条）

200

## **4** 地方自治保障の性質

(1)**固有権説**…個人が国家に対して固有かつ不可侵の権利を持つのと同様に、地方公共団体も固有の基本権を持つ
(2)**承認説**…地方自治は国が承認する限り認められる
　→国は地方自治の廃止を含めて地方自治の範囲を法律によって定めることができる。
(3)**制度的保障説**（判例・通説）
　→地方自治の本旨：国の法律をもってしても侵害できない地方自治の本質的内容。

## **5** 地方公共団体の意味　　　　　　　　　　Level 1 ▷ **Q97**

(1)**特別区（東京都の 23 区）**
　特別区は憲法上の地方公共団体にあたらない（最大判昭 38.3.27）。
(2)**地方自治法上の特別地方公共団体**
　都道府県・市町村→憲法上の地方公共団体にあたる。
　地方公共団体の組合・財産区・地方開発事業団→憲法上の地方公共団体にあたらない。

## **6** 条例制定権　　　　　Level 1 ▷ **Q95,Q96**　　Level 2 ▷ **Q98,Q99**

(1)**平等原則との関係** ▶p210 ▶p212
　・条例による処罰に地域的な差異は、14条に反するか。
　　→憲法が各地方公共団体の条例制定権を認める以上、地域によって差別を生じることは当然に予想される（最大判昭 33.10.15）。
(2)**条例による財産権規制**→●**奈良県ため池条例事件**（最大判昭 38.6.26）
　…条例による規制を肯定。
(3)**条例による罰則の制定**
　→法律による授権は必要だが、授権は、個別的・具体的授権でなくても、相当程度に具体的であればよい（判例）。
(4)**条例と課税権**
　・憲法84条租税法律主義の「法律」に条例が含まれるか。
　　→含まれる（通説）
(5)**条例制定権の限界**
　条例は「法律の範囲内」でのみ制定できる。
　①まだ法律がない分野は、条例で規制できるのが原則。
　②その事項についてすでに法令の規定があっても、国の法令が全国的な最低限を定めたに過ぎないときは、規制対象を広げたり（横出し条例）、規制内容を厳しくしたり（上乗せ条例）することができる（判例）。

201

# Q91 予算の法的性質

**問** 予算及び決算に関するア～オの記述のうち、妥当なもののみを全て挙げているのはどれか。

（国家一般）

**ア** 予算が様々な事情により新会計年度の開始までに成立しなかった場合は、暫定予算によることとなる。暫定予算は、本予算が成立するまで予算に空白を生じさせないための暫定的な措置にすぎないことから、内閣は、暫定予算を国会の議決を経ることなく支出することができ、同予算に基づき支出されたものは、後に成立した本予算に基づき支出されたものとみなされる。

**イ** 国の会計は、一般会計のほかに、特定の歳入をもって特定の歳出に充て一般の歳入歳出と区分して経理する必要がある場合に特別会計を設置することが認められており、この特別会計の予算については、毎会計年度国会の議決を経る必要がないなど一般会計の予算と異なる取扱いとすることが認められている。

**ウ** 予見し難い予算の不足に充てるため、国会の議決に基づいて設けられる予備費は、内閣の責任において支出することができるが、内閣は、その支出について、事後に国会の承諾を得なければならない。

**エ** 明治憲法においては、予算の議決権を有する国会は、内閣が提出した原案に対して廃案削減を行う減額修正のみならず、新たな款項を設けたりその金額を増額したりする増額修正も認められていたが、日本国憲法においては、予算発案権を内閣に専属せしめている趣旨から国会の増額修正は認められないと一般に解されている。

**オ** 内閣は、一会計年度における財務の実績を示す確定的計数を内容とする決算を毎年会計検査院に送付し、その検査を受けることとされ、その後、検査を経た決算を会計検査院の検査報告とともに国会へ提出することとされている。

**1** ア、オ　**2** ウ、エ　**3** ウ、オ　**4** ア、イ、エ　**5** イ、ウ、オ

## PointCheck

**●予算の法的性質**················································································【★★★】

予算の法的性質について、かつては行政説（予算は行政行為であり、議会に対する意思表示にすぎない）もあったが、現在では、国法形式説（予算は政府の行為を規律する法規範）と法律説（予算は法律の一種）の間で争われている。

| 予算行政説 | 予算国法形式説 | 予算法律説 |
|---|---|---|
| 国会の承認は、政府の財政計画を承認する行為 | 国会の承認は、予算という形式の法の定立 | 国会の承認は、法律の制定と同じ |
| 予算の法規範性を否定 | 予算の法規範性を肯定 | 予算の法規範性を肯定 |

| 予算と法律との不一致が生じうる | 予算と法律との不一致が生じうる | 予算と法律との不一致は生じない(後法は前法を排する) |
|---|---|---|
| 増額修正は不可<br>減額修正も原則不可 | 増額修正は予算の同一性を損なわない限り可<br>(制限なしという説もあり)<br>減額修正は自由 | 増額修正も減額修正も自由にできる |

　通説（国法形式説）は、予算が一般国民を直接拘束しないこと、予算の効力が一会計年度に限られること、提出権が内閣に属することなどを理由として、予算を法律と同一視することはできないとしている。

　しかし、予算と法律を別のものと解すると、予算と法律の不一致の問題が生ずる。

### ❖予算減額・増額修正の可否（まとめ）

| 根拠 | 学説の名称 | 予算の法的性格 | 予算と法律の不一致 | 減額修正 | 増額修正 |
|---|---|---|---|---|---|
| 内閣の提案権 | 行政説 | 行政行為承認 | ○ | × | × |
| | 国法形式説 | 国法形式の1つ | ○ | ○ | ×／○ |
| 国会中心財政 | 法律説 | 法律 | × | ○ | ○ |

## A91 正解─3

**ア─誤** 暫定予算も国会の議決を経て成立、執行され、その後、本予算に吸収される。現憲法では前年予算の執行は認められないので、暫定予算も本予算も成立しない、「予算の空白」が現実に生じたことがある。

**イ─誤** 国家の会計は、基本的一般的な行政にかかる経費を含む「一般会計」と、特定事業の収入・支出をもって経理を別にする「特別会計」に分けられるが、憲法上これらの予算について区別はなく、毎会計年度国会に提出して審議・議決を経なければならない。

**ウ─正** 87条1項の条文どおり。予備費を支出した場合には、事後の国会の承諾が必要となる（87条2項）。

**エ─誤** 明治憲法下では予算行政説により、明文で減額修正が否定され、増額修正も解釈によって否定されていた。現行憲法では、予算を法規範と考える立場からは、国会が法律を自由に制定改廃できるのと同様に、予算の減額・増額修正ともに無制限に認められる。予算を国法の一形式と考える立場からは、国会による予算の減額修正は無制限に認めるが、増額修正は予算の発議に等しいので、可能ではあるが一定の限界を認めることが多い。

**オ─正** 会計検査院は決算検査報告を作成、内閣に送付し、内閣が決算検査報告を国会に提出する（90条）。

# Q92 予算の内容と種類

問 日本国憲法に規定する予算に関する記述として、通説に照らして、妥当なのはどれか。

(地方上級改題)

1 内閣は、会計年度が開始するときまでに当該年度の予算が成立しない場合には、暫定予算として前年度の予算を施行することができる。

2 内閣は、毎会計年度の予算を作成し、国会に提出し議決を経なければならないが、公共の安全を保持するため緊急の需要がある場合には、国会の議決を経ることなく、補正予算を定め支出することができる。

3 国会は、内閣の提出した予算について、その減額修正又は増額修正を行う場合には、必ず内閣の同意を得なければならない。

4 予見し難い予算の不足に充てるため、国会の議決に基づいて予備費を設け、内閣の責任でこれを支出することができ、内閣は、その支出について事後に国会の承諾を得なければならない。

5 完成に数年度を要する工事の経費の負担については、各会計年度ごとに国会の議決を得ることが必要であり、その経費の総額と年割額を定めて、一括してあからじめ国会の議決を得ておくことは認められない。

---

# PointCheck

## ●予算‥‥‥‥‥‥‥‥‥‥‥‥‥‥‥‥‥‥‥‥‥‥‥‥‥‥‥‥‥‥‥‥‥【★★★】

**第86条【予算】**
　内閣は、毎会計年度の予算を作成し、国会に提出して、その審議を受け議決を経なければならない。

　予算は内閣が作成し国会で審議・議決されるが、その際に原案を修正することもできる。増額修正については、予算の同一性を損なうような大修正はできないとする立場が有力である。予算修正の動議を議題とするには、衆議院では議員の50人以上、参議院では議員の20人以上の賛成が必要である（国会法57条の2、56条1項但書、57条但書）。会計年度が開始する時までに当該年度の予算が成立しない場合には、内閣は暫定予算を作成して国会に提出する(財政法30条)。これは、明治憲法で前年度の予算を施行していたのとは異なる。

## ●予備費‥‥‥‥‥‥‥‥‥‥‥‥‥‥‥‥‥‥‥‥‥‥‥‥‥‥‥‥‥‥‥‥‥【★★☆】

**第87条【予備費】**
①予見し難い予算の不足に充てるため、国会の議決に基いて予備費を設け、内閣の責任でこれを支出することができる。
②すべて予備費の支出については、内閣は、事後に国会の承諾を得なければならない。

　不測の事態が生じた場合でも、時間的に余裕があれば追加予算または補正予算を組めばよいが（財政法29条）、時間的余裕がない場合には予備費を充てることになる。国会の事後

問題でPointを理解する
Level 1 Q92

第1章
第2章
第3章
第4章
第5章
第6章
第7章
第8章
第9章
第10章

承諾がなく予備費が支出されたときは、内閣の予備費支出についての政治的責任が解除されないだけで、すでになされた支出自体は有効である。

◉継続費‥‥‥‥‥‥‥‥‥‥‥‥‥‥‥‥‥‥‥‥‥‥‥‥‥‥‥‥‥‥‥‥【★☆☆】

　継続費とは、完成に数年間かかるような事業に対し、数年度にわたり支出する経費を最初の年度において一括して国会に議決してもらうものである。財政法では、国は、工事・製造その他の事業で、その完成に数年度を要するものについて、特に必要がある場合においては経費の総額および年割額を定めあらかじめ国会の議決を経て、その議決するところに従い数年度にわたって支出することができるとしている。この規定により国が支出することができる年限は、原則として当該年度以降5年度以内とされている。

┌─────────────────────────────────────┐
**第90条【決算検査、会計検査院】**
①国の収入支出の決算は、すべて毎年会計検査院がこれを検査し、内閣は、次の年度に、その検査報告とともに、これを国会に提出しなければならない。
②会計検査院の組織及び権限は、法律でこれを定める。

**第91条【財政状況の報告】**
　内閣は、国会及び国民に対し、定期に、少くとも毎年1回、国の財政状況について報告しなければならない。
└─────────────────────────────────────┘

　会計検査院は、本条の規定により設けられた憲法上の機関である。会計検査院の組織・権限については、会計検査院法がこれを定めている。

# A92　正解ー4

1―誤　明治憲法71条はこのような前年度予算の執行を認めていたが、日本国憲法ではこのようなことは認められない。内閣は一定期間についての暫定予算（財政法30条）を作成、対処し、本予算成立後、暫定予算は本予算に吸収される。

2―誤　補正予算は、財政措置による景気対策などのため本予算を変更するよう組まれた予算であり、国会の議決を経なければならない。補正予算を組む時間的余裕がない場合は、予備費を支出することになる。

3―誤　財政民主主義から、国会の予算減額・増額修正について内閣の同意は不要である。

4―正　87条のとおり。事後の承諾が得られない場合も支出の効力は失われないが、内閣の政治的責任が問われることになる。

5―誤　本肢のようなことを可能にするのが継続費の制度である。財政法は継続費を認めている（財政法14条の2）。

# Q93 予算・財政の民主化

問 財政に関するア～オの記述のうち、妥当なもののみを全て挙げているのはどれか。

（国家一般）

ア 市町村が行う国民健康保険の保険料は、被保険者が保険給付を受け得ることに対する反対給付として徴収されるものであり、また、国民健康保険が強制加入とされ、保険料が強制徴収されるのは、社会保険としての国民健康保険の目的や性質に由来するものというべきであるから、当該保険料に租税法律主義を定める憲法第84条が直接適用されることはないとするのが判例である。

イ 法律上は課税できる物品であるにもかかわらず、実際上は非課税として取り扱われてきた物品を、通達によって新たに課税物件として取り扱う場合、課税が通達を機縁として行われたものであっても、通達の内容が法の正しい解釈に合致するものであれば違憲ではないとするのが判例である。

ウ 予算と法律は、憲法上それぞれ異なる手続を経て成立するものとされているため、「予算は成立したのにその支出を認める法律が制定されない」といった不一致の状態も生じ得るが、このような場合は、内閣は法律案を提出して国会の議決を求め、国会はその法律を制定する義務を負うと一般に解されている。

エ 憲法第89条にいう「宗教上の組織若しくは団体」とは、宗教と何らかの関わり合いのある行為をしている組織又は団体の全てを意味するため、戦没者遺族会は特定の宗教の信仰、礼拝又は普及等の宗教的活動を行うことが本来の目的ではない団体であるとしても、これに対する公金の支出は違憲であるとするのが判例である。

オ 憲法第89条にいう「公の支配」の解釈については、事業の根本的方向に重大な影響を及ぼす権力を有することと解する説や、国等の一定の監督が及んでいることをもって足りるとする説などがあるが、前者の説によれば、監督官庁が業務や会計の状況に関する報告を徴する程度の監督権を持っていれば、その事業に対する助成は合憲と解釈することになる。

**1 オ　2 ア、イ　3 イ、エ　4 ウ、エ　5 ア、イ、オ**

---

# PointCheck

●財政の民主化（監視） ････････････････････････････････････････【★★☆】

**第88条【皇室財産・皇室費用】**
　すべて皇室財産は、国に属する。すべて皇室の費用は、予算に計上して国会の議決を経なければならない。

　憲法は、財政の民主化を徹底するため、皇室財産・皇室費用の規定を置いている。本条前段（皇室財産の国有化）の趣旨は、皇室財産について公私の区別をはっきりさせ、公的な財産はすべて国有にするという点にある。したがって、皇室に私有財産をまったく認めないと

いう趣旨ではない。なお、皇居及び京都御所は、国が皇室の用に供するものと決定した「皇室用財産」である（国有財産法３条）。

皇室の費用は、内廷費・宮廷費・皇族費に分けられる（皇室経済法３条）。宮廷費は、天皇の公的活動に必要な経費であり、公金として宮内庁が経理する。これら３種の費用は、いずれも予算として計上され、国会の議決を経なければならない。

> **第89条【公の財産の支出又は利用の制限】**
> 公金その他の公の財産は、宗教上の組織若しくは団体の使用、便益若しくは維持のため、又は公の支配に属しない慈善、教育若しくは博愛の事業に対し、これを支出し、又はその利用に供してはならない。

89条では公金支出の使途について規制している。本条の前段は、宗教上の組織・団体への公金の支出を禁止することによって、政教分離原則を財政面から保障するものである。

後段の趣旨としては、①私的事業に不当な公権力の支配が及ぶことを防止する（私的団体の自主性確保）、②政教分離原則を補完するため国家の中立性を確保する、③公財産の濫費を防止する、などが考えられる。私学助成の合憲性に関して、「公の支配に属する」とは、「国または地方公共団体の一定の監督が及んでいることをもって足りる」と法解釈では緩やかに解し合憲とされている。近時は、自主性確保説（厳格説）に立ちながら26条を根拠に私学助成を合憲とする学説もある。

# A93 正解－2

**ア―正** 判例は、①保険給付を受け得ることに対する反対給付として徴収されること、②社会保険としての国民健康保険の目的及び性質から強制加入・強制徴収されること、という理由から、国民健康保険の保険料は租税と異なり、憲法84条の規定が直接に適用されないとする（最大判平18.3.1）。

**イ―正** 当初課税対象ではなかったパチンコ球遊器への課税が、たまたま「通達」を機縁として行われたとしても、通達の内容が法の正しい解釈に合致するものである以上、本件課税処分は法の根拠に基づく処分だとする（最判昭33.3.28）。

**ウ―誤** 多数説である予算国法形式説によれば、予算と法律の不一致が生じる。本肢のような法律の不存在の場合は、内閣は法律案を提出し国会の議決を求めるしかなく、国会に法律制定の義務はないと解されている。ちなみに、法律は成立したが予算がない場合は、法律を誠実に執行する義務を負う内閣は（73条1号）、補正予算や予備費支出によって対処しなければならない。

**エ―誤** 判例は、「宗教上の組織若しくは団体」（89条）とは、「特定の宗教の信仰、礼拝又は普及等の宗教的活動を行うことを本来の目的とする組織ないし団体」とし、遺族会への補助金の支出は違憲ではないとした（最判平5.2.16）。

**オ―誤** 前者の説では、事業の予算を定め、執行を監督し、人事に関与するなどがあることで、それらの事業が「公の支配」に属するといえることになる。「業務や会計の状況に関する報告を徴する程度の監督権」では、「事業の根本的方向に重大な影響を及ぼす権力を有する」とはいえず助成は違憲となる。

# Q94 地方自治の本質

**問** 日本国憲法に規定する地方自治に関する記述として、通説に照らして、妥当なのはどれか。 (地方上級)

1 憲法は、地方自治の章を設け地方自治を保障しているが、この保障の性質は、地方自治という歴史的、伝統的、理念的な公法上の制度の保障ではなく、地方自治が国の承認する限りにおいて認められるという保障である。

2 憲法は、地方公共団体の組織及び運営に関する事項は、地方自治の本旨に基づいて、法律でこれを定めると規定しており、この地方自治の本旨には、住民自治と団体自治の2つの要素がある。

3 憲法は、地方公共団体には、法律の定めるところにより、その議事機関として議会を設置すると規定しており、町村において、条例で議会を置かず、選挙権を有する者の総会を設けることは、この憲法の規定に違反する。

4 憲法は、地方公共団体は、法律の範囲内で条例を制定することができると規定しているが、この条例には、議会の議決によって制定される条例及び長の制定する規則は含まれるが、各種委員会の定める規則は含まれない。

5 憲法は、一の地方公共団体のみに適用される特別法を規定しているが、この一の地方公共団体とは一つの地方公共団体のことであり、複数の地方公共団体を当該特別法の対象とすることはできない。

## PointCheck

●地方自治の保障の意義・・・・・・・・・・・・・・・・・・・・・・・・・・・・・・・・・・・・・・・・・・・・・・・・・・・・・・・・・・・・・・・・・・・・・・・・・・・・・【★★★】

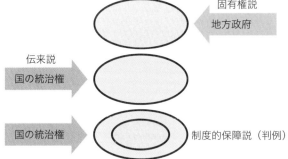

憲法は、第8章で「地方自治」の章を設け、地方自治制度を保障している。この保障の意義については、①固有権説(地方自治は地方公共団体自体の固有の権利)、②承認説ないし伝来説(国の統治権に伝来し、国が承認した限りでの自治権)、③制度的保障説(国の統治

権に由来するが、制度の中核は侵害できない）などがある。制度的保障説が通説的見解である。

> **第92条【地方自治の基本原則】**
> 　地方公共団体の組織及び運営に関する事項は、地方自治の本旨に基いて、法律でこれを定める。

「地方自治の本旨」とは、①住民自治（地方自治が住民の意思に基づいて行われるという民主主義的要素）と、②団体自治（地方自治が国から独立した団体に委ねられ、団体自らの意思と責任の下でなされるという自由主義的要素）を内容とする。

地方自治の主体は「地方公共団体」であるが、すべての地方公共団体を指しているのではなく、都道府県や市町村という標準的な地方公共団体を意味する。最高裁は、東京都の特別区は93条の「地方公共団体」とはいえないとし、区長の公選制を廃止しても違憲ではないとした（最大判昭38.3.27）。なお、特別区長の公選制は1974年6月の地方自治法改正により復活している。

# A94 正解—2

1—誤　承認説・伝来説は、地方自治が国家の統治権に由来するとする考えである。しかし、通説は、地方自治権は歴史的、伝統的、理念的な公法上の制度であると解している（制度的保障説）。

2—正　「地方自治の本旨」（92条）とは、住民自治と団体自治の2つの要素を意味する。「地方公共団体を構成する住民の意思に基づいて地方事務が行われる」ことが「住民自治」で「地方公共団体が国から独立した法人格をもち自律権を有する」ことが「団体自治」である。

3—誤　地方自治法94条は、町村において、条例で「議会を置かず、選挙権を有する者の総会を設けることができる」としている。「議会」（93条1項）は、選挙民の直接選挙による議員の合議体だから、議会に代えて住民の町村総会でもこれを満たすものと考えられる。

4—誤　地方自治法138条の4第2項は、普通地方公共団体の委員会は、法律の定めるところにより、法令又は普通地方公共団体の条例若しくは規則に違反しない限りにおいて、その権限に属する事務に関し、規則その他の規程を定めることができるとしている。これは、94条の「条例」には、議会の議決によって制定される条例及び長の制定する規則のほか、各種委員会の定める規則も含まれると解されているからである。

5—誤　2つ以上の地方公共団体に対しても、一般の地方公共団体と基本的な違いをもたらす内容の法律であるならば、地方特別法上の「一の地方公共団体」（95条）に当たると解されている。ただし、それぞれの地方公共団体ごとに個別に投票が行われなければならない。

# Q95 地方公共団体の権能

**問** 地方自治に関する次の記述のうち、妥当なのはどれか。 （国家一般類題）

1 　現在、地方公共団体の長は住民の直接選挙により決定しているが、これを当該地方公共団体の議員による間接選挙とすることは、法律の改正により可能である。
2 　地方公共団体は、法令に違反しない限り当該地方公共団体の事務に関して条例を制定することができ、その範囲内では、国の法令とは原則として無関係に独自に規定を設けることができる。
3 　地方公共団体が住民の財産権に制約を課す内容の条例を定めるには、法律の個別の委任が必要であるとするのが判例である。
4 　憲法第31条により、刑罰を科すには法律の定める手続きが必要であり、法律で条例に罰則を委任する場合と同程度に具体的なものである必要があるとするのが判例である。
5 　国の法令が特定の事項につき一定の規律をしている場合には、地方公共団体が、当該事項につき同じ目的のために条例を制定し、法律とは異なる内容の規制を施すことは、法律による明示的な委任のない限り許されないとするのが判例である。

# PointCheck

## ◉地方公共団体の事務 【★☆☆】

### 第94条【地方公共団体の権能】
　地方公共団体は、その財産を管理し、事務を処理し、及び行政を執行する権能を有し、法律の範囲内で条例を制定することができる。

　本条は、地方公共団体の団体自治の内容を定めるものだが、地方自治法は従来地方公共団体の事務として、公共事務（非権力的）・行政事務（権力的）・団体委任事務の3区分を設けていた。しかし、平成11年の地方自治法改正により3区分と機関委任事務は廃止され、地方公共団体の扱う事務が自治事務と法定受託事務とに整理された。
　なお、改正前は地方公共団体が処理できない国の事務（司法・刑罰・郵便等）が限定列挙されていたが（旧地自法2条10項）、改正後は削除されている。
　かつての機関委任事務は、地方公共団体にではなくその長などの機関に委任された国等の事務であり（旧法148条1項）、機関委任事務の処理について、知事は主務大臣の、市町村長は知事および主務大臣の指揮・監督を受けていた（旧法150条）。しかし、改正後の法定受託事務はあくまで地方公共団体が扱う事務であり、国の関与はより限定的なものとなっている。

## ◉条例制定権 【★★☆】

　本条の「条例」は、地方公共団体が制定する自治立法であり、議会が制定する（狭義の）条例のほか、長や各種委員会の制定する規則も広義の「条例」には含まれる。

第1章
第2章
第3章
第4章
第5章
第6章
第7章
第8章
第9章
第10章

　条例制定権には、①地方公共団体の事務（地方自治法14条、2条2項）に関するものであること、②法律の範囲内であること、という限界がある。

　地方公共団体の事務に関するものであれば、条例で住民の基本的人権を制約することもできる。ただ、憲法上法律に留保されている事項については問題がある。しかし、条例による財産権規制の可否（29条2項参照）については、条例の準法律的・民主的性格を理由に、許されるとされる。また、条例による罰則の制定の可否（31条、73条6号参照）については、法律による委任の程度が相当な程度に具体的であればよいとされる（判例）。

●条例制定権の限界‥‥‥‥‥‥‥‥‥‥‥‥‥‥‥‥‥‥‥‥‥‥‥‥‥‥‥【★★★】

　「法律の範囲内」という限界については、いわゆる法律先占論（法律が定めている事項についてそれに反する条例を定めることはできない）は妥当ではなく、実質的に「地方自治の本旨」に反するものではないかと考えられている。最高裁も条例が国の法令に違反しているかどうかは、両者の対象事項と規定文言を対比するだけではなく、それぞれの趣旨、目的、内容および効果を比較し、両者の間に矛盾抵触があるかどうかによって判断すべきであるとしている（最大判昭50.9.10）。したがって、現在では法律よりも厳しい基準を定める「上乗せ条例」や、法律の規制対象外としたものを規制する「横出し条例」も、法律が全国一律の規制をする趣旨でない場合には、地方住民の生存を守るという点から許されるとする立場が有力である。

# A95　正解―2

1―誤　憲法が「直接これを選挙する」と規定しており、間接選挙は許されない（93条2項）。
2―正　法律の範囲内で、地方公共団体の事務に関するものであれば独自に制定できる。
3―誤　29条2項の「法律」には条例も含まれ、条例による財産権の制約も可能である。
4―誤　法律の授権は、相当な程度に具体的であれば足りる。
5―誤　法律が全国一律の規制を施す趣旨でなければ、各地方の実状に応じた規制を条例で行うことはできる。

# Q96 条例制定権の限界

**問** 条例に関する次の記述のうち、正しいものはどれか。 （地方上級類題）

1 財産権の行使および内容は、憲法29条によって、統一的に規定されなければならないのであるから、条例による財産権の行使の制限は、特に法律の授権があった場合にのみ認められるものである。
2 条例は法律によってその範囲が規定されているわけであるから、法律によって条例制定権を剥奪することができる。
3 条例において刑罰を設けるときは、法律の授権が相当な程度に具体的であり、限定されていれば足りる。
4 同一行為に関する規定について、地域で異なるのは、憲法14条のすべての法の下において平等であるという規定に反するものである。
5 条例は法律の範囲内において制定されたものであるから、法律には劣るが、政令・省令に劣るものではない。

## PointCheck

### ◉条例制定権の限界
### ⑴対象の性質からくる限界
①国防・外交→国の専権
②司法制度・幣制・義務教育制度→全国的に統一されていることが必要

### ⑵憲法上法律で規定するとされていることから問題となる限界
①財産権の規制（29条2項）→条例で規制してよい（通説・判例）
②罰則（31条）→法律による委任（授権）があれば規定できる。条例は公選の議員で組織する地方公共団体の議決を経て制定される自治立法であり法律に類似するので、罰則の委任は個別的具体的なものでなくともよく、「相当程度に」具体的な委任であれば足りる（最大判昭37.5.30）。
③地方税（84条）→条例は民主的な手続きによって制定されるから「法律」に準じてよく、84条租税法律主義の「法律」には条例も含まれると解してよい。

### ◉その他の選挙・投票に関する重要規定
**第93条【地方公共団体の機関、その直接選挙】**
①地方公共団体には、法律の定めるところにより、その議事機関として議会を設置する。
②地方公共団体の長、その議会の議員及び法律の定めるその他の吏員は、その地方公共団体の住民が、直接これを選挙する。

第1章　第2章　第3章　第4章　第5章　第6章　第7章　第8章　第9章　第10章

93条は、議事機関としての議会の設置（1項）と、長・議員等の直接公選制（2項）を定める。これは、地方自治の本旨のうち、住民自治のミニマムを規定したものといってよい。住民自治は地方自治の核心部分であるので、住民自治を拡大する方向での解釈は許される（町村議会に代えて、住民の総会を設けるなど）。

> **第95条【特別法の住民投票】**
> 　一の地方公共団体のみに適用される特別法は、法律の定めるところにより、その地方公共団体の住民の投票においてその過半数の同意を得なければ、国会は、これを制定することができない。

「特別法」とは、特定の地方公共団体の組織、運営、権能、権利、義務についての特例を定める法律（政府見解）を指す。したがって、地方公共団体の組織・運営に直接かかわらない法律や、軽度な特例を定める法律はあたらない。

国会で「特別法」案が可決された後に、住民投票が実施され、過半数の賛成があって初めて法律として成立する（同意を得てから法案審議に入るのではない）。また、特別法の廃止は元に戻す手続きであり、住民投票は必要とされない。

# A96 正解－3

1－誤　法律の授権がなくとも、条例により財産権の行使を制限することができる。
2－誤　条例制定権は、地方自治の本旨に基づいて与えられた自主立法権であるので、法律でこれを奪うことはできない（94条）。
3－正　条例は地方議会の制定する自治立法であることから、具体的・限定的な授権なら31条（罪刑法定主義）に反しないとされた（最大判昭37.5.30）。
4－誤　条例制定権を認める以上は、条例による地域差がただちに平等原則違反とはならない。
5－誤　法令の形式的効力の面では、条例は政令・省令に劣る。

# Q97 地方自治保障の意義

**問** 地方自治に関する次の記述のうち、正しいものはどれか。 （地方上級）

1 憲法のいう地方自治の本旨とは、国家機関とは別の機関による自治の意味と、住民の意思により決定を行うという自治の意味のうち、前者のみを意味する。
2 地方公共団体の長を住民による直接選挙によって選出する制度は、地方自治の本旨のうち住民自治から導かれるものである。
3 憲法93条は、地方公共団体は住民の直接選挙による議員によって組織された議会を設置しなければならないとしているので、町村が議会に代えて選挙権を有する者の総会を設けることは許されない。
4 地方自治の本旨は最大限の尊重を要するから、地方公共団体の機関構成や、住民による具体的な自治実現の手続きに関する事項につき、法律で規制することは、地方自治の本旨に反し許されない。
5 地方公共団体の議会は、自治権の最高機関であるから、国会と同様、広範な議会自律権を持ち、地方議会の議員にも免責特権の保障が及ぶ。

## PointCheck

### ●地方自治保障の意義

　憲法が地方自治を保障したのは、地方分権という自由主義の要請と、「民主主義の学校」としての役割を担わせようという民主主義の要請に基づいている。この観点から、「地方自治の本旨」とは、団体自治と住民自治の2つの内容を意味することになる。団体自治は地方分権の要請から、住民自治は民主主義の要請から導かれるものである。地方自治に関する条文・制度は、必ずいずれかの趣旨をその基礎に置いている。

中央の政治

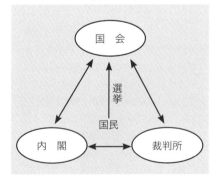

地方の政治

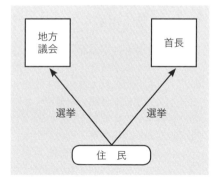

## ❖地方自治の本旨

```
        核心
    地方自治の本旨  ←  ×  ←   法 律
       制度的保障        地方自治の本旨は
                      法律をもってしても
    地方自治の本旨      侵すことはできない
```

住民自治 ＝ 地方自治が住民の意思に基づいて行われること

団体自治 ＝ 地方自治が国から独立した団体に委ねられ、団体自らの意思と責任の下でなされること

# A97 正解ー2

1—誤 「地方自治の本旨」（92条）とは、住民自治と団体自治の両者を意味する。本肢の前段が団体自治であり、後段が住民自治を意味する。

2—正 住民自治とは、地方自治が住民の意思により行われることをいう。地方公共団体の長の住民による直接選挙は（93条2項）、まさにこの住民自治の観点から導かれるものである。

3—誤 地方自治法94条は町村総会制を認めている。町村総会は、選挙による議員によって組織された議会に比べてより高い程度において地方自治（住民自治）に適合するものであり、また町村総会自体を議会にあたると解することができるので憲法93条に違反しない。

4—誤 憲法92条は「地方公共団体の組織及び運営に関する事項は、地方自治の本旨に基いて、法律でこれを定める」としている。したがって、地方自治の本旨を害さない限り、法律で規制することは認められる。

5—誤 地方議会は執行機関である長と独立対等の関係に立ち、自治権の最高機関の地位にあるものではない。したがって、国会と同様の自律権は認められない。また、地方議会の議員の免責特権も憲法上保障されていない（最大判昭42.5.24）。

# Q98 条例と法律の関係

**問** 条例に関する次の記述のうち、判例に照らし、妥当なものはどれか。 （国家一般）

1 罰則のうち懲役刑は、直接身体への拘束を伴うものであり、地域によって取り扱いに差異が生じてはならないから、全国にわたり画一的な効力を持つ法律によって定められるべきであり、条例において違反者に対して懲役刑を科すことを定めることは、憲法第14条に違反する。

2 憲法第31条が罪刑については国会の議決を経た法律で定めることとした以上、条例への罰則の委任は、これを認めるにつき必要な限度において許されるべきものであるから、その委任の形式は一般的であってはならず、政令への罰則の委任の場合と同程度に個別具体的なものでなければならない。

3 財産権の内容に規制を加えるためには法律によらなければならないとするのが憲法第29条第2項の趣旨であるから、条例により、ため池の破損、決壊等による災害を防止するため、ため池の堤とうに竹木若しくは農作物を植え、または建物その他の工作物（ため池の保全上必要な工作物を除く）を設置する行為を禁止することは、同項に違反する。

4 条例が国の法令に違反するかどうかの判断は、両者の対象事項と規定文言を対比するのみでなく、それぞれの趣旨、目的、内容および効果を比較し、両者の間に矛盾抵触があるかどうかによって決しなければならない。

5 ある事項について国の法令中にこれを規律する明文の規定がない場合には、当該事項については地方公共団体がその地方の実情に応じて別段の規制を施すことを容認する趣旨であると解されるから、当該事項について条例により規律を設けても、憲法第94条に違反することはない。

## PointCheck

❖判例

### ◉徳島市公安条例事件 （最大判昭50.9.10）

▶事案

徳島市内でデモ行進をした者が、道路交通法違反と徳島市公安条例違反に問われた事件。道路交通法と徳島市公安条例の関係が問題となった。

▶判旨

条例は、法律の範囲内でのみ制定できるものであるが、条例が法令に反しているかどうかは、両者の対象としている事項や規定の文言だけをみて判断するのではなく、両者の制定の趣旨や目的、内容、効果などを比較検討したうえで判断すべきである。例えば、①国の法令中にある事項についての規定が置かれていなかったという場合であっても、それがその事項については放置すべきだという趣旨による場合には、条例で規定を設けることは法令に抵触することになる。

②国の法令中にある事項についての規定があるのに、条例がさらにその事項について規定を置いたという場合であっても、条例の目的が法令の目的とは異なる別の事柄にあり、その条例の適用によって国の法令の効果が阻害されることはない、といえる場合には抵触はないといえる。

③さらに②の場合に、条例の目的も国の法令と同一であったという場合でも、国の法令が、全国一律に同一内容の規制を施すというのではなく、地方の実情に応じて別段の規制をすることを容認していると解されるときは、矛盾抵触はないといえる。

→上乗せ条例・横出し条例

**Level up Point!** 条例と法律の関係について、判例を基にした総まとめ的な出題。肢4、5の内容である徳島市公安条例事件について理解を深めておこう。

# A98 正解—4

1—誤 判例は「憲法が各地方公共団体の条例制定権を認める以上、地域によって差別を生ずることは当然に予期されるので、その取り扱いに差別を生ずることがあっても違憲とはいえない」とした（最大判昭 33.10.15）。

2—誤 判例は「条例は、法律以下の法令といっても、公選の議員をもって組織する地方公共団体の議会の議決を経て制定される自治立法であって、行政府の制定する命令等とは性質が異なり、むしろ国民の公選した議員をもって組織する国会の議決を経て制定される法律に類するものなので、条例によって刑罰を定める場合には、法律の授権が相当な程度に具体的であり、限定されていれば足りると解するのが正当である」とした（最大判昭 37.5.30）。

3—誤 判例は「条例は堤とうを使用する財産上の権利の行使をほとんど全面的に禁止するが、これは当然に受忍されるべき制約なので、ため池の破壊、決壊の原因となる堤とうの使用行使は憲法・民法の保障する財産権の行使の埒外にあり、そのような行為は、条例によって禁止・処罰することができる」と判示した（最大判昭 38.6.26）。

4—正 判例は「条例が国の法令に違反するかどうかは、両者の対象事項と規定文言とを対比するのみでなく、それぞれの趣旨、目的、内容および効果を比較し、両者の間に矛盾抵触があるかどうかによってこれを決しなければならない」とした（最大判昭 50.9.10）。

5—誤 判例は「ある事項について国の法令中にこれを規律する明文規定がない場合でも、当該法令全体から見て、その規定の欠如が特に当該事項についていかなる規制をも施すことなく放置すべきものとする趣旨であると解されるときは、これについて規律を設ける条例の規定は国の法令に違反する」とした（最大判昭 50.9.10）。

# Q99 条例制定権に関する重要判例

**問** 条例制定権の範囲と限界に関するア～オの記述のうち、妥当なもののみをすべて挙げているものはどれか。 (国家一般)

**ア** 条例によりため池の破損、決壊を招く原因となる行為を禁止することが憲法上認められるかどうかについて、最高裁判所は、憲法第29条第2項にいう法律には、地方公共団体の自主立法である条例が含まれることを理由に合憲と判断している。

**イ** 条例違反に対する制裁として罰則を設けることが憲法上認められるかどうかについて、最高裁判所は、条例中に刑罰規定を設けるには法律の委任が必要であるが、条例は地方住民の代表機関である議会の議決によって成立する民主的立法であり、実質的に法律に準じるものであることから、その委任は一般的・包括的委任で足りるとしている。

**ウ** 条例により新たに租税を課し、または現行の租税を変更することが憲法上認められるかどうかについて、憲法第30条および第84条にいう法律には条例が含まれるとの解釈をとる場合、地方税法第2条および第3条の規定は、憲法の趣旨を確認した規定ということになる。

**エ** 条例が国の法令に違反するかどうかについては、最高裁判所は、条例と国の法令の対象事項と規定文言を対比するのみでなく、それぞれの趣旨、目的、内容および効果を比較し、両者の間に矛盾抵触があるかどうかによって決すべきものとしている。

**オ** 最高裁判所は、国の法令は全国的に一律に同一内容の規制を行うことを目的として制定されるものであるから、国の法令と同一の目的で、国の法令よりも厳しい規制基準を定める条例の規定は、法令に違反するとしている。

1 ア、イ　　2 ア、エ　　3 イ、オ
4 ウ、エ　　5 ウ、オ

**(参考)**

憲法

第29条（第1項・第3項略）

2 財産権の内容は、公共の福祉に適合するやうに、法律でこれを定める。

第30条 国民は、法律の定めるところにより、納税の義務を負ふ。

第84条 あらたに租税を課し、又は現行の租税を変更するには、法律又は法律の定める条件によることを必要とする。

地方税法（地方団体の課税権）

第2条 地方団体は、この法律の定めるところによつて、地方税を賦課徴収することができる。

（地方税の賦課徴収に関する規定の形式）

第3条 地方団体は、その地方税の税目、課税客体、課税標準、税率その他賦課徴収につ

いて定をするには、当該地方団体の条例によらなければならない。

2　地方団体の長は、前項の条例の実施のための手続その他その施行について必要な事項を規則で定めることができる。

## PointCheck

**❖判例**

### ◉大阪市売春勧誘取締条例の罰則が問題となった事件（最大判昭37.5.30）

#### ▶判旨

　憲法31条は、刑罰はすべて法律そのもので定められなければならないとするものではなく、法律以下の法令に授権することもできると解すべきである。その場合、法律の授権は、不特定な一般的・白紙的委任であってはならないが、条例に授権する場合には、法律の授権は相当な程度に具体的であり、限定されていれば足りると解される。なぜなら条例は、法律以下の法令といっても公選の議員で組織する地方公共団体の議決を経て制定される自治立法であり、行政の制定する命令等とは性質が異なり、むしろ国民の公選した議員で組織する国会の制定した法律に類するものだからである。

**Level up Point!**　判例の理解について、重要だが混同しやすいポイントを突いた良問で、実際正解率は低い。特にア・イ・ウは、判例の理由付けの暗記に頼るのではなく、慎重に問題文を吟味しなければならない。問題文を読み進んで、Q98 で検討した徳島市公安条例事件に関するエ・オが判断できれば、選択肢から正解には到達できる。

# A99　正解－4

**ア─誤**　判例は、条例によって財産権を制限することができることは認めているが（奈良県ため池条例事件・最大判昭38.6.26）、その理由を本肢のように述べてはいない。

**イ─誤**　判例は、条例が法律に類似するものであることを認めつつも委任の程度については、一般的・包括的委任でもよいとはしていない。「相当程度に」具体的であることは必要だとしている（最大判昭37.5.30）。

**ウ─正**　憲法30条および84条にいう「法律」には条例が含まれるとの解釈をとれば、地方税法が地方公共団体に課税権を授権したとみる余地はなくなり、もともともっていた権限を確認しただけということになる。

**エ─正**　徳島市公安条例事件（最大判昭50.9.10）の判旨である。

**オ─誤**　国の法令が全国一律に同一内容の規制をしようとしている場合でなければ、上乗せ条例や横出し条例は可能である（徳島市公安条例事件・最大判昭50.9.10）。

# Q100 財政の基本原則

**問** 国の財政に関するア〜オの記述のうち、妥当なもののみをすべて挙げているものはどれか。 (国税専門官)

**ア** 衆議院議員は、参議院議員より任期が短く、解散による任期短縮の可能性もあって、選挙民の意思をより直接に反映すると見られるから、予算の先議権は衆議院に与えられている。

**イ** 内閣は、毎会計年度の予算を作成し、国会に提出して、その審議を受け、議決を経なければならないが、予算は法規範として認められるため、作成および提出権は内閣のみに与えられているのではなく、法案提出権をもつ国会議員にも与えられている。

**ウ** 予見しがたい予算の不足に充てるために、内閣は国会の議決に基づいて予備費を設け、支出することができるが、その支出については、事後に国会の承諾を受けなければならないとされており、事後に国会の承諾が受けられない場合は、その支出は無効となる。

**エ** 国の決算については、内閣から独立した地位を有する会計検査院が毎年検査し、内閣は、次の年度にその検査報告書とともに決算を国会に提出しなければならない。

**オ** 内閣は、国会および国民に対し、定期に、少なくとも毎年1回、国の財政状況について報告しなければならない。

1 ア、ウ
2 ア、エ
3 イ、エ
4 ア、エ、オ
5 イ、ウ、オ

## PointCheck

### ●財政の構造

基本原則 （83条）…財政民主主義・国会中心財政
歳　　入 （84条）…租税法律主義
歳　　出 （85条）…国費支出・債務負担行為（実質）
　　　　 （86条）…予算（形式）
例　　外 （87条）…予備費
民 主 化 （88条）…皇室財産・費用
　　　　 （89条）…公の財産の支出・利用の制限
決　　算 （90条）…会計検査院・内閣の決算報告
公　　開 （91条）…内閣の財政状況報告

| 法律 | 予算 |
|---|---|
| 発案権→（国会議員のほか）内閣にもあり | 発案権→内閣のみ<br>予算の作成には専門性・技術性あり |
| 審議の順序→自由 | 審議の順序→衆議院の先議<br>予算の成立には迅速さが必要 |
| 原案の修正→自由 | 原案の修正→予算の性質論反映<br>→民主的コントロールの強さの反映 |
| 拘束力→国民を拘束<br>公布必要 | 拘束力→国家機関を拘束<br>公布なし |
| 衆議院は再可決するかしないか自由<br>法律はなければないでかまわない | 衆議院の議決だけで成立できる<br>必ず成立することが必要 |

**Level up Point!**　イ・ウの誤りを確認できることがLEVEL1である。エ・オがあまりに条文そのままなので、アの正誤を判断できるかが合格圏への試金石といえる。選択肢を検討して正解肢にたどりつく試験テクニックもいいが、アのような「当然のことを普通に論じている」ものにOKを出せるだけの憲法感覚も、実は非常に大切だ。

# A100 正解—4

**ア—正**　予算の議決については最終的には衆議院の議決が国会の議決となる（60条2項）。また予算はできるだけ速やかに成立させる必要がある。そのために衆議院に先議権を与えている（60条1項）。そこで、参議院ではなく衆議院にこのような優越を認めた理由は何かというと本肢のように考えられる。

**イ—誤**　予算の作成および提出権は、内閣のみに与えられている（73条5号、86条）。予算を一種の法規範と考えるとしても、予算案の提出権を国会議員にも認めることはできない。

**ウ—誤**　いったん支出された予備費については、その後に国会の承諾を得られなかったとしても支出の効力に影響はない。国会の承諾のないことは内閣の国会に対する政治責任の問題になるだけである。

**エ—正**　憲法90条1項のとおり。

**オ—正**　憲法91条のとおり。

# INDEX

※色のついた数字は、 Level 2 です。

## INDEX—判例索引●年代順

227

◆参考文献
芦部信喜（高橋和之補訂）　　　　　　　　『憲法』　　　　　　　　　　岩波書店
佐藤幸治　　　　　　　　　　　　　　　　『憲法』　　　　　　　　　　青林書院
樋口陽一　　　　　　　　　　　　　　　　『憲法』　　　　　　　　　　創文社
野中俊彦＝中村睦男＝高橋和之＝高見勝利　『憲法Ⅰ・Ⅱ』　　　　　　　有斐閣
芦部信喜　　　　　　　　　　　　　　　　『憲法の焦点』　　　　　　　有斐閣リブレ
大石眞＝石川健治（編）　　　　　　　　　『憲法の争点』　　　　　　　有斐閣
渋谷秀樹＝大沢秀介＝渡辺康行＝松本和彦　『憲法事例演習教材』　　　　有斐閣
樋口陽一　　　　　　　　　　　　　　　　『憲法入門』　　　　　　　　勁草書房
伊藤正己　　　　　　　　　　　　　　　　『憲法入門』　　　　　　　　有斐閣
戸松秀典＝初宿正典　　　　　　　　　　　『憲法判例』　　　　　　　　有斐閣
芦部信喜＝高橋和之＝長谷部恭男（編）　　『憲法判例百選Ⅰ・Ⅱ』　　　有斐閣
木下智史＝村田尚紀＝渡辺康行（編）　　　『事例研究 憲法』　　　　　　日本評論社
杉原泰雄（編）　　　　　　　　　　　　　『体系憲法事典（新版）』　　青林書院
浦部法穂＝戸波江二（編）　　　　　　　　『法科大学院ケースブック 憲法』　日本評論社
長谷部恭男＝中島徹＝赤坂正浩＝阪口正二郎＝本秀紀（編）『ケースブック憲法』　弘文堂
戸松秀典　　　　　　　　　　　　　　　　『プレップ憲法』　　　　　　弘文堂

本書の内容は、小社より 2020 年 3 月に刊行された
「公務員試験 出るとこ過去問 1 憲法」(ISBN：978-4-8132-8743-8)
および 2023 年 3 月に刊行された
「公務員試験 出るとこ過去問 1 憲法 新装版」(ISBN：978-4-300-10601-3)
と同一です。

公務員試験　過去問セレクトシリーズ

こう む いんし けん　　で　　　　　か こ もん　　　　　　けんぽう　　しんそうだい　はん
# 公務員試験　出るとこ過去問　1　憲法　新装第2版

2020 年 4 月 1 日　初　　　版　第 1 刷発行
2024 年 4 月 1 日　新装第 2 版　第 1 刷発行

| | | |
|---|---|---|
| 編　著　者 | Ｔ　Ａ　Ｃ　株　式　会　社 | |
| | （出版事業部編集部） | |
| 発　行　者 | 多　　田　　敏　　男 | |
| 発　行　所 | ＴＡＣ株式会社　出版事業部 | |
| | （ＴＡＣ出版） | |

〒 101-8383
東京都千代田区神田三崎町 3-2-18
電話　03 (5276) 9492 (営業)
FAX　03 (5276) 9674
https://shuppan.tac-school.co.jp/

| | | | |
|---|---|---|---|
| 印　　　刷 | 株式会社　光 | | 邦 |
| 製　　　本 | 株式会社　常　川　製　本 | | |

© TAC　2024　　　Printed in Japan

ISBN 978-4-300-11121-5
N.D.C. 317

# 公務員講座のご案内

## 大卒レベルの公務員試験に強い！

### 2022年度 公務員試験

公務員講座生[1]
**最終合格者延べ人数**[2]

# 5,314名

※1 公務員講座生とは公務員試験対策講座において、目標年度に合格するために
　必要と考えられる、講義、演習、論文対策、面接対策等をパッケージ化したカリキュ
　ラムの受講生です。単科講座や公開模試のみの受講生は含まれておりません。
※2 同一の方が複数の試験種に合格している場合は、それぞれの試験種に最終合格
　者としてカウントしています。(実合格者数は2,843名です。)
＊2023年1月31日時点で、調査にご協力いただいた方の人数です。

| | |
|---|---|
| **国家公務員**（大卒程度） | 計 **2,797**名 |
| **地方公務員**（大卒程度） | 計 **2,414**名 |
| 国立大学法人等 `大卒レベル試験` | **61**名 |
| 独立行政法人 `大卒レベル試験` | **10**名 |
| その他公務員 | **32**名 |

## 1位 全国の公務員試験で合格者を輩出！

詳細は公務員講座（地方上級・国家一般職）パンフレットをご覧ください。

---

### 2022年度 国家総合職試験

公務員講座生[1]

**最終合格者数** **217**名

| | | | |
|---|---|---|---|
| 法律区分 | **41**名 | 経済区分 | **19**名 |
| 政治・国際区分 | **76**名 | 教養区分[2] | **49**名 |
| 院卒/行政区分 | **24**名 | その他区分 | **8**名 |

※1 公務員講座生とは公務員試験対策講座において、目標年度に合格
　するために必要と考えられる、講義、演習、論文対策、面接対策等を
　パッケージ化したカリキュラムの受講生です。単科講座や公開模試
　のみの受講生は含まれておりません。
※2 上記は2022年度目標の公務員講座最終合格者のほか、2023
　年度目標公務員講座生の最終合格者40名が含まれています。
＊ 上記は2023年1月31日時点で調査にご協力いただいた方の人数です。

### 2022年度 外務省専門職試験

最終合格者総数55名のうち
54名がWセミナー講座生[1]です。

**合格者占有率**[2] **98.2%**

**外交官を目指すなら、実績のWセミナー**

※1 Wセミナー講座生とは、公務員試験対策講座において、目標年度に合格するた
　めに必要と考えられる、講義、演習、論文対策、面接対策等をパッケージ化したカリ
　キュラムの受講生です。各種オプション講座や公開模試など、単科講座のみの受
　講生は含まれておりません。また、Wセミナー講座生はそのボリュームから他校の
　講座生と掛け持ちすることは困難です。
※2 合格者占有率は「Wセミナー講座生[1]最終合格者数」を、「外務省専門職採用
　試験の最終合格者総数」で除して算出しています。また、算出した数字の小数点
　第二位以下を四捨五入して表記しています。
＊ 上記は2022年10月10日時点で調査にご協力いただいた方の人数です。

**WセミナーはTACのブランドです**

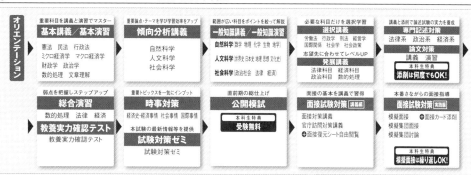

# 公務員講座のご案内

# 無料体験入学のご案内
## 3つの方法で*TAC*の講義が体験できる!

## 教室で体験　迫力の生講義に出席　予約不要!　最大3回連続出席OK!

### 1. 校舎と日時を決めて、当日TACの校舎へ
TACでは各校舎で毎月体験入学の日程を設けています。

### 2. オリエンテーションに参加（体験入学1回目）
初回講義「オリエンテーション」にご参加ください。体験入学ご参加の際に個別にご相談をお受けいたします。

### 3. 講義に出席（体験入学2・3回目）
引き続き、各科目の講義をご受講いただけます。参加者には体験用テキストをプレゼントいたします。

● 最大3回連続無料体験講義の日程はTACホームページと公務員講座パンフレットでご覧いただけます。
● 体験入学はお申込み予定の校舎に限らず、お好きな校舎でご利用いただけます。
● 4回目の講義前までにご入会手続きをしていただければ、カリキュラム通りに受講することができます。
※地方上級・国家一般職、理系（技術職）、警察・消防以外の講座では、最大2回連続体験入学を実施しています。また、心理職・福祉職はTAC動画チャンネルで体験講義を配信しています。
※体験入学1回目や2回目の後でもご入会手続きは可能です。「TACで受講しよう！」と思われたお好きなタイミングで、ご入会いただけます。

## ビデオで体験　校舎のビデオブースで体験視聴

TAC各校のビデオブースで、講義を無料でご視聴いただけます。（要予約）

各校のビデオブースでお好きな講義を視聴できます。視聴前日までに視聴する校舎受付までお電話にてご予約をお願い致します。

**ビデオブース利用時間** ※日曜日は④の時間帯はありません。
① 9：30 ～ 12：30　② 12：30 ～ 15：30
③ 15：30 ～ 18：30　④ 18：30 ～ 21：30

※受講可能な曜日・時間帯は一部校舎により異なります。
※年末年始・夏期休業・その他特別な休業日以外は、通常平日・土日祝祭日にご視聴いただけます。
※予約時にご希望日とご希望時間帯を合わせてお申込みください。
※基本講義の中からお好きな科目をご視聴いただけます。（視聴できる科目は時期により異なります）
※TAC提携校での体験視聴につきましては、提携校各校へお問合せください。

## Webで体験　スマートフォン・パソコンで講義を体験視聴

TACホームページの「TAC動画チャンネル」で無料体験講義を配信しています。時期に応じて多彩な講義がご覧いただけます。

TACホームページ　https://www.tac-school.co.jp/

※体験講義は教室講義の一部を抜粋したものになります。

# TAC出版 書籍のご案内

TAC出版では、資格の学校TAC各講座の定評ある執筆陣による資格試験の参考書をはじめ、資格取得者の開業法や仕事術、実務書、ビジネス書、一般書などを発行しています!

## TAC出版の書籍

＊一部書籍は、早稲田経営出版のブランドにて刊行しております。

### 資格・検定試験の受験対策書籍

- ✪日商簿記検定
- ✪建設業経理士
- ✪全経簿記上級
- ✪税理士
- ✪公認会計士
- ✪社会保険労務士
- ✪中小企業診断士
- ✪証券アナリスト

- ✪ファイナンシャルプランナー(FP)
- ✪証券外務員
- ✪貸金業務取扱主任者
- ✪不動産鑑定士
- ✪宅地建物取引士
- ✪賃貸不動産経営管理士
- ✪マンション管理士
- ✪管理業務主任者

- ✪司法書士
- ✪行政書士
- ✪司法試験
- ✪弁理士
- ✪公務員試験(大卒程度・高卒者)
- ✪情報処理試験
- ✪介護福祉士
- ✪ケアマネジャー
- ✪社会福祉士　ほか

### 実務書・ビジネス書

- ✪会計実務、税法、税務、経理
- ✪総務、労務、人事
- ✪ビジネススキル、マナー、就職、自己啓発
- ✪資格取得者の開業法、仕事術、営業術
- ✪翻訳ビジネス書

### 一般書・エンタメ書

- ✪ファッション
- ✪エッセイ、レシピ
- ✪スポーツ
- ✪旅行ガイド (おとな旅プレミアム/ハルカナ)
- ✪翻訳小説

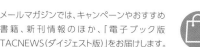

# 公務員試験対策書籍のご案内

TAC出版の公務員試験対策書籍は、独学用、およびスクール学習の副教材として、各商品を取り揃えています。学習の各段階に対応していますので、あなたのステップに応じて、合格に向けてご活用ください!

## INPUT

### 『みんなが欲しかった! 公務員 合格へのはじめの一歩』

A5判フルカラー
- ●本気でやさしい入門書
- ●公務員の"実際"をわかりやすく紹介したオリエンテーション
- ●学習内容がざっくりわかる入門講義

・数的処理（数的推理・判断推理・空間把握・資料解釈）
・法律科目（憲法・民法・行政法）
・経済科目（ミクロ経済学・マクロ経済学）

### 『みんなが欲しかった! 公務員 教科書&問題集』

A5判
- ●教科書と問題集が合体! でもセパレートできて学習に便利!
- ●「教科書」部分はフルカラー! 見やすく、わかりやすく、楽しく学習!

・憲法
・【刊行予定】民法、行政法

### 『新・まるごと講義生中継』

A5判
TAC公務員講座講師
郷原 豊茂 ほか
- ●TACのわかりやすい生講義を誌上で!
- ●初学者の科目導入に最適!
- ●豊富な図表で、理解度アップ!

・郷原豊茂の憲法
・郷原豊茂の民法Ⅰ
・郷原豊茂の民法Ⅱ
・新谷一郎の行政法

### 『まるごと講義生中継』

A5判
TAC公務員講座講師
渕元 哲 ほか
- ●TACのわかりやすい生講義を誌上で!
- ●初学者の科目導入に最適!

・郷原豊茂の刑法
・渕元哲の政治学
・渕元哲の行政学
・ミクロ経済学
・マクロ経済学
・関野喬のパターンでわかる数的推理
・関野喬のパターンでわかる判断整理
・関野喬のパターンでわかる空間把握・資料解釈

## 要点まとめ

### 『一般知識 出るとこチェック』

四六判
- ●知識のチェックや直前期の暗記に最適!
- ●豊富な図表とチェックテストでスピード学習!

・政治・経済
・思想・文学・芸術
・日本史・世界史
・地理
・数学・物理・化学
・生物・地学

## 記述式対策

### 『公務員試験論文答案集 専門記述』

A5判
公務員試験研究会
- ●公務員試験（地方上級ほか）の専門記述を攻略するための問題集
- ●過去問と新作問題で出題が予想されるテーマを完全網羅!

・憲法〈第2版〉
・行政法

# 書籍の正誤に関するご確認とお問合せについて

書籍の記載内容に誤りではないかと思われる箇所がございましたら、以下の手順にてご確認とお問合せをしてくださいますよう、お願い申し上げます。

なお、正誤のお問合せ以外の**書籍内容に関する解説および受験指導などは、一切行っておりません。**
そのようなお問合せにつきましては、お答えいたしかねますので、あらかじめご了承ください。

## 1 「Cyber Book Store」にて正誤表を確認する

TAC出版書籍販売サイト「Cyber Book Store」の
トップページ内「正誤表」コーナーにて、正誤表をご確認ください。

**CYBER** TAC出版書籍販売サイト
**BOOK STORE**

## URL：https://bookstore.tac-school.co.jp/

## 2 1の正誤表がない、あるいは正誤表に該当箇所の記載がない ⇒ 下記①、②のどちらかの方法で文書にて問合せをする

★ご注意ください★

**お電話でのお問合せは、お受けいたしません。**
①、②のどちらの方法でも、お問合せの際には、「お名前」とともに、
「対象の書籍名（○級・第○回対策も含む）およびその版数（第○版・○○年度版など）」
「お問合せ該当箇所の頁数と行数」
「誤りと思われる記載」
「正しいとお考えになる記載とその根拠」
を明記してください。
なお、回答までに1週間前後を要する場合もございます。あらかじめご了承ください。

① ウェブページ「Cyber Book Store」内の「お問合せフォーム」より問合せをする

【お問合せフォームアドレス】

## https://bookstore.tac-school.co.jp/inquiry/

② メールにより問合せをする

【メール宛先　TAC出版】

## syuppan-h@tac-school.co.jp

※土日祝日はお問合せ対応をおこなっておりません。
※正誤のお問合せ対応は、該当書籍の改訂版刊行月末日までといたします。

乱丁・落丁による交換は、該当書籍の改訂版刊行月末日までといたします。なお、書籍の在庫状況等により、お受けできない場合もございます。
また、各種本試験の実施の延期、中止を理由とした本書の返品はお受けいたしません。返金もいたしかねますので、あらかじめご了承くださいますようお願い申し上げます。

（2022年7月現在）